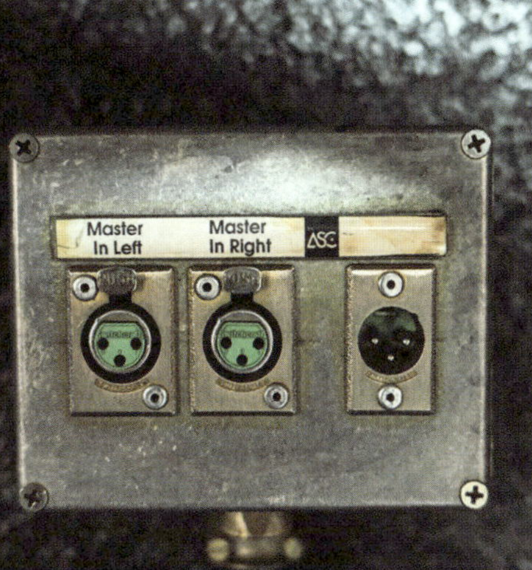
Master
In Left
Master
In Right

STÖREN

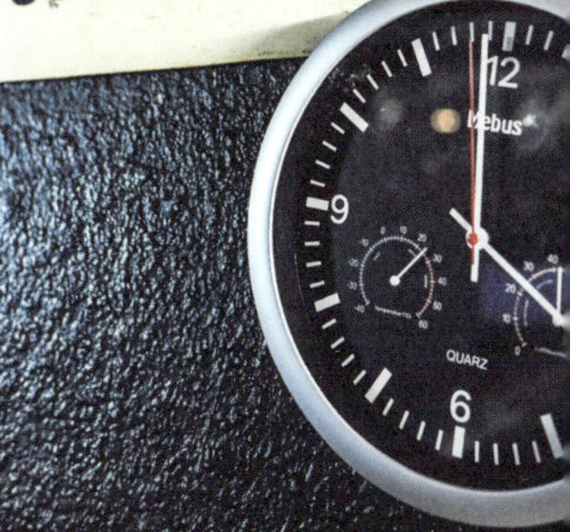
12
9
6
QUARZ

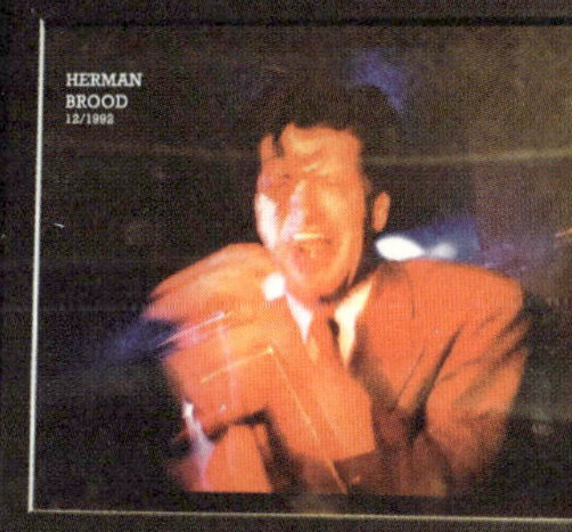
HERMAN
BROOD
12/1992

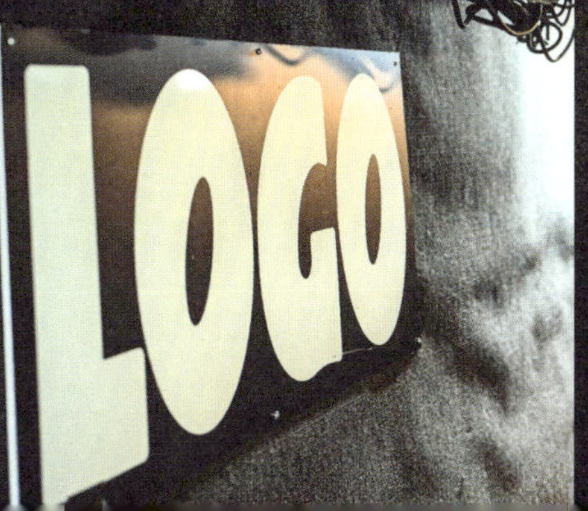
LOGO

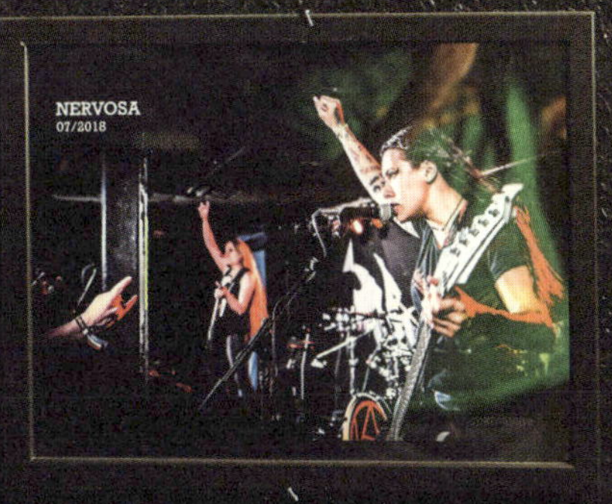
NERVOSA
07/2018

LOGO

LIVE-MUSIK SEIT 1974

EIN HAMBURGER CLUB

Von Alf Burchardt und Bernd Jonkmanns
Mitarbeit Karsten Schölermann

LOGO

„Ein Name? Die Brauerei drängte, sie wollte endlich die Außenwerbung bauen lassen. Also setzten wir uns zusammen. Alle waren wir Fans von Filmen wie ‚Nicht fummeln, Liebling' und ‚Hau drauf, Kleiner' mit dem Hauptdarsteller Werner Enke. Auf die Frage, ob alles in Ordnung sei, antwortete er da gern und oft mit ‚Logo!'. Schnell stand fest: das ist unser Name!"

Wieland Vagts

Foto Umschlagseite innen: Oft stand Ulf Krüger auf der Bühne des LOGO, oft saß er auf der Heizung am Eingang – so oft, dass der Club ihm für seinen Beobachtungsposten einen ausrangierten Opernsessel spendierte.

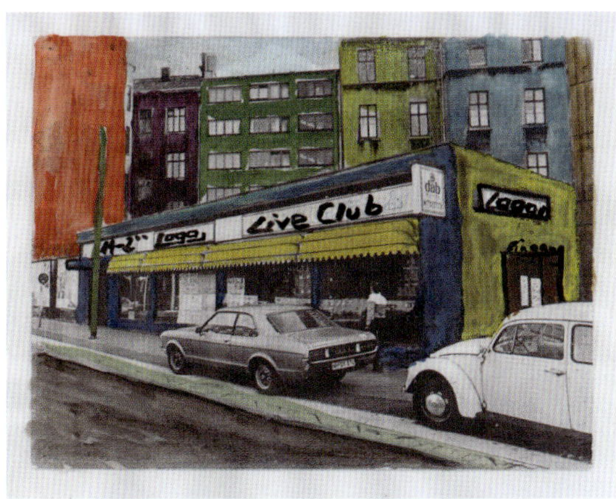

Wieland Vagts träumt sich das LOGO bunt

Hamburg im Jahr 1974: Hans-Ulrich Klose wird Bürgermeister, die Bürger wandern durch den neuen Elbtunnel, im Volksparkstadion schlägt die DDR die Bundesrepublik mit 1:0. Und in der Grindelallee Nummer 5 haben die Freunde Wieland Vagts und Roland Krohn einen Termin für eine Besichtigung. Lange Zeit war dieser Abschnitt der Straße eine Brache, zugestellt mit Gebrauchtwagen. Dazwischen ein Flachbau, in dem ein Möbelhändler seine Stücke zeigte. Spater zog das vegetarische Lokal „Teddybärs Picknick" ein. Eigentlich suchen Vagts und Krohn in Eppendorf nach Räumen für einen eigenen Club. Aber weil sie dort nichts finden, eröffnen sie das LOGO im ehemaligen Restaurant.

What a Great Funky Place

Ob im Publikum, auf der Bühne oder im Ü-Wagen davor: **Peter Urban**, bekannt nicht nur vom NDR, schätzt das LOGO seit seinen frühesten Tagen

Anfang der Siebziger, ich wohne im Studentenheim nahe der Grindelallee, auch damals kein Prachtboulevard. Wenigstens gibt es noch ein paar krüppelige Bäume und eine Straßenbahn, die Linie 2. Auf dem Weg zur Stabi oder zum Dammtor fällt einem stets die Häuserlücke auf, die der Zweite Weltkrieg gerissen hat. Sie ist mit einem barackenähnlichen Flachbau notdürftig geflickt, einer Art Schuppen mit großen Fensterscheiben, dahinter die Ausstellungsstücke eines Möbelgeschäfts. Etwas später erhasche ich einen flüchtigen Blick im Vorbeifahren: Menschen hinter den Scheiben, richtige Menschen, die Möbel haben einem Café Platz gemacht, genug Studenten laufen ja hier herum. August 1974, ich wohne noch immer im Studentenheim, schreibe an einer Doktorarbeit und habe gerade meine erste Sendung „Musik für junge Leute" auf NDR 2 moderiert. Plötzlich prangt ein schwarz-weißes Schild ziemlich fett und auffällig an dem tristen Flachbau: LOGO. Was soll da logisch sein, oder soll das ein Logo sein, wofür?

In Musikerzirkeln rund um das Eppendorfer „Onkel Pö" war schon gemunkelt worden, dass am Grindel ein neuer Musikclub aufmachen würde. Kann dieser stallartige Schuppen nun der besagte neue Laden sein, LOGO? Im September wird die Neugier befriedigt, der Club mehr breit als tief, Kneipentische mit Kerzen drauf, Bänke und Stühle. Tagsüber ein Kneipenrestaurant mit chinesischer Küche und Billardtisch, abends gute Atmosphäre, interessante Auftritte, Rock 'n' Roll, Blues, Boogie, viel Folk und der moderne Minnesang von Ougenweide, Prog-Rock vom Release Music Orchestra mit Zabba Lindner, Soul von Omnibus mit Sänger Paul Botter und Bassist Anselm Kluge. LOGO steht für kompakten Sound, das Publikum hautnah bei der Musik, Auge in Auge.

Da wollten wir auch spielen. Mit Abi Wallenstein und Reinhard Lehmann hatte ich eine Band mit dem mutigen Namen Pussy gegründet. Das LOGO wurde bald neben dem „Pö" unser liebster Club, auch nachdem wir mit der jungen Sängerin Caro auftraten. Die niedrige Decke vibrierte mit Energie und Seele, gehalten vom legendären Pfeiler inmitten der Bühne, um den ich meine Keyboards arrangieren musste. Das LOGO konnte Bands zum Strahlen bringen, nur bei leisen Passagen störte das Klackern der Poolkugeln.

Im März 1978 wurde dann eine spontane Idee zur Geburtsstunde eines langlebigen Projekts. Die Hilfsaktion für den in finanzielle Probleme verwickelten Christoph, Bassist in Michael Schlüters Band Bad News, brachte aktuelle und frühere Musiker von Pussy inklusive Abi und Jochen Brückners Highway zu einer Benefizsession zusammen, zur Bad

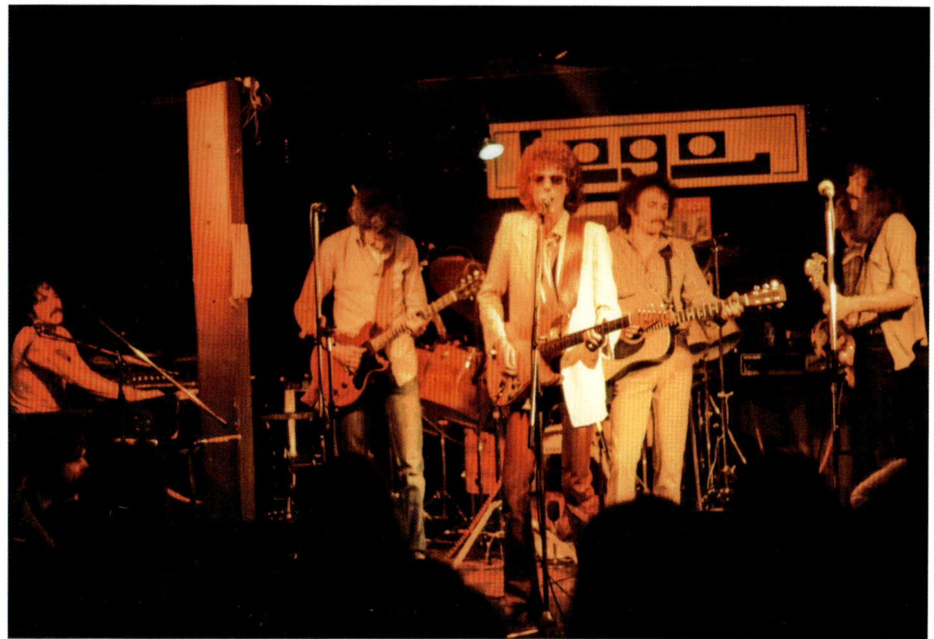

Vom Keyboard hatte Peter Urban stets die gesamte Bad News Reunion im Blick.

News Reunion – wo? Natürlich im LOGO. Nach zwei überragenden Abenden waren nicht nur die Schulden getilgt, diese Reunion machte Musikern und Publikum so viel Spaß, dass sie einfach wiederholt werden musste. Im Mai dann schon der Mitschnitt, der auf Vinyl gepresst wurde – „LIVE IM LOGO", die erste von sechs LPs von Bad News Reunion. In diesen LOGO-Nächten war die Luft zum Schneiden, floss der Schweiß, purzelten die Emotionen. Carl Carlton, der grandiose Gitarrist, erzählte mir später, wie er als Fan bei BNR vor der Bühne stand, bevor er nicht lange danach mit Herman Brood & His Wild Romance oder mit Vitesse selbst das LOGO zum Fliegen brachte.

Für mich war der Club immer ein Ort für das, was man heute Netzwerken nennt. Man erlebte andere Bands, traf Musiker, Freunde und Freundinnen. Bevorzugter Platz mit bestem Überblick und Kommunikationspotenzial war die Nachtspeicherheizung direkt hinter dem Eingang. Im Dezember 1978 stand ich genau vor diesem Heizkörper zusammen mit Jeff Porcaro, dem legendären Drummer von Toto. Ich hatte ihn und den Rest der Band nach einem gemeinsamen Essen überredet, im LOGO Elephant anzuschauen, die damals noch JUMBO hießen. Als Jeff deren Sänger Paul Bolter hörte, blickte er mich ungläubig an, er traute seinen Ohren nicht, genau so eine soulige Stimme hatten Toto für ihr Debütalbum gesucht und sich dann mit dem Sänger Bobby Kimball zufriedengegeben. Hätten sie Paul früher gekannt, gestand mir Jeff, wäre unser Helgoländer wahrscheinlich Sänger von Toto geworden! Das LOGO als Zeuge von verpassten Chancen – aber auch von großen Karrieren.

Etliche davon dokumentierten die Ü-Wagen des NDR auf dem Parkstreifen vor dem LOGO, mit denen wir dort auf Initiative des legendären Klaus Wellershaus über 60 Auftritte für das NDR Radio-

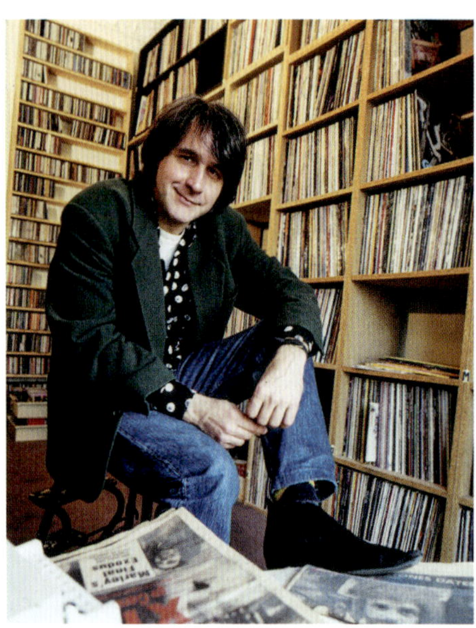
Wo steht noch die vorletzte Mitch Ryder? Peter Urban in seinem Archiv

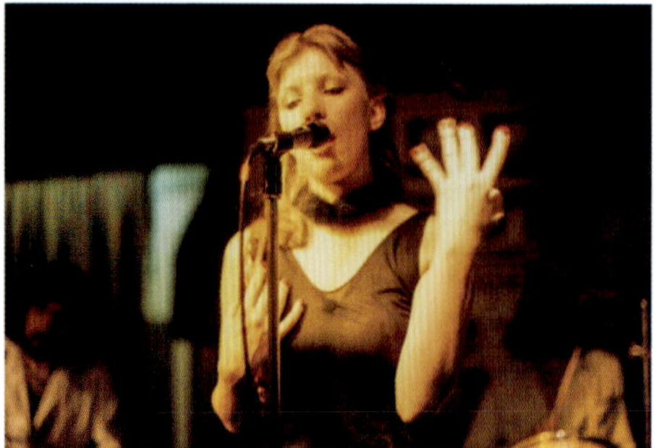
Caro lernte das LOGO als Kellnerin kennen, später stand sie mit Bad News Reunion auf der Bühne.

konzert mitschnitten, ich habe sie nachgezählt. Dabei waren denkwürdige Abende mit illustren nationalen und internationalen Acts wie Bo Diddley, Mitch Ryder, Edo Zanki, Desmond Dekker, Ideal, Blumfeld, F.S.K., Die Braut haut ins Auge, Nils Lofgren, Counting Crows, Dave Matthews Band, Maria McKee, Steve Earle, Carlene Carter, Cracker, Neil & Tim Finn, Shawn Colvin, The Fixx, Maxim Rad oder dem unvergessenen Jeff Buckley – aber in den Neunzigern konnten sich auch viele junge Bands der neuen Hamburger Szene in der von Susanne Hasenjäger mitbetreuten Nachtclub-Reihe „Hörproben" im LOGO und im Radio präsentieren.

Am 16. April 1989 nahmen wir im LOGO das Konzert der wunderbaren amerikanischen Slide-Gitarristin und Bluessängerin Bonnie Raitt und ihrer Band auf, „what a great funky place" war ihr Kommentar, dann lachte sie über diesen seltsamen Pfeiler mitten auf der Bühne. Bonnie hatte in den Achtzigern ihren Plattenvertrag verloren und war glücklich, dass drei Wochen zuvor ihr neues Album erschienen war, das sie unter der Regie von Don Was für ein neues Label produziert hatte. Sie erzählte mir, sie sei endlich wieder zuversichtlich, und hoffte auf einen Anerkennungserfolg. Nach dem Soundcheck kam sie strahlend aus der Garderobe, sie hatte gerade erfahren, dass „Nick of Time" in die Top 100 der US Album-Charts eingestiegen war. Der Auftritt am Abend war grandios, LOGISCH! Zwei Wochen danach telefonierten wir, sie jauchzte aus dem Hörer, „Peter, das Album ist in den Top 20!" – ab dann war kein Halten mehr, „Nick of Time" kletterte auf Platz 1, gewann drei Grammy Awards, unter anderem für das Album des Jahres, und verkaufte sich fünf Millionen mal. Und irgendwie hatte das alles auch mit diesem Funky Place zu tun, unserem LOGO.

Auch mit 50 ist das LOGO ein kulturelles Wahrzeichen Hamburgs, ein lebendiger pulsierender, kochender Rockschuppen, der bekannte Namen präsentiert und jüngeren aufstrebenden Bands ein Podium gibt. Unser unendlicher Dank gilt Karsten Schölermann und seiner Crew dafür, dass sie dieses Club-Juwel erhalten und dem Zugriff von Investoren und Immobilien-Geiern entrissen haben. Möge das noch lange so bleiben, LOGO – unsere Perle, alles Beste zum Fünfzigsten.

Hamburg 13 · Grindelallee 5 · 4105658

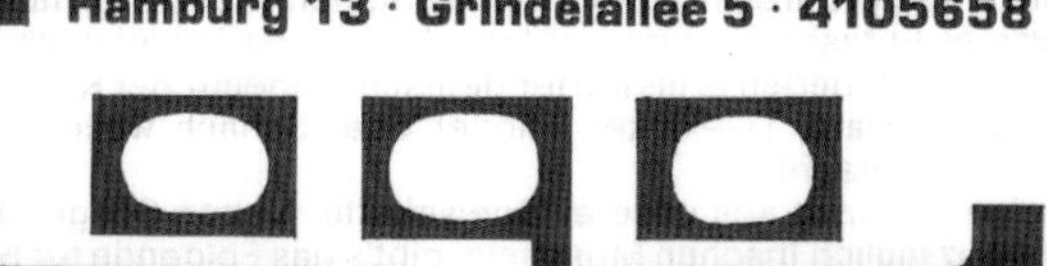

RESTAURANT · CAFÉ · VERANSTALTUNGSCENTER

Täglich von 12⁰⁰ bis 3⁰⁰ Uhr geöffnet

Januarprogramm 75

Mi	1.	Cobbers Washboard Band (Skiffle)	3.-
Do	2.	Peter Henn, Memo (contemporary Folk + südamerikanische Folklore)	2.-
Fr	3.	Caddy Ltd (Skiffle)	3.-
Sa	4.	Jazzcompanie Lübeck (traditional Hot Jazz + Dixie)	3.-
So	5.	**Frühschoppen** mit Abbey Taverns Skiffle Group	2.-
abends		**Werner Lämmerhirt**, - Peter Henn (trad. und contemporary Songs)	4.-
Mo	6.	Los Latinos - Memo (südamerikanische Folklore)	2.-
Di	7.	**Malcolm's Locks** (carebean Rock, Regga + Soul)	4.-
Mi	8.	Fiddel & Musik Enterprises	4.-
Do	9.	**Antons Rowing Skiffle Group**	3.-
Fr	10.	Brunos Salon Band	3.-
Sa	11.	Revival Jazzband	3.-
So	12.	**Frühschoppen** mit Schulzke's Skandal Trupp	2.-
abends		**Ian Mackintosh & Tramps and Hawkers** (irish + scottish Folk)	5.-
Mo	13.	Trio San Antonio (spanische Folklore)	2.-
Di	14.	**Bock Rock** (Rock & Roll)	3.-
Mi	15.	Neil Landon, Hoddel and friends - Axel Zwingenberger	3.-
Do	16.	**Ougenweide** (Minnerock)	4.-
Fr	17.	Country Ramblers (Holland)	4.-
Sa	18.	**Boogie Woogie Company** (Essen)	4.-
So	19.	**Frühschoppen** mit Boogie Woogie Company	4.-
abends		**Silk & Steel** (contemporary Folk)	3.-
Mo	20.	Trio San Antonio (spanische Folklore)	2.-
Di Mi	21. 22.	**Buskers** (George Furey, Paul Furey & Davey Arthur)	4.-
Do	23.	Gottfried Böttger + Peter Petrell	3.-
Fr	24.	Hot Owls (Swing + Dixieland)	3.-
Sa	25.	Jazz O' Maniacs	3.-
So	26.	**Frühschoppen** mit Abbey Tavern Skiffle Group	2.-
abends		**Rick Abao Trio** (Folk & Blues)	4.-
Mo	27.	Los Latinos + Memo (südamerikanische Folklore)	2.-
Di	28.	**Pussy** (Blues & Rock)	3.-
Mi	29.	Tramps and Hawkers (irish Folk)	4.-
Do	30.	**Ray Austin** (Folkentertainer), Peter Henn (contemporary Folk)	4.-
Fr	31.	**Old Metropolitan Band** (Krakau)	4.-

Täglich von 11⁰⁰ bis 3⁰⁰ Uhr geöffnet.
Preiswerte Deutsch-Chinesische Küche - Kaffee, Tee und Nachmittags selbstgebackenen Kuchen - Schach, Billard, Flipper, Telekick, Comics, Zeitschriften und Spiele.

freipress (040) 39 32 72

75

1974–1981
Die Küche bleibt kalt

Inhaber: Roland Krohn und Wieland Vagts
Booking: Öff Tubbesing, Wieland Vagts, Hardy Nagel
Etwa 300 Konzerte pro Jahr, täglich geöffnet

Mit dem LOGO öffnet der erste Rockclub der Stadt, zur Straße zeigen noch Schaufenster. Die Hamburger Szene besteht vor allem aus Jazzern und Folk-Musikern. Der durchschnittliche Eintrittspreis beträgt zwei Mark. +++ Die Musiker sind nebenbei auch Roadies, Mixer, Plakatkleber, sie spielen drei bis vier Sets am Abend. Um sie auszuleuchten, reichen zwei 100-Watt-Strahler. Kaum einer der Künstler hat schon eine Platte veröffentlicht. +++ Ab 1975 zieht der Rock ins LOGO. Mit den Bands kommen die ersten Roadies. Der spätere Inhaber Eberhard Gugel ist Roadie für Bock Rock (u.a. mit Hannes Bauer), Peter Urban spielt mit Pussy. Weil nun Tonanlagen ins LOGO geschafft und aufgebaut werden müssen, dauert der Aufbau zwei Stunden. +++ 1976 wird die Szene größer, denn „Knust" und „Markthalle" öffnen ihre Türen. +++ Ab 1977 sind Musiker nur noch Musiker, bauen nicht mehr mit auf. Eine PA, die täglich benötigt wird, kostet 400 Mark am Tag. +++ Mit „Rocktheater" findet sich ein neuer Programmpunkt im LOGO. +++ Ab 1979 hat das LOGO eine erste Ton-Anlage (6 x 300 Watt). Der Aufbau dauert nun schon fünf Stunden, der Tagesbetrieb (Küche) wird deshalb eingestellt. +++ Ab 1980 beginnt der Kampf um Gagen, Gruppen und Prestige innerhalb der Hamburger Szene. Jeden Tag wird vor dem Club ein Lkw aus- und nach Konzertende wieder eingeladen. Subventionen für die steigenden Kosten und Gagen gibt es aber nicht. 1981 entschließen sich Krohn und Vagts, das LOGO zu verkaufen.

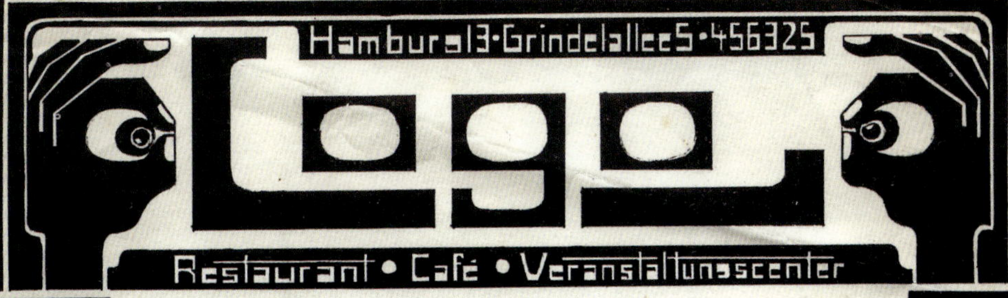

September Programm 74

Sa. 7.9.	20h	Heinz Junghans Jazzmen (Oldtime)	Eintritt frei!!!!
So. 8.9.	20h	Fiddel & Music Enterprises (Lonzo, Chris & Django)	2.50
Mo. 9.9.	20h	Neil Landon (eh. Fat Matress Leadsinger) & Hoddel	I.--
Di.IO.9.	20h	Peter Henn, Robert Steyl & friends (Folfrock)	2.50
Mi.II.9.	20h	Vince Weber (Blues & Boogie Woogie)	2.50
Do.I2.9.	20h	R A Y A U S T I N (Folkentertainer)	3.--
Fr.I3.9.	20h	Bourbon Skiffle Company	3.--
Sa,I4.9.	20h	Bruno's Salon Band	3.--
So.I5.9.	20h	Internationale Folklore	I.--
Mo.I6.9.	20h	Neil Landon & Hoddel	I.--
Di.I7.9.	20h	Campfire (Skiffle-Folksongs-Blues)	2.--
Mi.I8.9.	20h	Los Aymaras - Memo (südam. Folklore)	2.50
Do.I9.9.	20h	Les Manouches (Zigeunerswingtett)	2.50
Fr.20.9.	20h	Hot Owls (Oldtime)	3.--
Sa.2I.9.	20h	Elke feat. Subwayjazzmen	3.--
So.22.9.	20h	Silk & Steel (Contemporary Folksongs)	2.50
Mo.23.9.	20h	Neil Landon & Hoddel	I.--
Di.24.9.	20h	Lazarus (Folk)	I.--
Mi.25.9.	20h	Internationale Folklore	I.--
Do.26.9.	20h	Fiddel & Music Enterprises (Lonzo, Chris & Django)	2.50
Fr.27.9.	20h	Abbi Hübners Low Down Wizzards	3.--
Sa.28.9.	20h	Oldtime Jazz	3.--
So.29.9.	20h	Silk & Steel	2.50
Mo.30.9.	2oh	Neil Landon & Hoddel	I.--

4.Io L E I N E M A N N 5.--, 6.IO. Beda Folks 3.-- II.IO. Ougenweide 3.--

preiswerte chinesische Küche, DAB 0,4 l 2.--, nachmittags Kaffee & Kuchen

Billiard, ab 7.9. täglich geöffnet ab II.ooh - mindestens 2.ooh

Entwurf: M.Sander

74

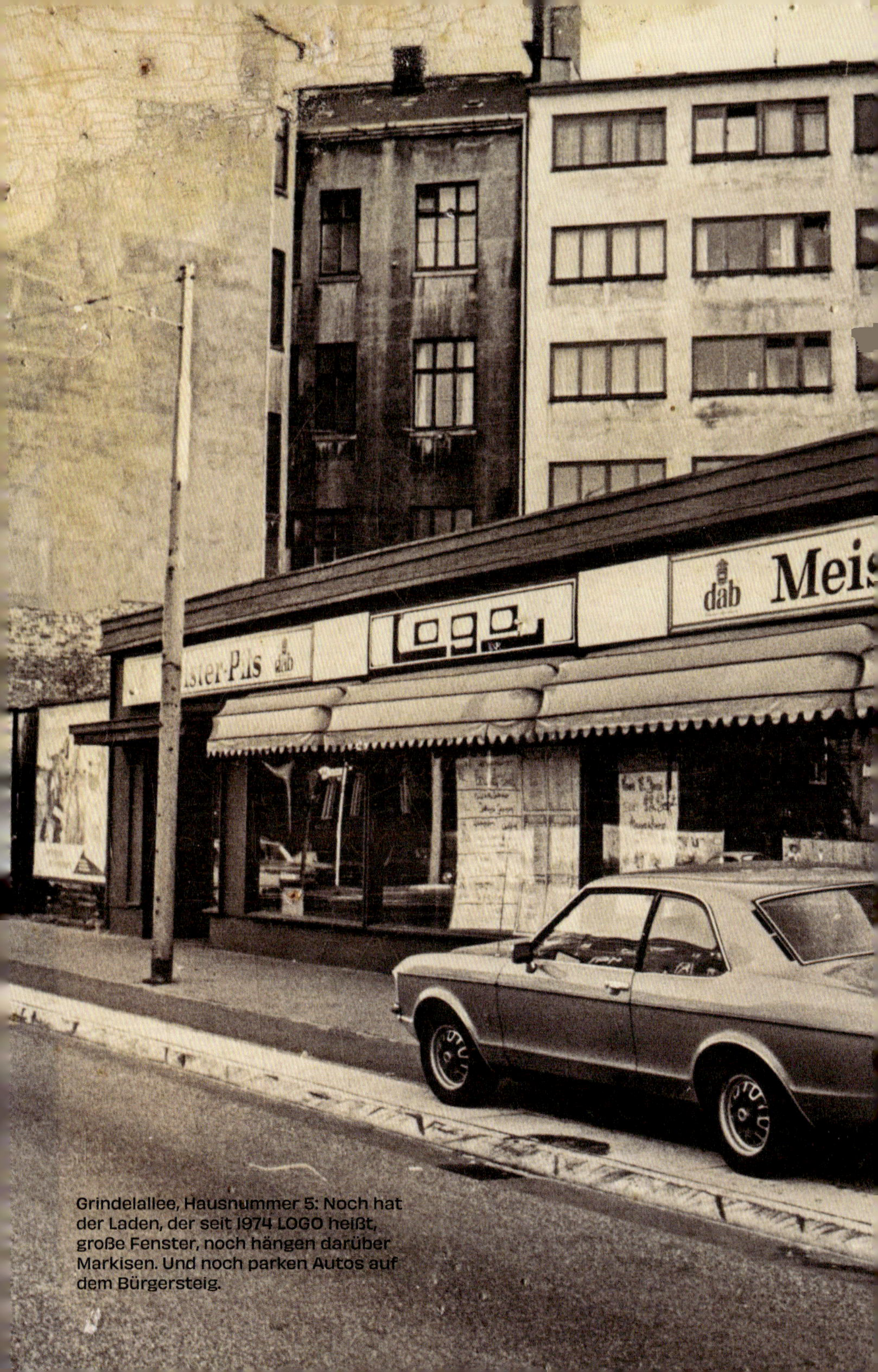

Grindelallee, Hausnummer 5: Noch hat der Laden, der seit 1974 LOGO heißt, große Fenster, noch hängen darüber Markisen. Und noch parken Autos auf dem Bürgersteig.

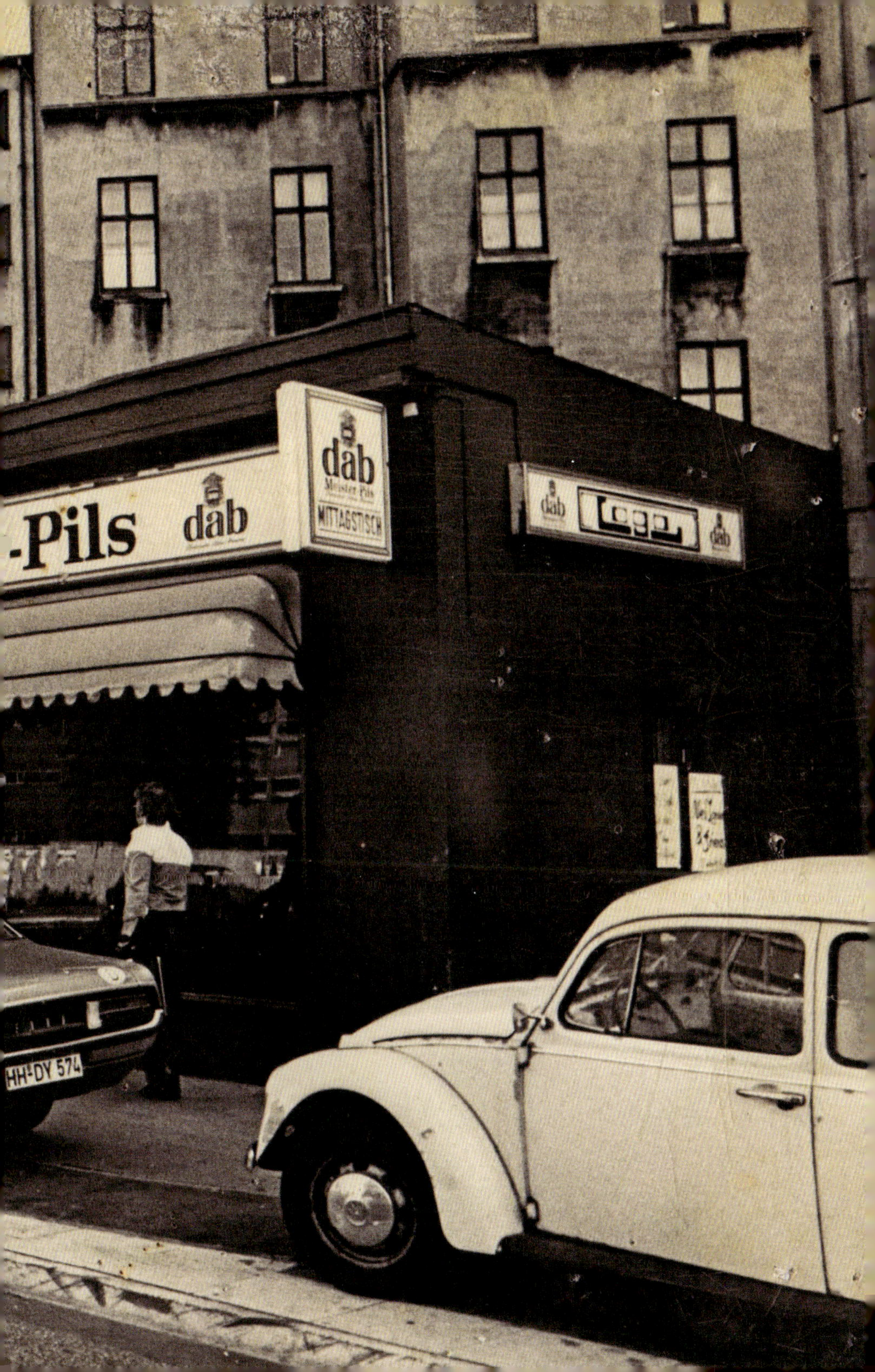
-Pils
dab
dab
Meister-Pils
MITTAGSTISCH
dab
dab
HH-DY 574

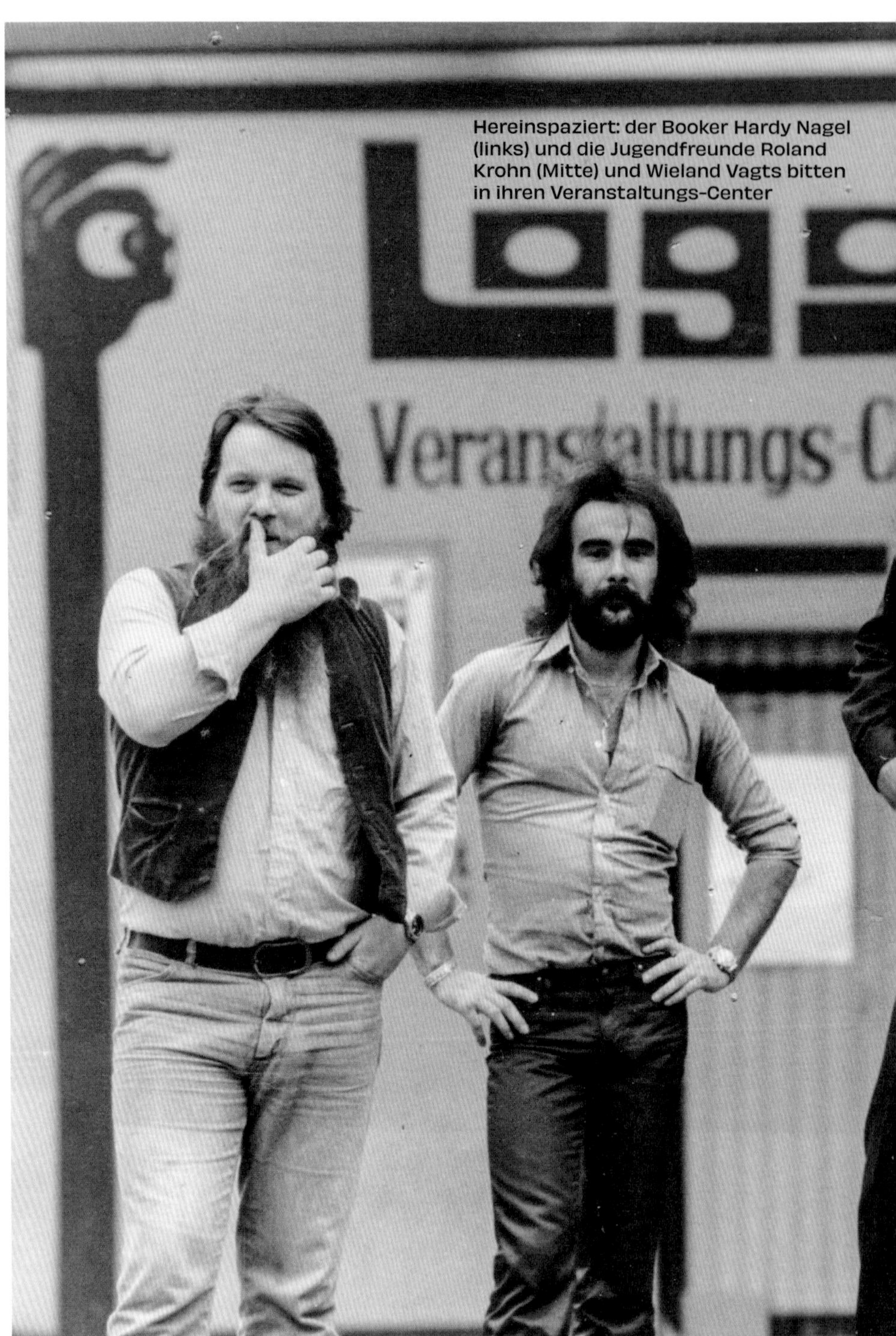

Hereinspaziert: der Booker Hardy Nagel (links) und die Jugendfreunde Roland Krohn (Mitte) und Wieland Vagts bitten in ihren Veranstaltungs-Center

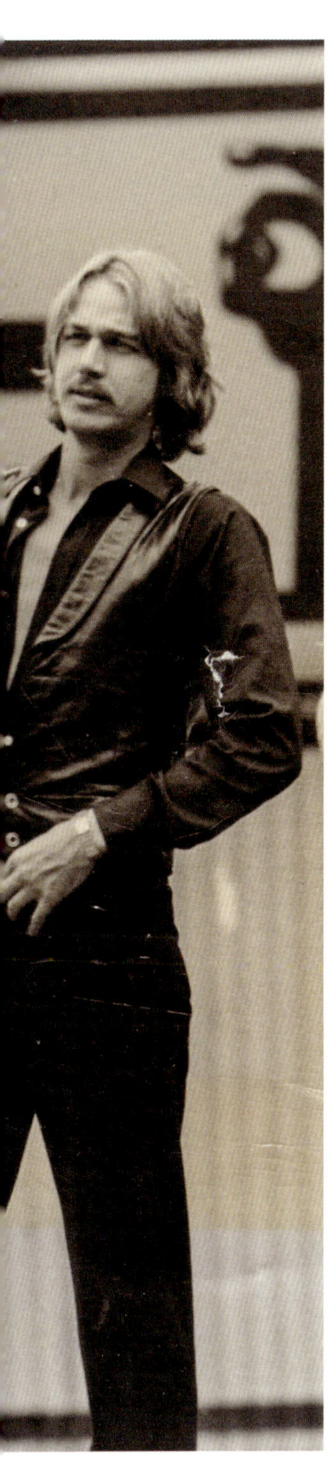

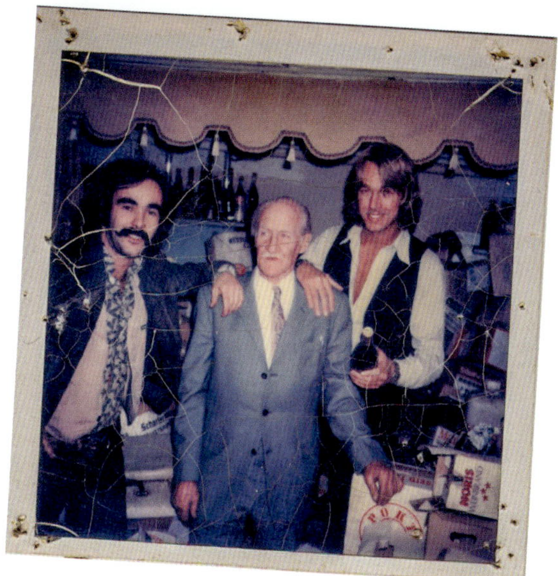

Als Roland Krohn und Wieland Vagts in einer WG in der Papenhuder Straße wohnten, trafen sie auf Hans Westphalen, der nicht weit entfernt im Graumannsweg eine Weinhandlung betrieb. Bald erfuhren sie auch seine Lebensgeschichte: Er war 1897 geboren, wurde im Ersten Weltkrieg schwer verletzt und ließ sich, damit er nicht wieder an die Front musste, für tot erklären. Nach 1945 rettete er aus den Trümmern seines alten Geschäfts in der Martinistraße die Korkmaschine und fing in Hohenfelde neu an. Rente bekam er keine, denn es gab ihn offiziell ja nicht mehr. Mit seiner Frau adoptierte er ein Mädchen, nach dem Tod seiner Frau überließ er der Tochter die Wohnung und zog in den Keller darunter. Seine Zähne hatte er längst verloren, aber auch ohne kam er gut zurecht. Stolz war er auf das spanische Blut, das in seinen Adern floss – nach einem Blutsturz hatte er das Blut einer Spanierin bekommen. Klar, dass Hans Westphalen der Weinlieferant fürs LOGO werden musste. Dort ließ er sich auch gern mal blicken; bei der Travestie-Show von Madame Chatou saß er neben Uschi Obermaier, trank Portwein und rauchte Joints.

Hamburg

16 Sonderseiten für die Freie und Hansestadt

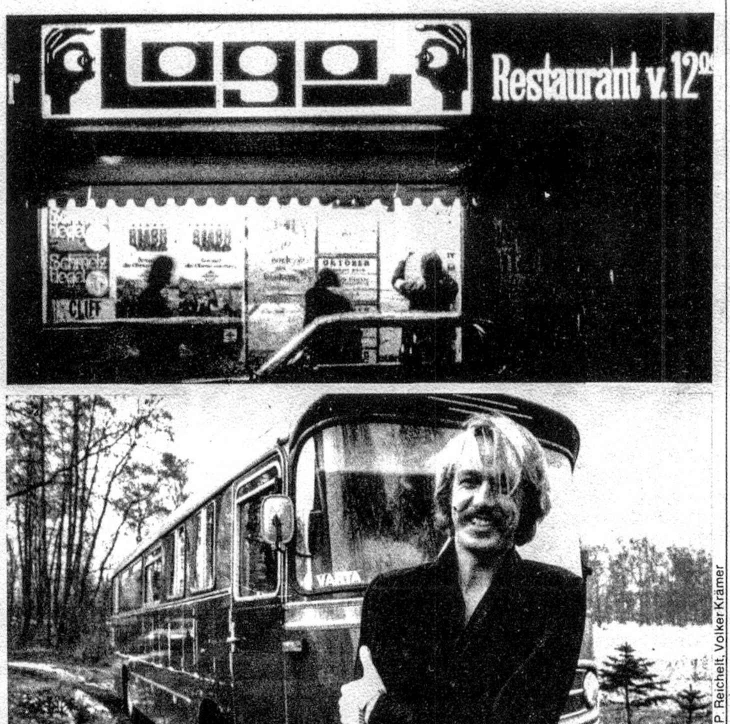

Fotos: G. P. Reichelt, Volker Krämer

Nach sieben Jahren Nachtarbeit nun im Wohnmobil unterwegs: Kneipier Wieland Vagts

...als der Koch noch Messer warf

Logo-Chef Wieland Vagts, Gründer der berühmten Musikkneipe, stieg nach sieben Jahren aus und erzählt, wie die Szene die Szene kaputtmachte

August '74. Aus Marx ist wirrer Sekten-Murks geworden, die LSD- und Haschischträume sind verpufft, unsere Studentenkommune zerfällt endgültig, als wochenlang keiner mehr das Geschirr spült. Zwei von uns machen die Kneipe „Schröder" auf, andere die Flasche, ein Mädchen eine Boutique, wir das „Logo".

Da haben mein Sandkastenspezi Ronald Krohn und ich nun ein vegetarisches Restaurant übernommen, samt 150 000 Mark Schulden. Mein langer Marsch durch die Institutionen führt mich Tag für Tag zur Eimsbütteler Behörde. Ich schwärme von einer Idee für Hamburg, von einem Laden mit Menschen und Musikern zum Anfassen, von einer unverkünstelten Künstleratmosphäre, wo man nicht auf die Beine oder die Kleidung guckt, sondern ins offene Gesicht des Nachbarn.

Der Amtsbüttel von Eimsbüttel jedoch findet Kommunikation nicht in den Vorschriften, redet von Gemüse- und Fleischschneideräumen, von Dunstabzügen über vier Stockwerke, von Handwasch-, Abwasch-, Spül- und Schmutzwasserbecken, getrennt belüfteten Toilettenräumen, Fluchtwegen, von Lokalschließung schon vor der Eröffnung – bis alle Ideen auf DIN-A4-Format zurechtgestutzt sind.

Ich verstehe nur Bahnhof, und viel besser sieht der Laden anfangs auch nicht aus. Das Mobiliar ist ein Sammelsurium aus Auktionen, Sperrmüll und Wohnstuben von Verwandten. Die Verstärkeranlage ist vom Schwager gestiftet, die erste Musikergage hat Mutti gespendet, 80 zusammengenagelte Colakisten dienen als Bühne. Die Familienmitglieder sind als Lückenbüßer im Saal verteilt. Die erste Nacht im Logo Live Club ist eher rührend als rauschend. Keiner ahnt, am wenigsten ich, daß dies mal „einer der wichtigsten Musikclubs Deutschlands" werden soll, wie die Presse fünf Jahre später versichert.

Der Laden ist fast jeden Abend voll, doch die Kasse oft erschreckend leer. Da bei uns nur Sozialisten arbeiten, ist Eigentum niemandem heilig. Die Geschäftsführer leben aufwendiger als die Besitzer, Kellnerinnen machen trotz Überfüllung kaum Umsatz, Kassierer kündigen regelmäßig nach vier Monaten, um eigene Läden aufzumachen. Manchmal ist die Kasse nicht zu finden, dann spielen die Tresenleute um unsere Tageseinnahmen Billard. Stammgäste machen Schulden bis zu 5000 Mark, um dann für immer zu verschwinden.

Die chinesischen Köche haben eine eigenwillige Art, Meinungsverschiedenheiten auszutragen: Nach Kellnern werfen

Auf den Hamburg-Seiten des „Stern" durfte LOGO-Gründer **Wieland Vagts** Anfang des Jahres 1982 von seinen bewegten Zeiten im Club an der Grindelallee erzählen

August '74. Aus Marx ist wirrer Sekten-Murks geworden, die LSD- und Haschischträume sind verpufft. Unsere Studentenkommune zerfällt endgültig, als wochenlang keiner mehr das Geschirr spült. Zwei von uns machen die Kneipe „Schröder" auf, andere die Flasche, ein Mädchen eine Boutique, wir das „Logo".

Da haben mein Sandkastenspezi Ronald Krohn und ich nun ein vegetarisches Restaurant übernommen, samt 150 000 Mark Schulden. Mein langer Marsch durch die Institutionen führt mich Tag für Tag zur Eimsbütteler Behörde. Ich schwärme von einer Idee für Hamburg, von einem Laden mit Menschen und Musikern zum Anfassen, von einer unverkünstelten Künstleratmosphäre, wo man nicht auf die Beine oder die Kleidung guckt, sondern ins offene Gesicht des Nachbarn.

Der Amtsbüttel von Eimsbüttel jedoch findet Kommunikation nicht in den Vorschriften, redet von Gemüse- und Fleischschneideräumen, von Dunstabzügen über vier Stockwerke, von Handwasch-, Abwasch-, Spül- und Schmutzwasserbecken, getrennt belüfteten Toilettenräumen, Fluchtwegen, Lokalschließung schon vor der Eröffnung – bis alle Ideen auf DIN-A4-Format zurechtgestutzt sind.

Ich verstehe nur Bahnhof, und viel besser sieht der Laden anfangs auch nicht aus. Das Mobiliar ist ein Sammelsurium aus Auktionen. Sperrmüll und Wohnstuben von Verwandten. Die Verstärkeranlage ist vom Schwager gestiftet. Die erste Musikergage hat Mutti gespendet, 80 zusammengenagelte Colakisten dienen als Bühne. Die Familienmitglieder sind als Lückenbüßer im Saal verteilt. Die erste Nacht im Logo Live Club ist eher rührend als rauschend. Keiner ahnt, am wenigsten ich, daß dies mal „einer der wichtigsten Musikclubs Deutschlands" werden soll, wie die Presse fünf Jahre später versichert.

Der Laden ist fast jeden Abend voll, doch die Kasse oft erschreckend leer. Da bei uns nur Sozialisten arbeiten, ist Eigentum niemandem heilig. Die Geschäftsführer leben aufwendiger als die Besitzer, Kellnerinnen machen trotz Überfüllung kaum Umsatz, Kassierer kündigen regelmäßig nach vier Monaten, um eigene Läden aufzumachen. Manchmal ist die Kasse nicht zu finden, dann spielen die Tresenleute um unsere Tageseinnahmen Billard. Stammgäste machen Schulden bis zu 5000 Mark, um dann für immer zu verschwinden.

Die chinesischen Köche haben eine eigenwillige Art, Meinungsverschiedenheiten auszutragen: Nach Kellnern werfen sie mit Messern, mir mischen sie Glasscherben ins zweimal gebratene Schweinefleisch.

Anfangsschwierigkeiten auch nach außen. Die Presse reagiert nicht auf unseren Erfolg. Wir versuchen, die im „Pö" am Zapfhahn angeschlossenen Medienleute abzunabeln und in unseren Laden zu locken. Wir ärgern uns immer wieder, wenn Gruppen, die wir mühsam aufgebaut haben, werbewirksam im Pö „entdeckt" werden. Wir machen schlechte Erfahrungen mit Managern wie Jens Michow, wir meiden Veranstalter wie Heinz Werner Funke, für den die Szene doch nur eine Hure ist, die man poussiert, wenn man sich davon eine schnelle Mark verspricht. Wir helfen bei der Entwicklung des Stadtmagazins „Oxmox", um die Veröffentlichungswillkür des „Ultimo"-Herausgebers Wilhelm Mittrich zu bremsen, der inzwischen zum Boss der „Markthalle" aufgestiegen ist. Wir kämpfen jede Nacht mit der Plakatkleber-Kolonne der „Fabrik" um die besten Plätze auf den Bauzäunen.

In dieser Zeit gilt Hamburg als Jazz- und Folklore-Mekka. Wir setzen im Gegensatz zu Remter, Pö, Cotton Club, Jazzhouse oder Danny's Pan ganz auf Rock. Und haben Glück, daß wir Geburtshelfer einer Rockrenaissance werden können. An die 300 Gruppen verschiedenster Stilrichtungen entstehen in der Stadt: Lake, Pussy, Bock Rock, Altona, Please, Kaftan, Broadway, Highway oder Lonzo's Fiddle Music schaffen es, daß die Bühne den Zapfhahn als Mittelpunkt der Kneipe ablöst. Musiker aus München, Berlin oder dem Ruhrgebiet pilgern nach Hamburg. Denn hier findet man die ersten Rockkneipen, hier sitzen die Plattenbosse im Publikum, hier hängen Deutschlands Musikjournalisten rum, hier trifft man sich.

Kein Abend ohne Session, Musiker im Publikum steigen auf die Bühne oder verabreden sich zum Üben: Otto mit Udo Lindenberg, Eric Burdon mit Bock Rock, Neil Landon mit Jango Edwards, Peter Petrell mit Gottfried Böttger, Lake mit den Messengers, Ougenweide mit Release Music Orchestra.

Aus so improvisierten Auftritten entstehen Gruppen wie Caro & JCT, Rudolf Rock und die Schocker, Dirty Dogs, Bad News Reunion, Bauer, Garn & Dyke, Neil Landon Band. Und das alles ist möglich ohne Promoter und Plattenbonzen. Kein Problem, DDR-Gruppen wie Karat ins Logo zu holen. Die begleitenden Genossen sind von der Zwanglosigkeit beeindruckt: „Also, det Logo iss hier so chaotisch orjanisiert, wie et keen VEB-Betrieb bessa könnte. Det könnta ooch nach'm Sieg des Proletariats weitermachn." Auch an den Eintrittspreisen kann kein Kommunist Anstoß nehmen. Mit einer Mark ist man bei Neil Landon dabei, mit 2 Mark 50 bei Ougenweide, Lonzo oder Vince Weber, der sich noch nicht zu fein ist, auf einem Kneipen-Klavier herumzuhämmern.

Mittags werden im Logo Leute wie Bruno Ganz, Dennis Hopper oder Rory Gallagher von unseren Mädels bewirtet, am Nebentisch machen die Kinder der Kellnerinnen ihre Hausaufgaben. Und bisweilen schaut ein unbekannter Herr herein, um dem verblüfften Kaffee- und Kuchenpublikum seine Narreteien zu zeigen. Per Handschlag engagieren wir ihn für eine Woche. Sein Name: Jango Edwards.

Es ist alles unkompliziert. Soundmixer und Lightshows sind noch selten. Keine Lautsprecherhalden versperren den Blick. Noch spielt Hannes Bauer ohne Ohropax, noch bauen Musiker ihre Anlagen selbst auf und nicht ewig übernächtigte Roadies, die die Anlage nach fünfstündiger Aufbauzeit zu einem Phon-Inferno aufdrehen. Die Musiker brauchen nur zehn Minuten, um ihre Instrumente abzustimmen, dann spielen sie viermal 40 Minuten. Heute darf man sich über zwei Sets von jeweils 30 Minuten glücklich schätzen.

Die Gitarristen beschäftigen sich mehr mit einem neuen Akkord als mit ihrer Altersversorgung nach dem 37. Lebensjahr. Der schriftliche Vertrag, den man mit faulen Tricks wegen eines Fabrik- oder Markthallen-Angebots bricht, ist noch nicht erfunden. Der Handschlag oder die telefonische Zusage zählt.

Zusammen verfeiern wir die Tagesgewinne. Man weiß, wo man sich trifft: in der „acht", im „Zwick" oder in der „Schlachterbörse". Die Küßchen-hier-Küßchen-dort-Schickeria hat die Läden noch nicht besetzt. Doch immer mehr Schuppen verquicken sich mit der Szene. Selbst das „Trinity" lockt mit Live-Gruppen, das „Pickenpack" ergänzt sein Plattenpro-

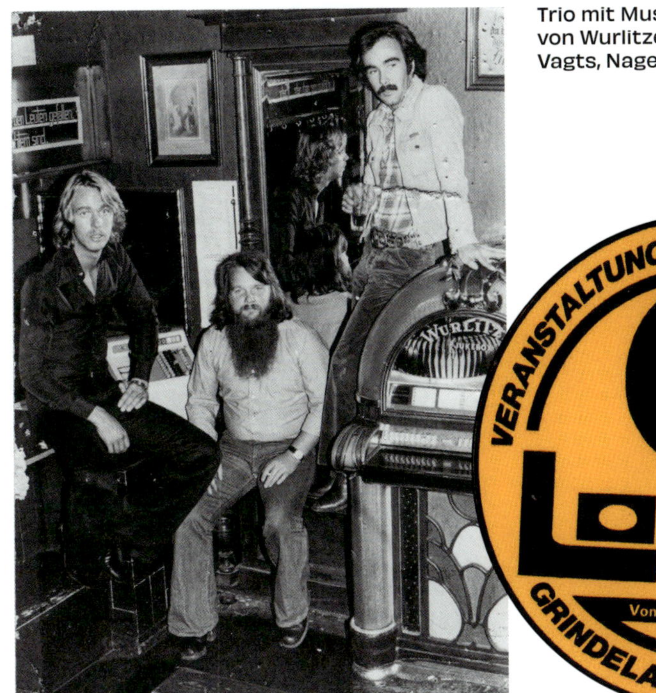

Trio mit Musikbox von Wurlitzer: Vagts, Nagel, Krohn

gramm mit Bands. Die Markthalle macht von Disco total bis zu Punkgruppen alles mit, was gut und teuer ist.

Wir von der Szene sind plötzlich „in": Barplätze werden freigefegt, wenn man mit seinem Clan kommt. Man braucht sich nicht mehr zu profilieren, man posiert, hübsche Mädchen in der Linken, einen Krümel Koks in der Rechten.

Künstler sind „out", Macher „liegen vorn". Leute aus dem Milieu sind angesagt. Ein König sucht den anderen, und sei es in der Halbwelt. Der Kiez gibt sich im Laden die Ehre. Du bist stolz, daß sich so ein Halbwelt-Tiger von dir streicheln läßt und anderen die Krallen zeigt. Ehe du dich versiehst, bist du mittendrin in dem Dschungel, wirst bedroht, mußt dich wehren. Man versucht, eine Beteiligung am Logo zu erpressen. Auf die Piste gehe ich nur mit Bodyguard und Ballermann. Die Zeiten werden härter, man selbst auch.

Dazu kommt noch die Musikbranche: Die Gewinnerwartung der Plattenkonzerne vergiftet die Szene. Mancher Musiker ist nur mit einer Linie Koks zum Auftritt zu bewegen. Man mischt Mandrax mit Sekt, Captagon mit Bier, Shit mit Cola und Heroin mit Soda, um sich kreativ zu halten.

Läden wie die Markthalle und die Fabrik geben Ton und Gage an. Über die Markthalle machen sich Großveranstalter wie Sunrise, Mama, Karsten Jahnke oder Fritz Rau in der Szene breit. Das Mobiliar ist robuster und die Miete billiger als in der Musikhalle, dem Audimax oder dem CCH. Die Markthalle ist somit für Veranstalter preiswerter. Nicht aber für die Besucher. An die soziale Funktion erinnert sich Boss Mittrich nur, wenn es gilt, Subventionen zu fordern. Markthalle und Fabrik veranstalten Konzerte für Eintritt von 8 bis 18 Mark. Clubs wie das Logo, die nur ein Fünftel der Kapazität

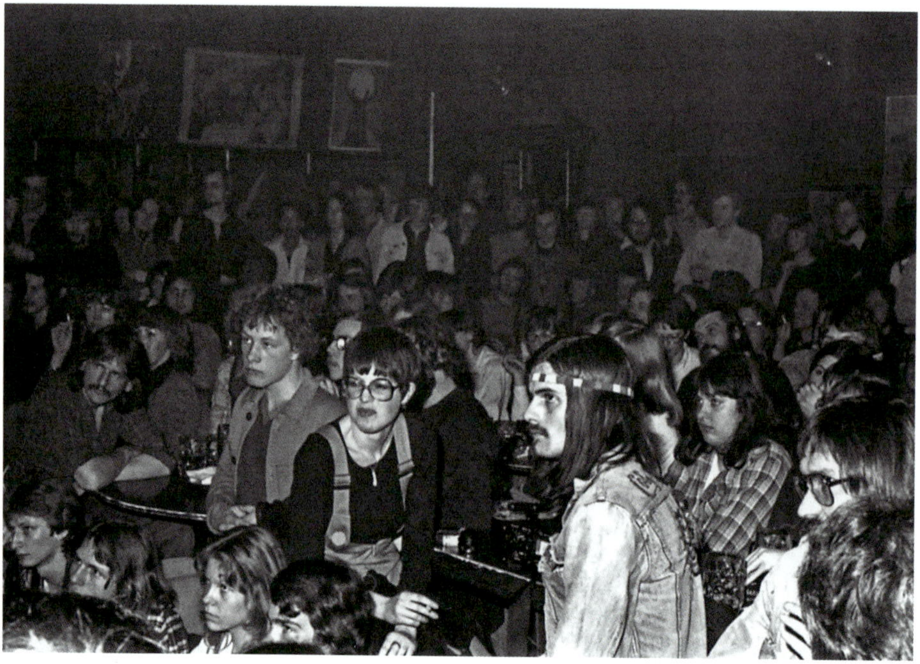

Ein Blick ins frühe LOGO: Das Publikum sitzt, die Getränke bringen Kellnerinnen.

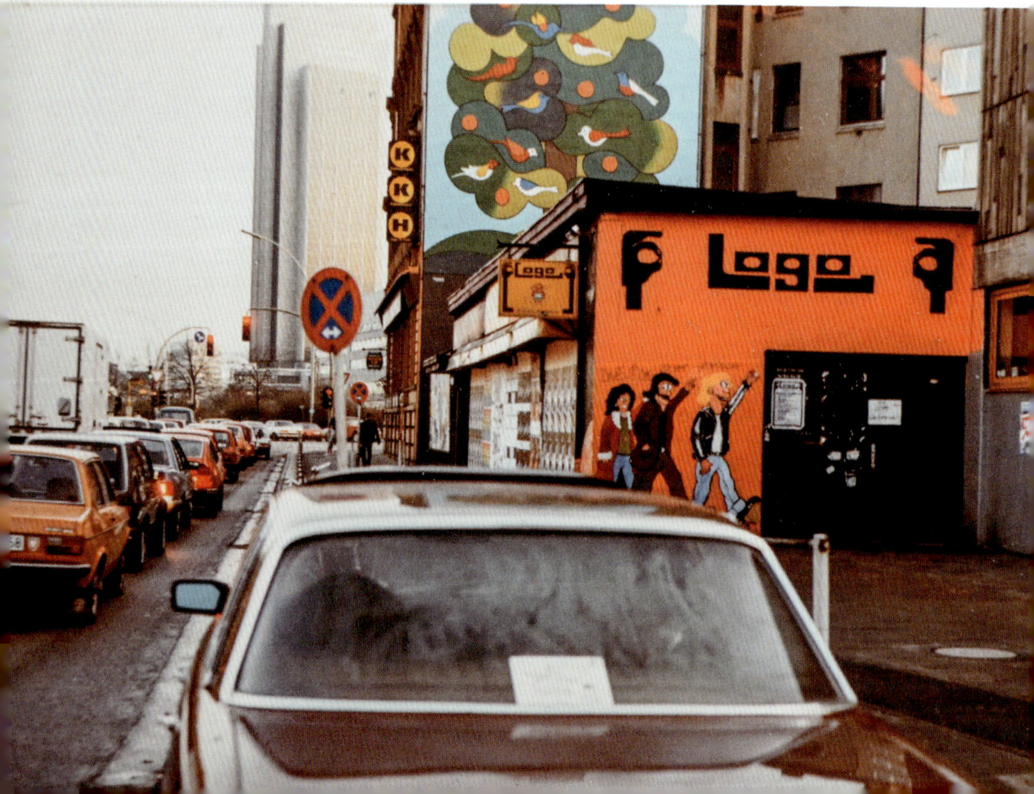

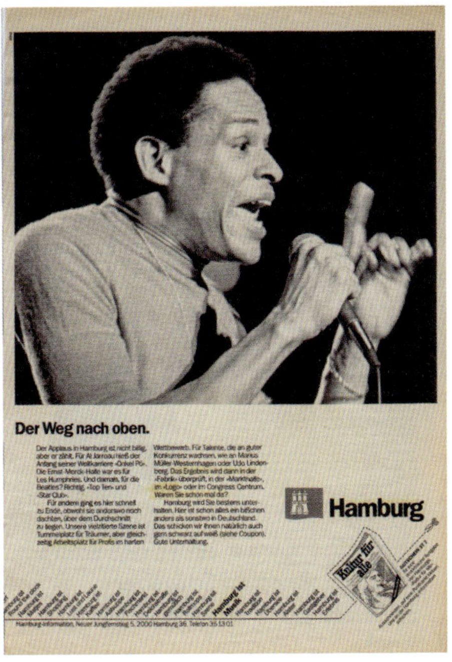

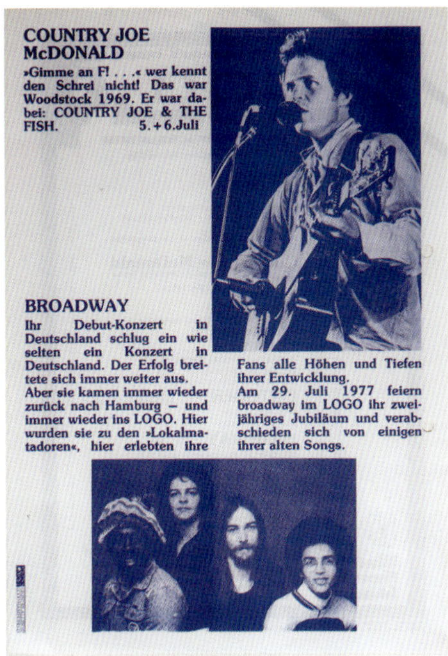

COUNTRY JOE McDONALD

»Gimme an F! . . .« wer kennt den Schrei nicht! Das war Woodstock 1969. Er war dabei: COUNTRY JOE & THE FISH. 5. + 6. Juli

BROADWAY

Ihr Debut-Konzert in Deutschland schlug ein wie selten ein Konzert in Deutschland. Der Erfolg breitete sich immer weiter aus. Aber sie kamen immer wieder zurück nach Hamburg – und immer wieder ins LOGO. Hier wurden sie zu den »Lokalmatadoren«, hier erlebten ihre Fans alle Höhen und Tiefen ihrer Entwicklung.
Am 29. Juli 1977 feiern broadway im LOGO ihr zweijähriges Jubiläum und verabschieden sich von einigen ihrer alten Songs.

Die Stadt wirbt mit dem LOGO, der Club freut sich auf eine Woodstock-Legende.

haben, nehmen 6 bis 8 Mark. Die Superhallen wollen kurzfristig spektakuläre Programme machen, zahlen Riesengagen und machen so die kleineren Clubs für die Gruppen und das Publikum uninteressant. Selbst die von uns mühsam aufgebauten Lokalmatadore vergleichen nun die Clubgagen mit denen, die ihnen dort angeboten werden.

Da gehen einem für langfristige Aufbauarbeit allmählich Luft und Lust aus. Kein Wunder, daß seit einigen Jahren die Hamburger Szene auf der Stelle tritt. Und da sich nichts tut, werden kurzerhand Retortenbabys wie Al Jarreau oder Helen Schneider zu Entdeckungen der Szene hochstilisiert. Die Plattenfirmen setzen am Reißbrett geplante Stars auf die Clubbühnen. Mit teurem Werbeeinsatz und geladenen Medienleuten wird die Pressemeldung des nächsten Tages vorbereitet: A Star is born. Bis zu 40 000 Mark kostet so eine Vorstellung, die nur in Bezug auf Perfektion und Technik Maßstäbe setzt.

Die kleinen Clubs müssen immer stärker auf die wenigen noch existierenden Hamburger Altstars zurückgreifen, die Etikettenschwindel betreiben: Bauer, Garn & Dyke, Neil Landon Band, Highway, Rudolf Rock & die Schocker setzen sich fast immer aus denselben Musikern zusammen.

Wenn die Medien nicht umdenken, werden Läden wie Logo oder Pö ihre Funktion als Talentschmiede weiter verlieren. Fabrik und Markthalle weichen dann ganz auf teure Importgruppen aus, weil jetzt der Senat nach dem Ankauf der Fabrik auch schwarze Zahlen sehen möchte – bis es irgendwann zum Zusammenbruch kommt.

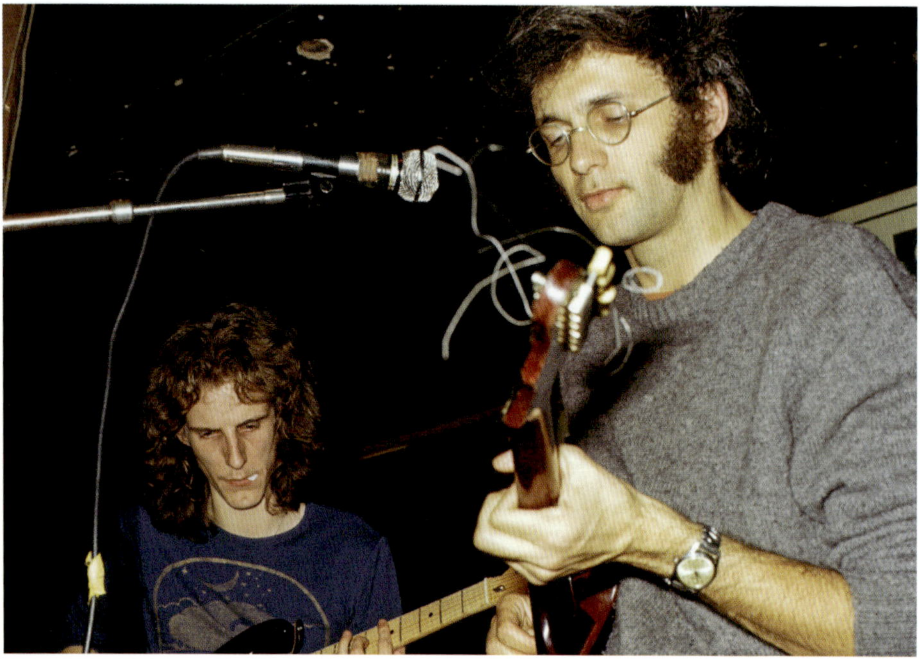

Karsten Hook (links) und **Abi Wallenstein** suchen den Blues.

1976

Poprock mit Doppelhals-Gitarre: **Marmelade** aus Glasgow.

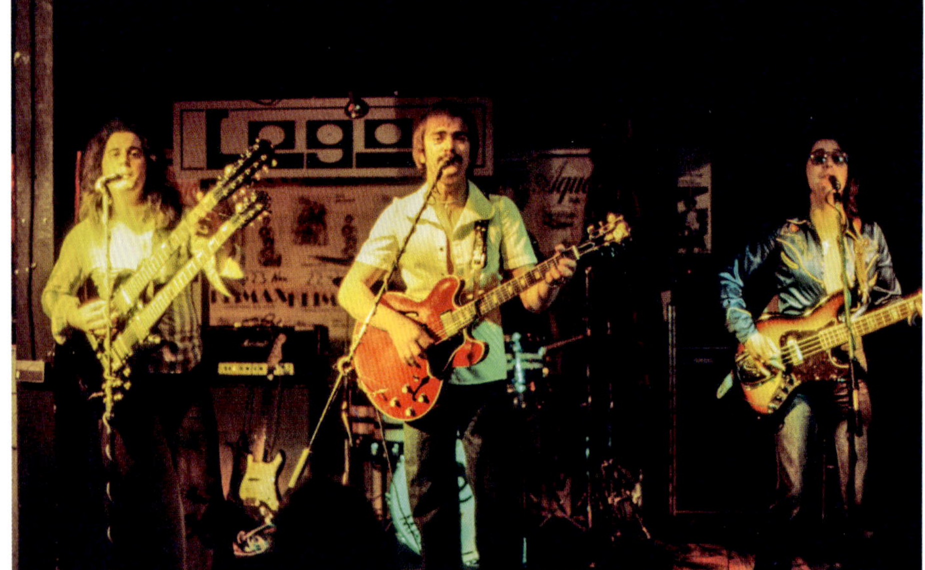

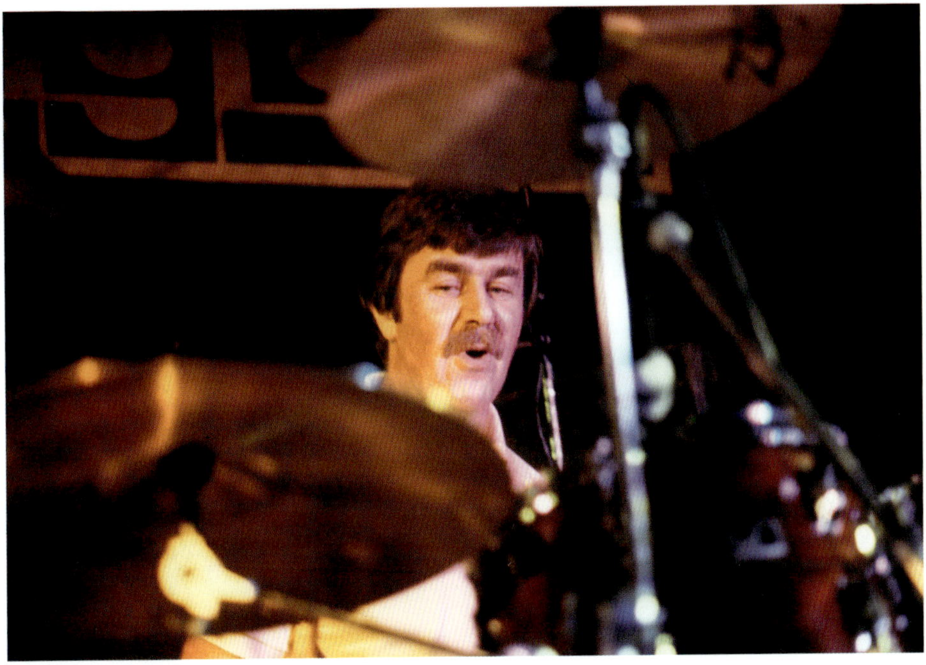

Drei Tage im Mai: **Pete York** spielt Schlagzeug, **Eddie Hardin** Keyboard.

1977

Kevin Ayers, Ex-Soft-Machine, bringt im Januar Glamour auf die Bühne.

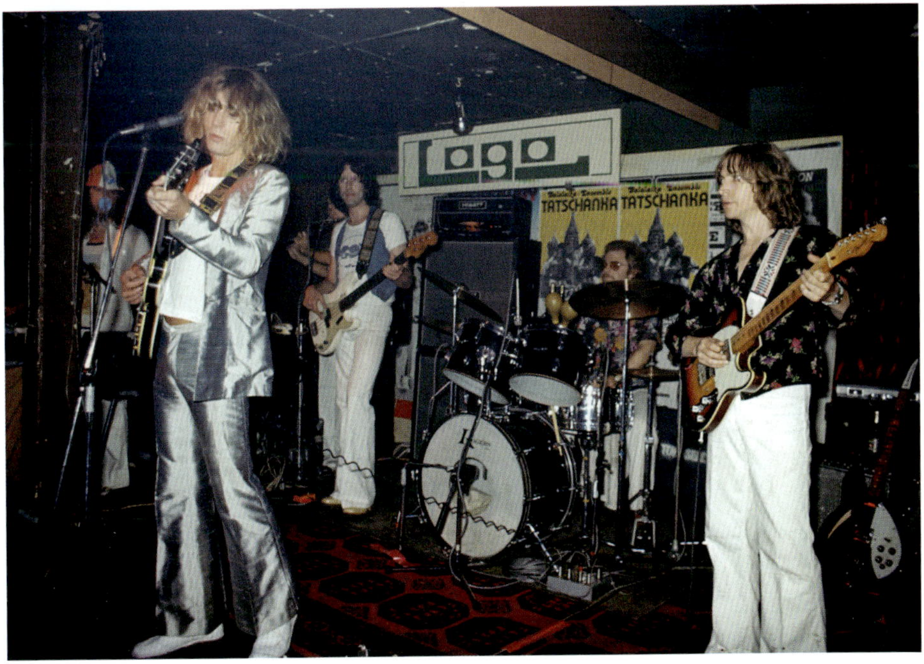

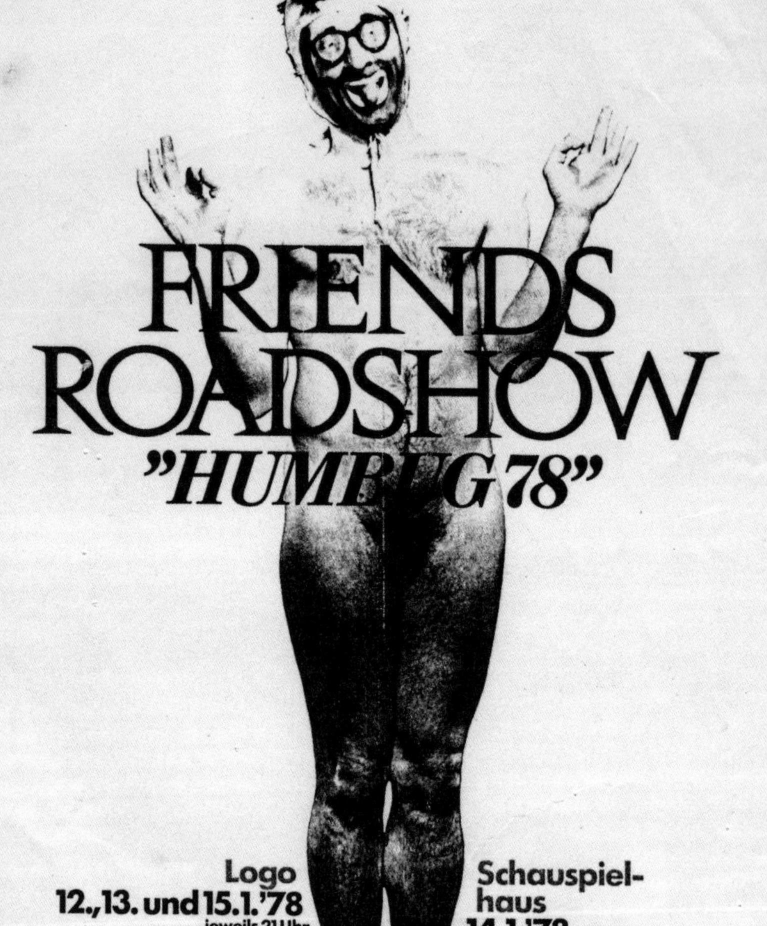
FRIENDS
ROADSHOW
"HUMBUG 78"
Logo
12., 13. und 15.1.'78
jeweils 21 Uhr
Audimax
18.1.'78
20 Uhr
Karsten Jahnke/Peter & Friends
PRODUKTION
Schauspiel-
haus
14.1.'78 24 Uhr
16.1.'78 20 Uhr
Vorverkauf:
Theaterkasse Central (Tel. 337124),
Theaterkasse Schumacher (Tel. 343044/45),
Kulturring der Jugend
und bekannte
Vorverkaufsstellen.

1978

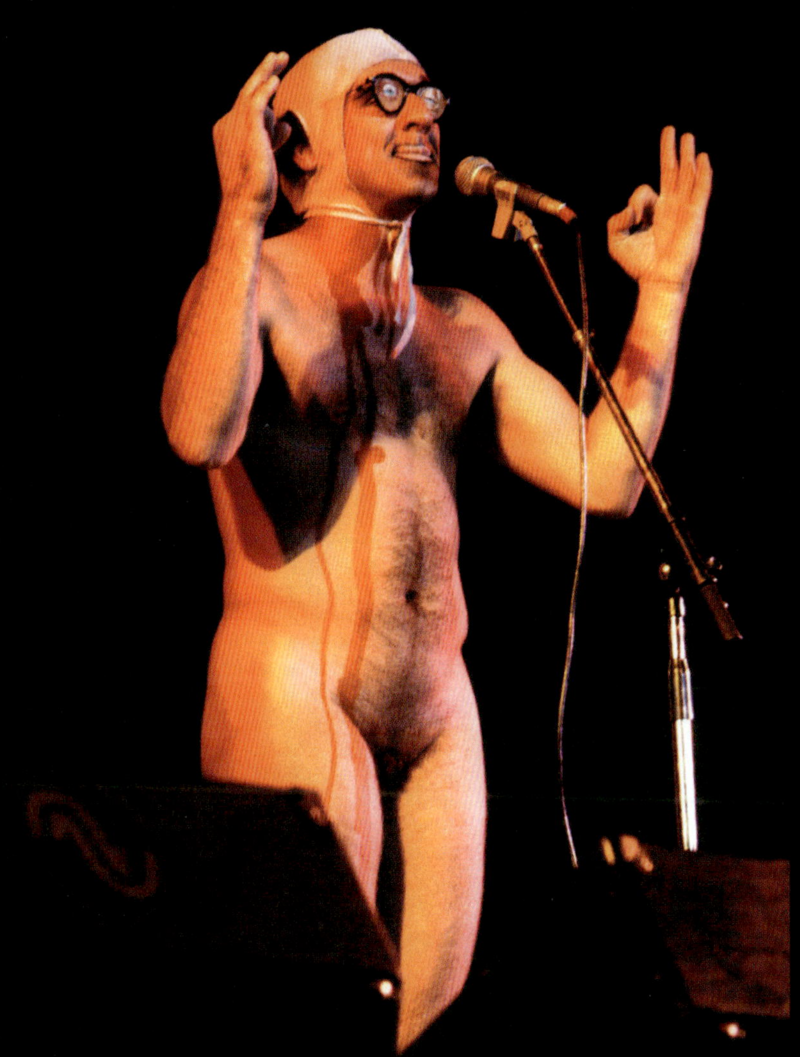

Jango Edwards

Lustiger Bursche, dachte Booker Hardy Nagel über den Gast, der eigentlich für den Mittagstisch gekommen war: Während der auf seine Bestellung wartete, kletterte er auf die Bühne und brachte zügig die Anwesenden zum Lachen. Es war der Clown Jango Edwards aus Detroit, mittlerweile in Amsterdam zuhause. Er wohnte in der Pension gegenüber vom LOGO und wollte auf dem Weg zu seinem Job beim „Alstervergnügen" noch schnell etwas essen. Nagel engagierte Edwards gleich.

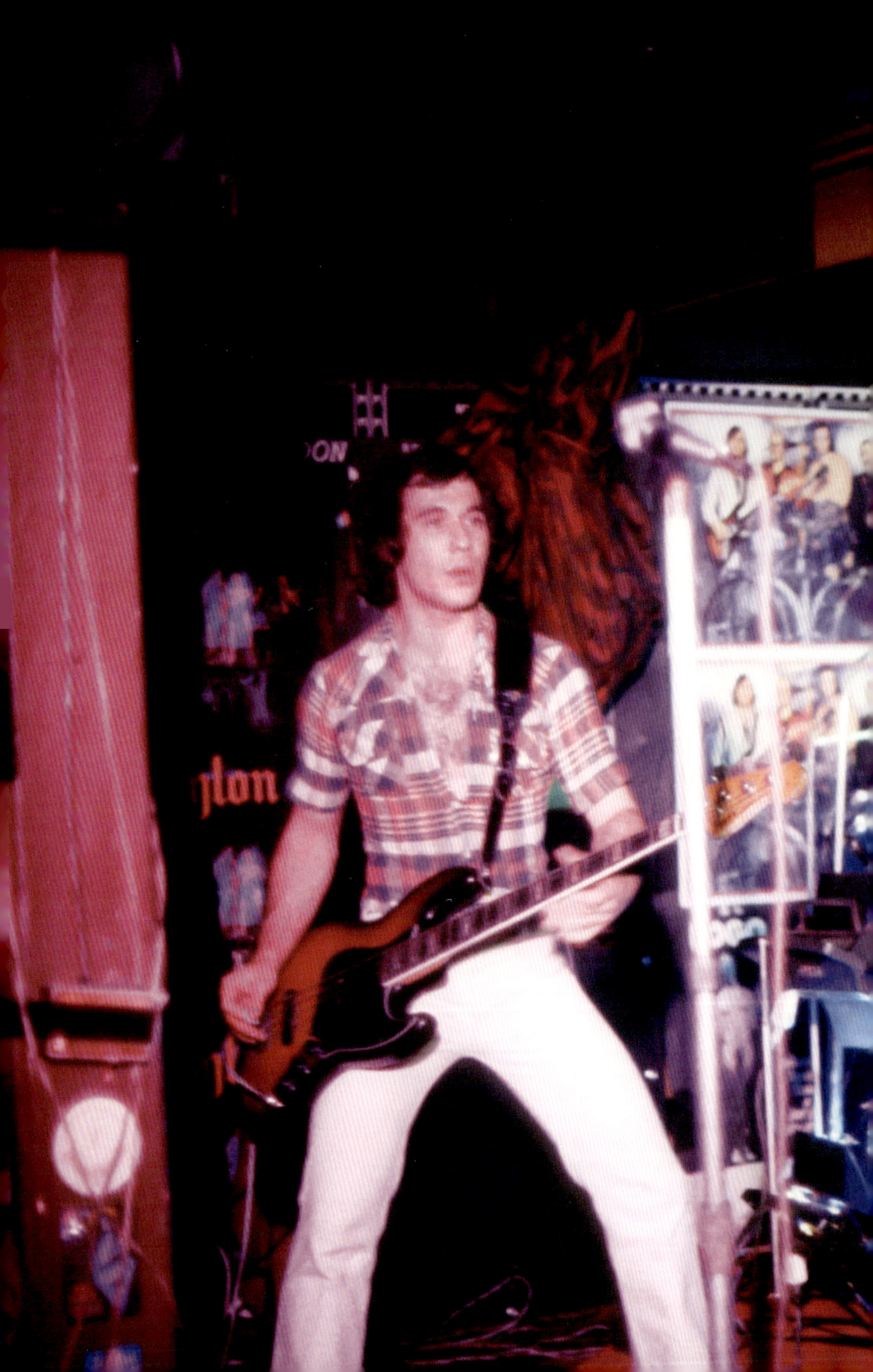

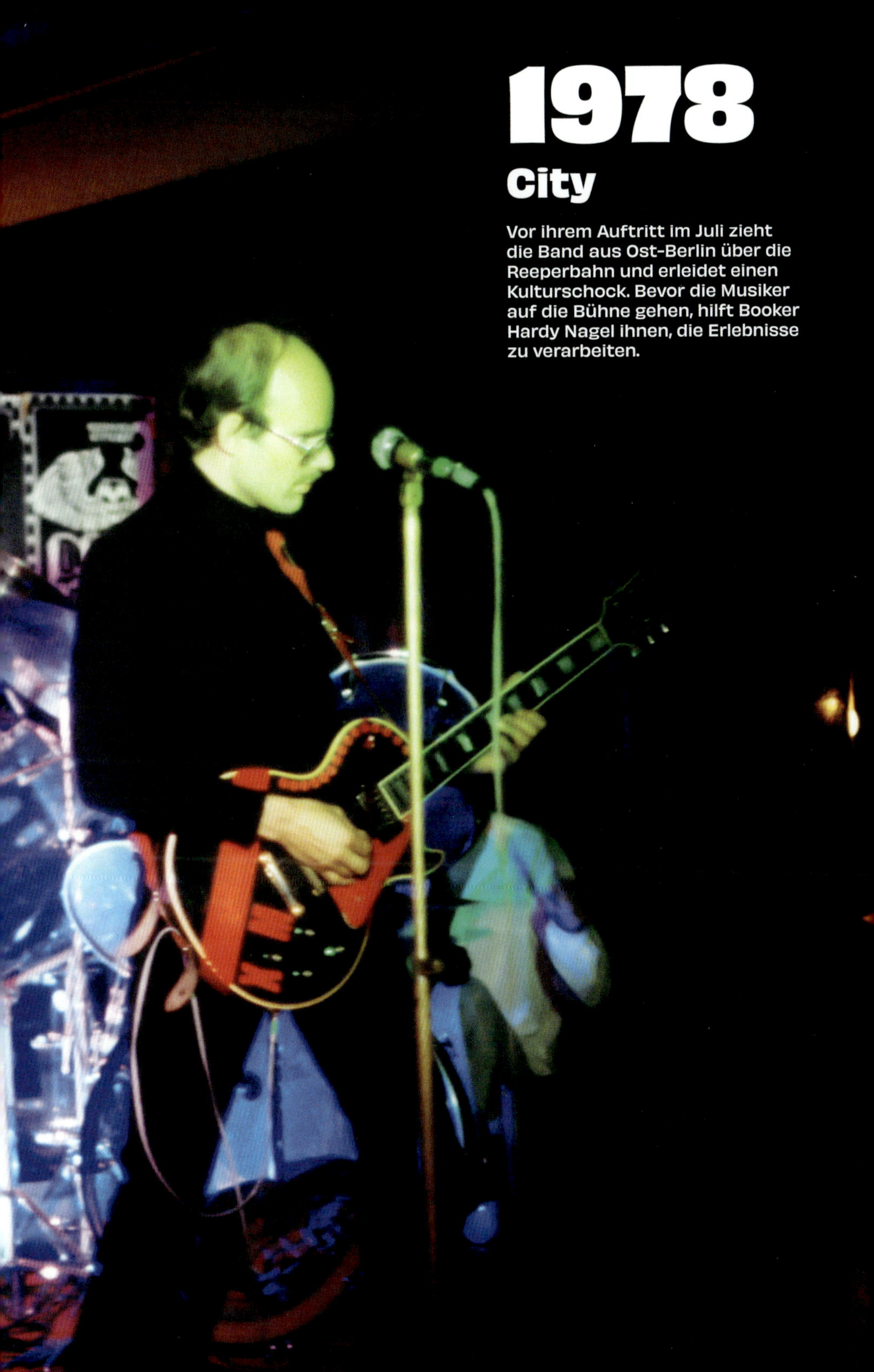

1978

City

Vor ihrem Auftritt im Juli zieht die Band aus Ost-Berlin über die Reeperbahn und erleidet einen Kulturschock. Bevor die Musiker auf die Bühne gehen, hilft Booker Hardy Nagel ihnen, die Erlebnisse zu verarbeiten.

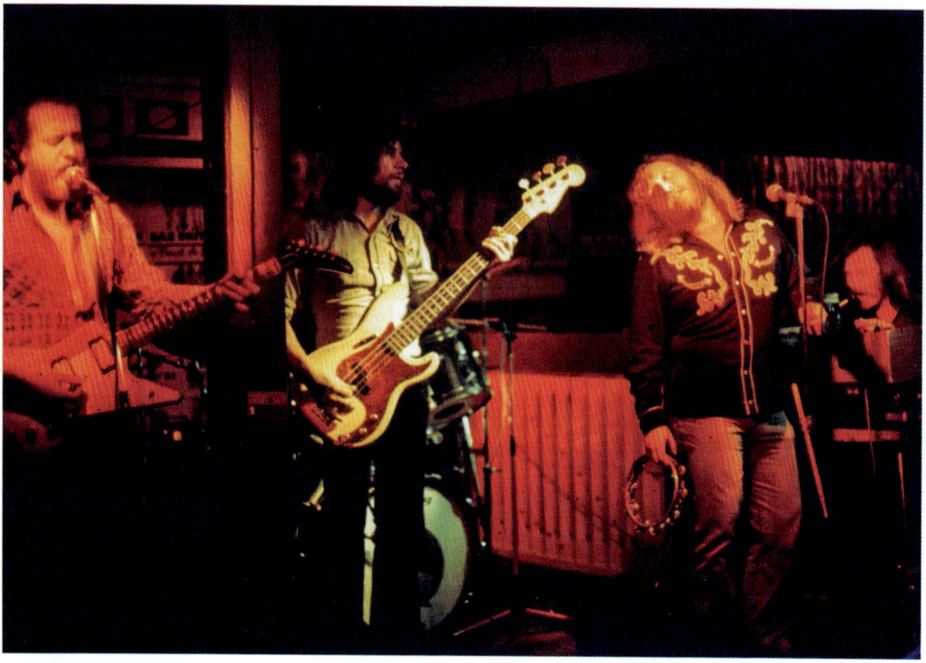

1978

Auch ihr zweites Album stellen **Lake** an der Grindelallee vor.

Im Dezember singt **Achim Reichel** Lieder vom neuen Album „Regenballade".

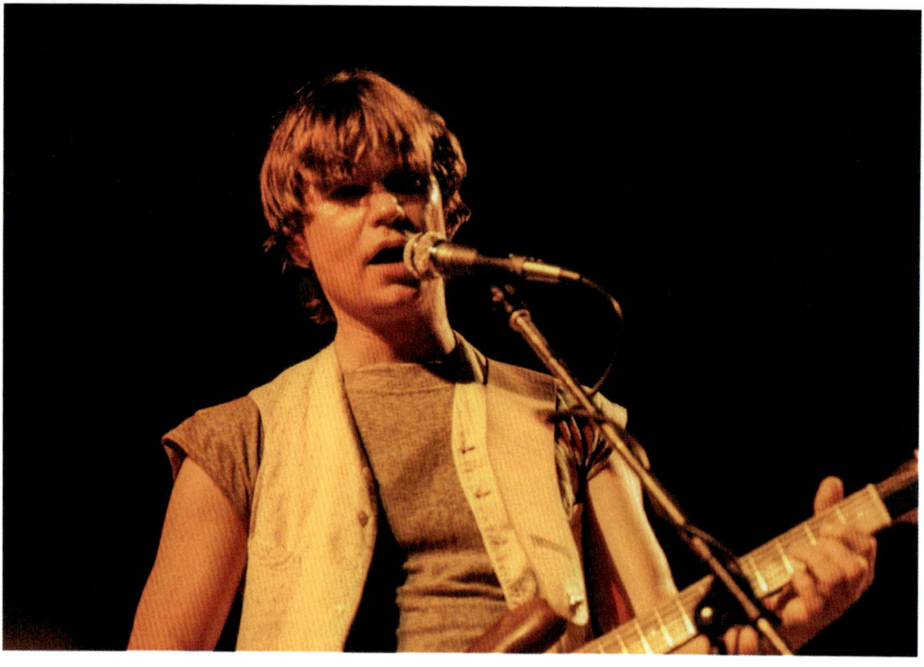

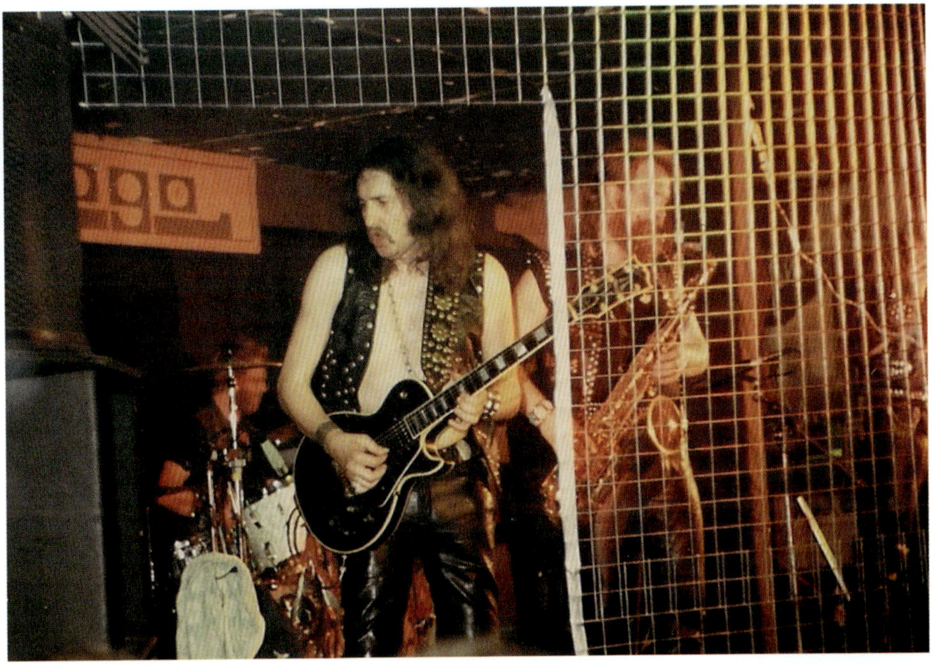

Klaus Gerlach zeigt mit den **Dirty Dogs** im September, wie Hamburger Rock 'n' Roll geht.

1979

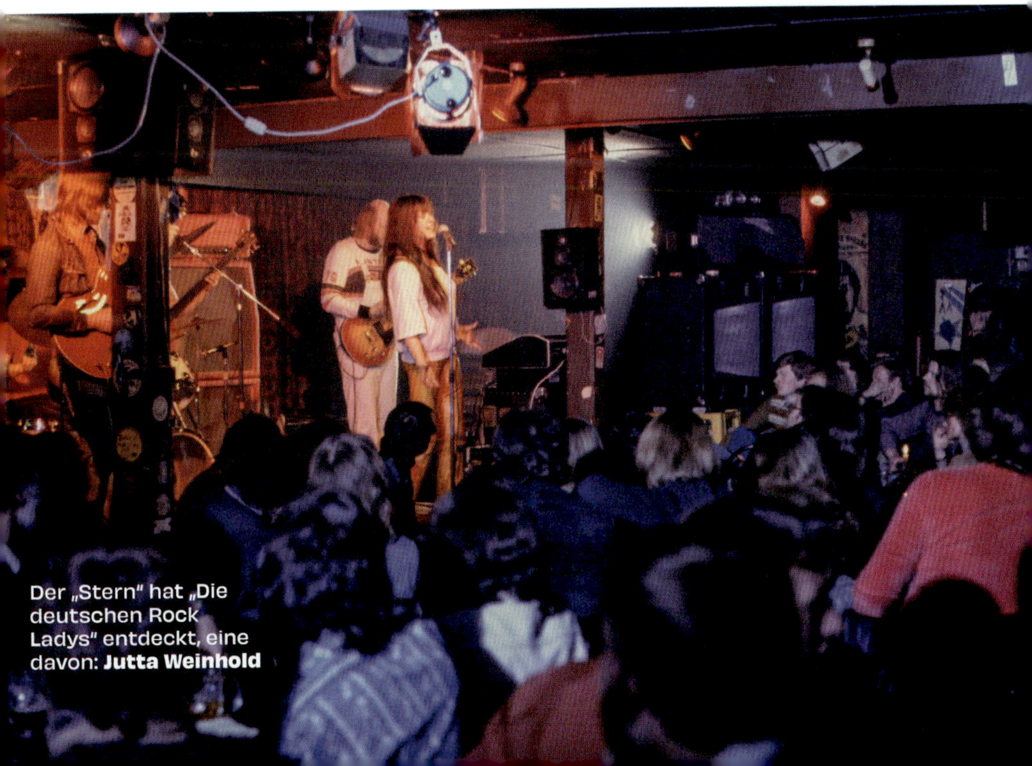

Der „Stern" hat „Die deutschen Rock Ladys" entdeckt, eine davon: **Jutta Weinhold**

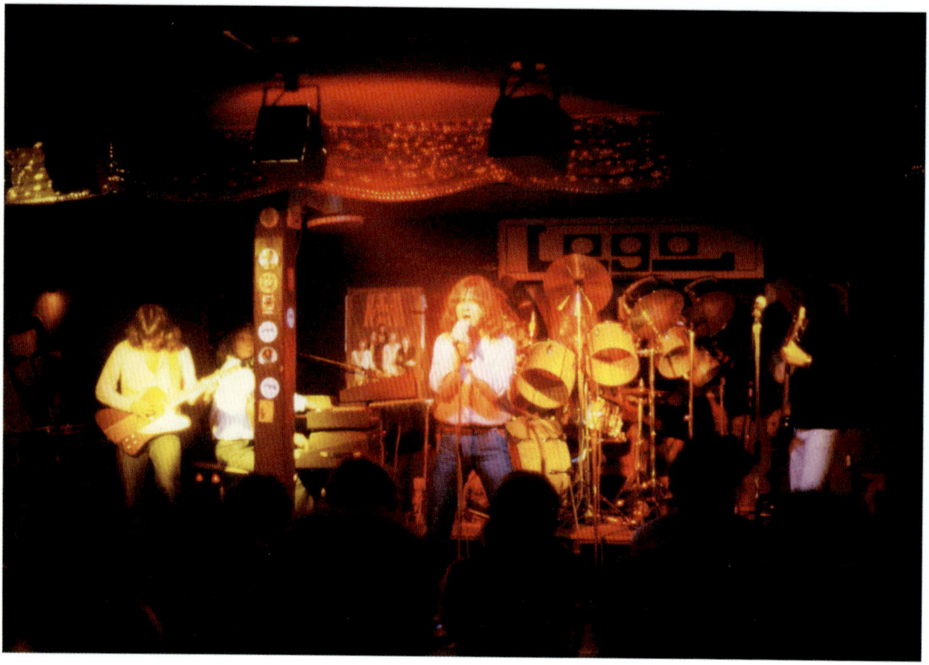

1979

Über sieben Brücken gehen **Karat** aus Ost-Berlin im November ins LOGO.

Ian Cussick fühlt sich auch ohne seine alte Band Lake wohl.

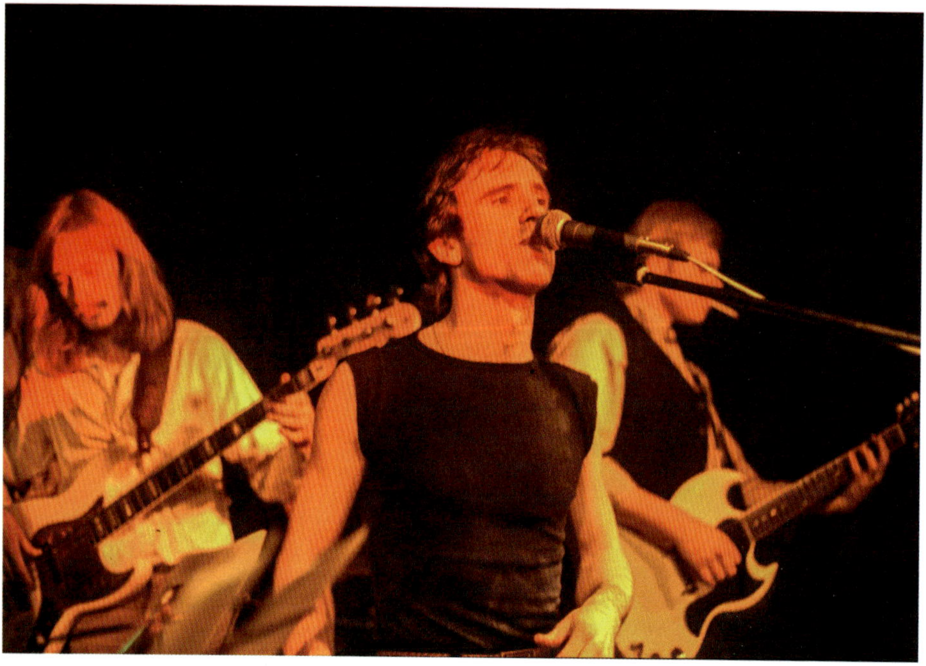

Hamburg 13, Grindelallee 5, Tel. 410 56 58

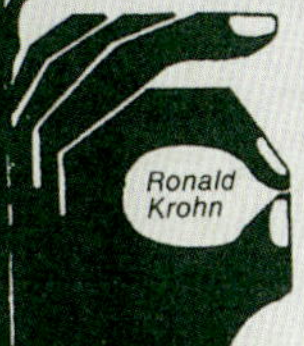

Logo

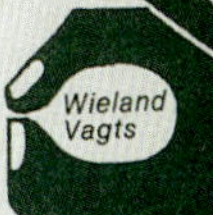

VERANSTALTUNGSCENTER
Ab 19.00 Uhr geöffnet!

mit dem franz. Brot la flute (Flöte) als Kleinigkeit zum Futtern!
Beginn 21.00 Uhr!

Unter der Logo-Telefonnummer 4105658 ist das Programm täglich abrufbar!

PROGRAMM NOVEMBER 79

Tag	Datum	Programm	Preis
Do.	1.11.	**Ikarus** Hamburger Rockpremiere der Berliner Topgruppe	5,-
Fr. Sa.	2.11. 3.11.	**Desmond Dekker** REGGAE mit dem Star aus GB	8,- 8,-
So.	4.11.	19.00 Uhr **Doll by Doll** Superrockpremiere der WEA-Records	9,-
Mo. Di. Mi.	5.11. 6.11. 7.11.	Rock-Theater-Show mit dt. Texten **Schroeder Roadsshow** eine Empfehlung von JANGO EDWARDS!	6,- 6,- 6,-
Do. Fr.	8.11. 9.11.	**WASA EXPRESS** Funky Rock Was Vitesse für Holland, das ist . . .	6,- 6,-
Sa. So.	10.11. 11.11.	**Bourbon Skiffle Company** 12.00 Uhr Frühschoppen: **Bourbon Skiffle Co.**	6,- 5,-
So.	11.11.	19.00 Uhr **Scarlet Lilac** wer Dire Straits liebt, . . .	5,-
Mo. Di. Mi.	12.11. 13.11. 14.11.	**JUKKA TOLONEN BAND** Skandinaviens Jazz-Rock Gruppe Nr. I	9,- 9,- 9,-
Do.	15.11.	**Jan Cussick Band** Pop-Rock, eine Wahnsinnsstimme	5,-
Fr. Sa.	16.11. 17.11.	**MUNICH** "die" Münchner Pop-Rockgruppe	6,- 6,-
So.	18.11.	12.00 Frühschoppen: **Have Mercy** Straßenblues	5,-
So.	18.11.	19.00 **Schnuckenack Reinhardt** Quint., Zigeunermusik	8,-
Mo. Di.	19.11. 20.11.	**Skunk Funk** I Sänger / 2 Sängerinnen und 6 Spitzenmusiker	5,- 5,-
Mi.	21.11.	**Aquarell** Folk-Rock, endlich mit erster LP	5,-
Do.	22.11.	**Swinging Blue Jeans** Hippy Hippy Shake, Old. spät-60er	7,-
Fr. Sa.	23.11. 24.11.	**Big Jumbo Band** die neuen Stars der Szene	5,- 5,-
So.	25.11.	12.00 Uhr Frühschoppen: BLUES SESSION	5,-
So. Mo. Di.	25.11. 26.11. 27.11.	19.00 Uhr: **KARAT** "die" Rockgruppe der DDR	6,- 6,- 6,-
Mi.	28.11.	**Munjo** Jazz-Rock aus Würzburg	5,-
Do. Fr. Sa. So.	29.11. 30.11. 1.12. 2.12.	West-Coast / Good Time Rock **Bad News Reunion** 12.00 Uhr Frühschoppen:	5,- 5,- 5,- 5,-
So.	2.12.	19.00 Uhr **Xynn-Show** Dekadenz Rock Show	
Mo. Di.	3.12. 4.12.	**The Gnags** Rock-Dänemark	

. . . der Produzent von "Queen" + Pink Floyd bringt jetzt eine neue Gruppe . . .

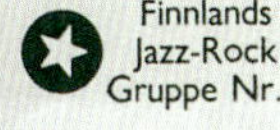
Schwedens Rockgruppe Nr. I

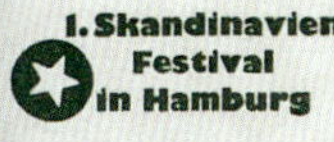
Finnlands Jazz-Rock Gruppe Nr. I

I. Skandinavien Festival in Hamburg

Dänemarks Funk-Rockgruppe Nr. I

. . . die Jungs gewinnen im Ostblock einen Preis nach dem anderen . . . vor den Puhdys + City

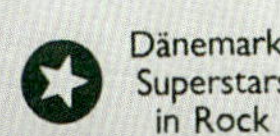
Dänemarks Superstars in Rock

Druckladen · Tel. 448374/75

Programm: Hardy Nagel · Tel. 397651

Programm

MADAME CHATOU v. 21.—30. Juni

Presentation
die Mädchen

Liza Minnelli
die Mädchen

Margot Werner

Zarah Leander
junger Bursche

Marlene Dietrich

Nana Mouskouri

I got you

Barbra Streisand

Patty Pravo

Rafaela Carra

Marilyn Monroe
junge Burschen

Gabriella Ferri

Josephine Baker

Judy Garland

Jaques Brel

Ivonne De Navard
Geliebter

Mireille Mathieu

Finale 1. Teil
Can Can

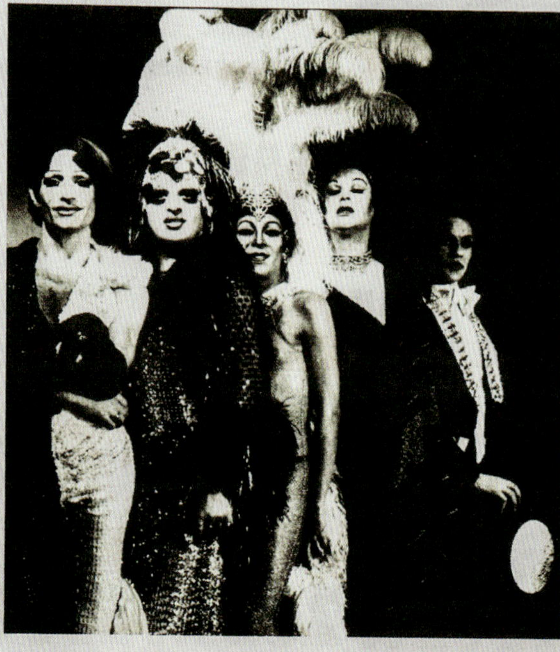

Big Spender

Leder-Strip

Esther Galile
verliebtes Paar

Nina Simone
Tänzer

Amanda Lear

Andrew-Sisters

Tod in Venedig

Mistinguette

Mae West
Muskelprotze

Brasilianerin

Zizi Jeanmaire
Revuetänzer

Charles Azanvour

Shirley Bassey

Finale
Miguel Rios

„Madame Chatou" ganz ironisch
Von Thomas Veszelits

Sie singen und tanzen wieder: Marlene Dietrich, Zarah Leander, Barbra Streisand, Mae West, Shirley Bassey. Fünf Männer schlüpfen jeden Abend in diese Rollen und nehmen ihre berühmten Show-Kolleginnen auf die Schippe. Seine Parodie auf Parodien bringt das neue internationale Transvestiten-Ensemble „Madame Chatou" vom 21.–30. Juni 1979 im Logo.
Aus den Ex-Mitgliedern von „La grande Eugene", „Alter Ego" und „Follies Partisiennes", den Truppen der Transvestiten-Welle, die vor zwei Jahren aus Frankreich nach Deutschland überschwappte, wurde „Madame Chatou" gegründet. Die „Madame"-Mitglieder sind keine schmachtenden Knaben und keine femininen Männer, die nur Verkleidungsspielchen im Sinn führen. Mit Mut zur Häßlichkeit und viel Selbstironie emanzipiert sich die Gruppe von ihren Vorbildern. Sie singt und mimt nicht persiflierend nach, sondern zerlegt ihre Lieblingspuppen wie böse Buben. Was übrig bleibt sind Fratzen, Torsos von Figuren und Revue-Fragmente, aus denen eine Show-Kollage entsteht, ernst bis traurig, melancholisch und verträumt.
Die raffinierten und phantasievollen Kostüme dürfen in München Furore machen. Pikant klingt die musikalische Garnierung: Pink Floyd, Beethoven, Andrew Sisters, Mahler-Sinfonie-Fragmente aus dem Film „Tod in Venedig". Auch Karnevall in Rio wirbelt auf.

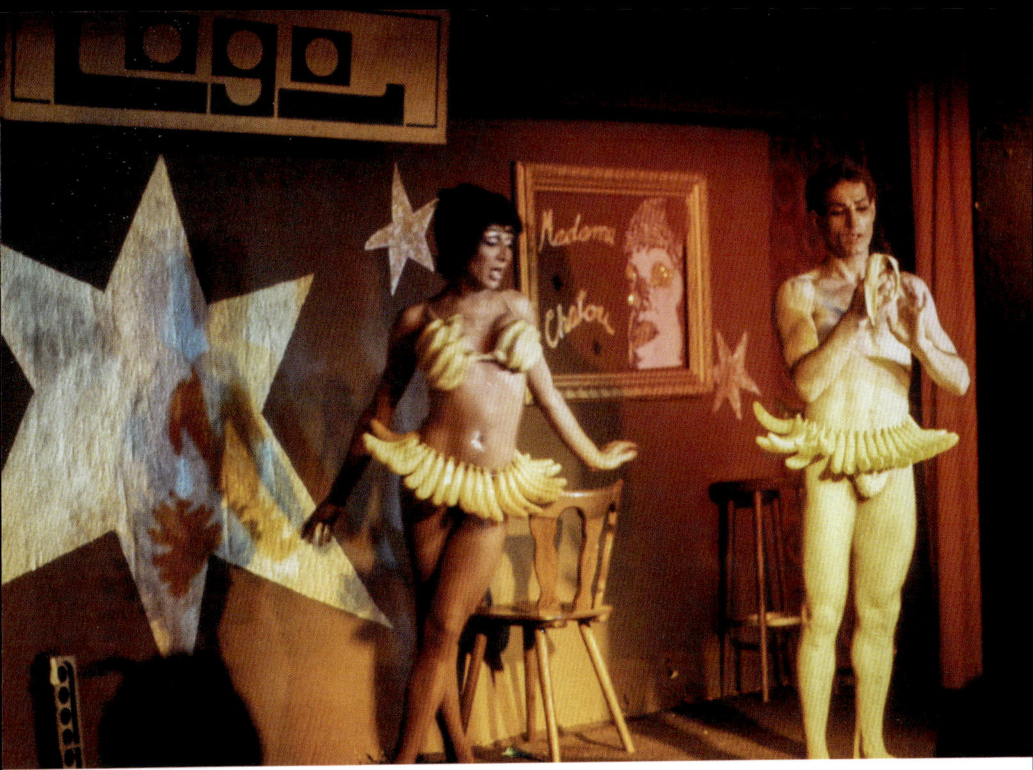

1979

Eine gute Woche lang führt die Travestie-Truppe **Madame Chatou** vor, was die Garderobe hergibt.

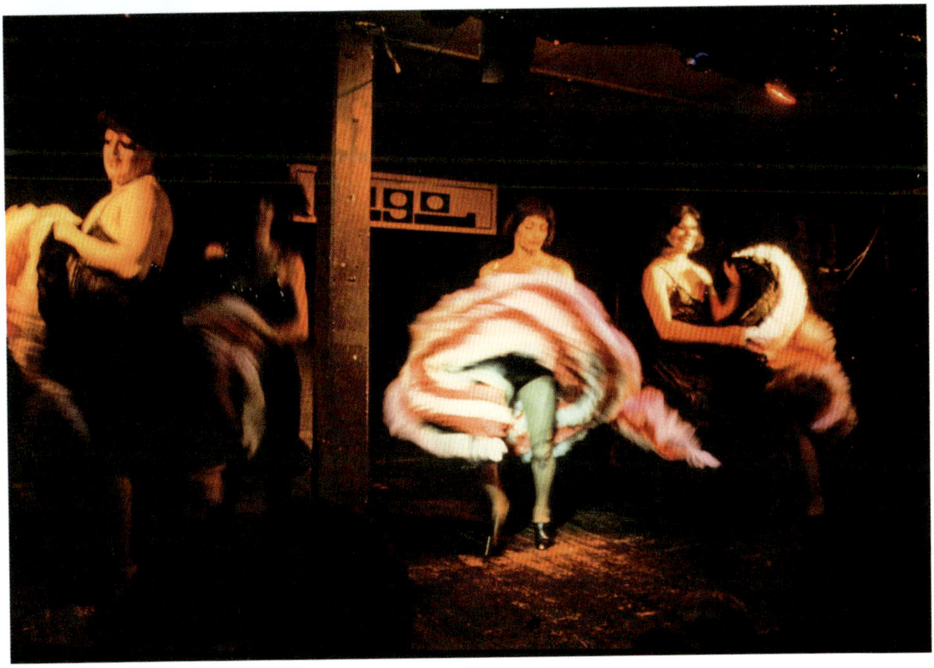

1979

Joe Jackson

Nicht ohne seine Krawatte: Der Brite stellt im Juli sein erstes Album „Look Sharp!" vor.

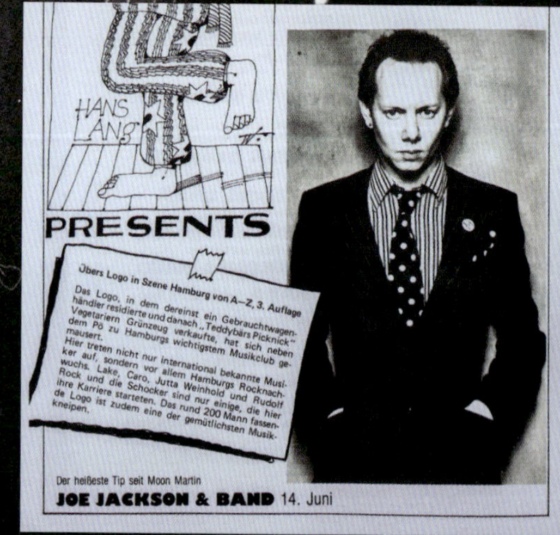

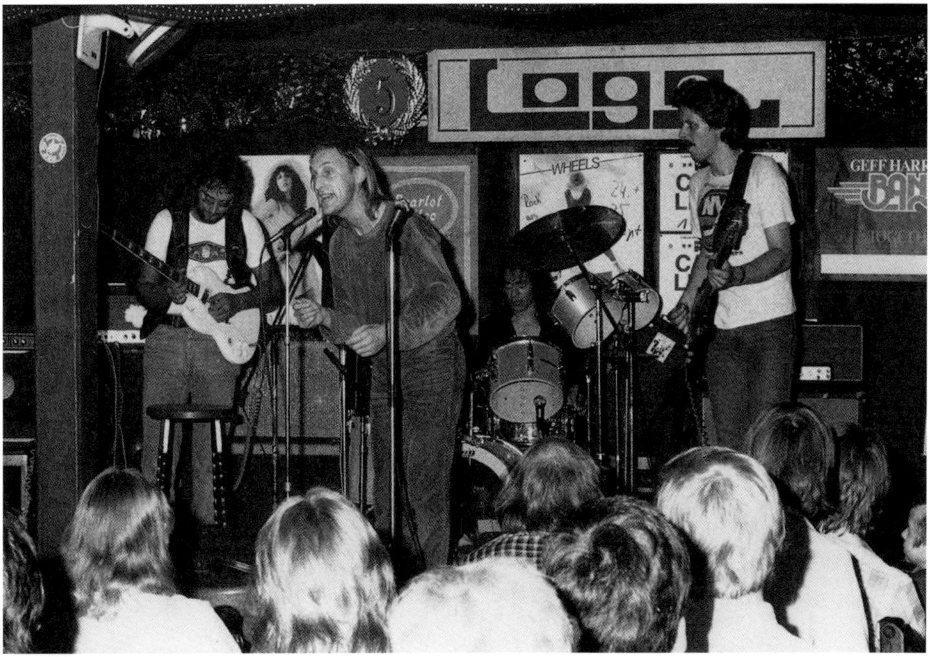

1979

Glückwunsch! **Hannes Bauer, Otto Waalkes, Udo Lindenberg** und **Tom Garn** gratulieren dem LOGO zum Fünften.

Fred Schneider und Kate Pierson landen die **B-52s** im September.

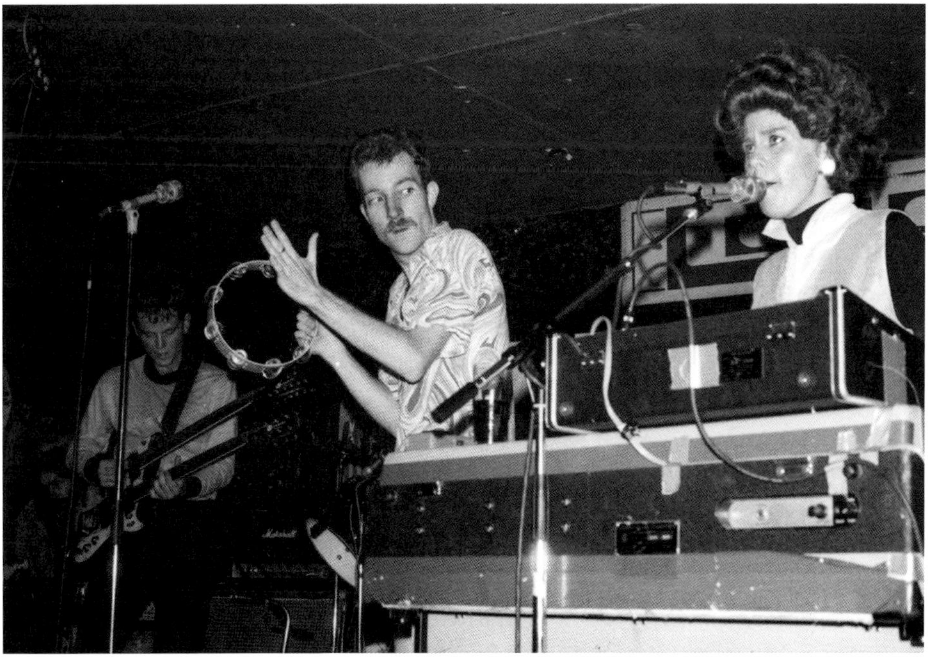

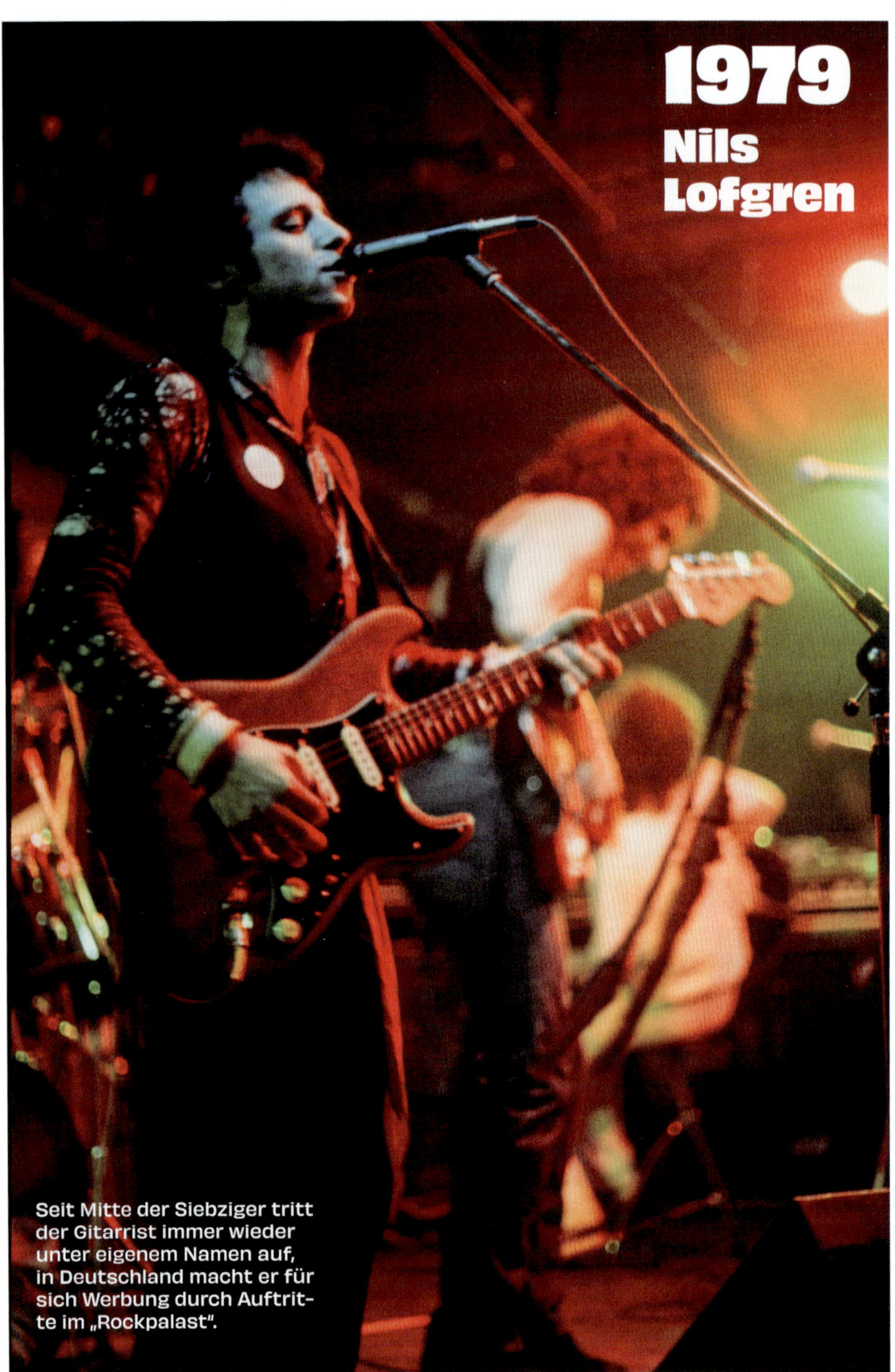

1979 Nils Lofgren

Seit Mitte der Siebziger tritt der Gitarrist immer wieder unter eigenem Namen auf, in Deutschland macht er für sich Werbung durch Auftritte im „Rockpalast".

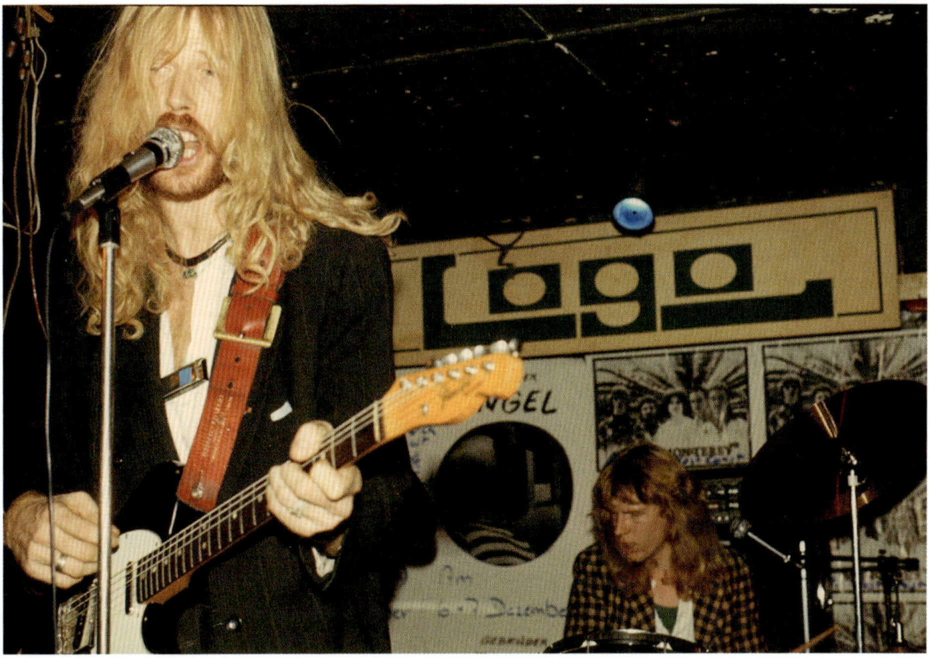

1979

Auftritt der **Gebrüder Engel** im Juni: Thomas an der Gitarre, Bertram am Schlagzeug

Neue Frauen hat das Land, **Klaudia Hochhuth** (links) und **Ina Deter**.

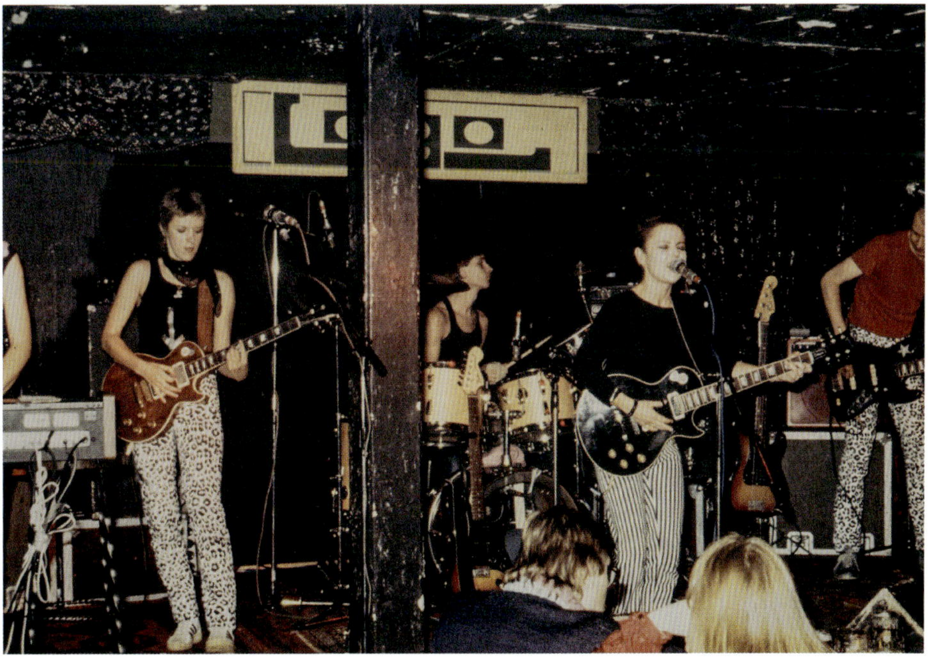

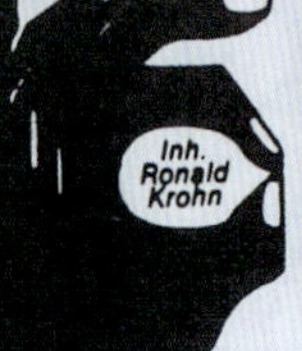

Hamburg 13, Grindelallee 5, Tel. 410 56 58

LOGO

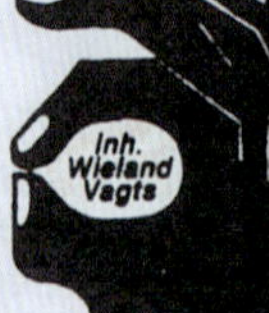

Hamburgs kontinuierlichster LIVE—CLUB

Ab 19.00 Uhr GEÖFFNET!
Beginn ab 21.00 Uhr!

Bisher waren dabei: Günther Pfitzmann, Dagmar Berghoff, Burkhardt Driest, Pit Krüger, Knut Kiesewetter, J. v.d.Lippe, Ullrich Schamoni, Reiner Schöne, Günter Fink, Hannes Flesner u.v.a.!

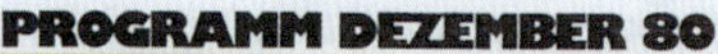

PROGRAMM DEZEMBER 80

Datum	Programm	Preis
Mo. 1.12.	Radio Luxemburg Live-Mitschnitt: Talk-Rateshow mit **KARL DALL** + Prominenten	6,-
Di. 2.12. Mi. 3.12.	**LAKE** funky Rock, Hamburg	10,- 10,-
Do. 4.12. Fr. 5.12. Sa. 6.12.	Vorstellung der neuen LP (die 3.) **HIGHWAY** West-Coast-Soft-Rock	6,- 6,- 6,-
So. 7.12. Mo. 8.12.	"Die schlaue Stunde von RTL" Talk-Rateshow mit **KARL DALL** + Prominenten	6,-
Di. 9.12. Mi. 10.12. Do. 11.12.	Wer das Berlin der 20er liebt, wer die Stummfilmzeit mit ihren Stars und Straps liebt, wer CABARET liebt, für den ist: **ROBERT KREIS** ein MUß — Hollands Wahnsinns-entertainer mit 3x45 Min. Pantomime, Gags, Lieder, Steppen, Tanzen, und und . . . IN DEUTSCH ! ! !	6,- 6,- 6,-
Fr. 12.12. Sa. 13.12. So. 14.12.	**DAS DRITTE OHR** (Blues) das ist "DIE" BLUESRÖHRE Deutschlands mit seiner Truppe	6,- 6,- 6,-
Mo. 15.12.	"Die schlaue Stunde von RTL" Talk-Rateshow mit **KARL DALL** + Prominenten	6,-
Di. 16.12. Mi. 17.12.	Wenn die Foolsbewegung Amsterdams Früchte trägt, ist dies die saftigste: **PIGEON DROP** mit Leuten aus JANGOS Truppe und einem sehr, sehr guten Clownentertainer !	6,- 6,-
Do. 18.12. Fr. 19.12.	**NEIL LANDON BAND** Country Rockshow	6,- 6,-
Sa. 20.12. So. 21.12.	**EDDIE WATTS GROUP** Reggae	6,- 6,-
Mo. 22.12.	"Die schlaue Stunde von RTL" Talk-Rateshow mit **KARL DALL** + Prominenten	6,-
Di. 23.12.	NDR Live Übertragung **IAN CUSSIK** + Band (funky Rock)	6,-
Mi. 24.12.	AB 20.30 Einlaß: Das Weihnachtsprogramm "IHR KINDERLEIN KOMMET . . ." mit der wohl besten Rocktheatergruppe: **I. ALLG. VERUNSICHERUNG** Wien Eintritt + 3 Getränkebons (Vorverkauf Theaterk. Schumacher 34 30 44)	30,-
Do. 25.12. Fr. 26.12. Sa. 27.12. Sa. 28.12. So. 29.12. Mo. 30.12.	und zum krönenden Abschluß dieses Jahres weiterhin die: **I. ALLG. VERUNSICHERUNG** mit ihrem Weihnachts-Neujahrs Programm: "Ihr Kinderlein kommet . . ." Gags, Sketche, Witze, Musik, Parodien	9,- 9,- 9,- 9,- 9,- 9,-

Silvester ist bei uns geschlossen ! ! !

wie so viele Rockgruppen starteten LAKE im LOGO, nur haben sie es im Gegensatz zu anderen nie vergessen . . .

für die Nichtkenner: Das LOGO ist eine gemütliche Mischung aus Kneipe, Nachtclub und Theater, mit ca. 170 Sitzplätzen. Durchschnittl. Alter der Gäste: 30 Jahre

Bei Künstlerbuchungen Wieland Vags anrufen: 49 49 22 (11—14.00 Uhr!)

Die Truppe wurde uns von Cindy + Jango ans Herz gelegt !

Unter der LOGO-Telefonnummer 410 56 58 ist das Programm täglich abrufbar !

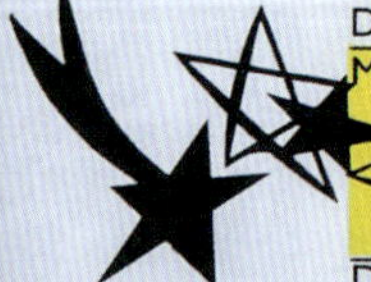

Diese Truppe war mit ihrem Programm "Café Passé" im LOGO im Oktober 14 Tage ausverkauft !

Druckladen · Tel. 448374/75

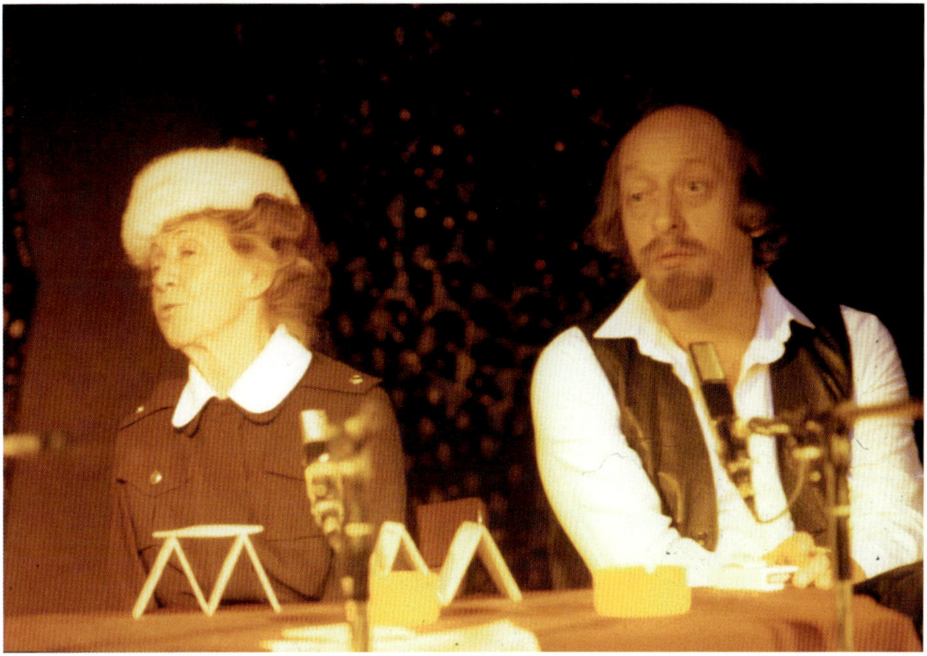

Das gute Gespräch vor Weihnachten: **Karl Dall** und **Inge Meysel**

1980

Ist es Klamauk? Oder Pop? Es ist **Erste Allgemeine Verunsicherung**.

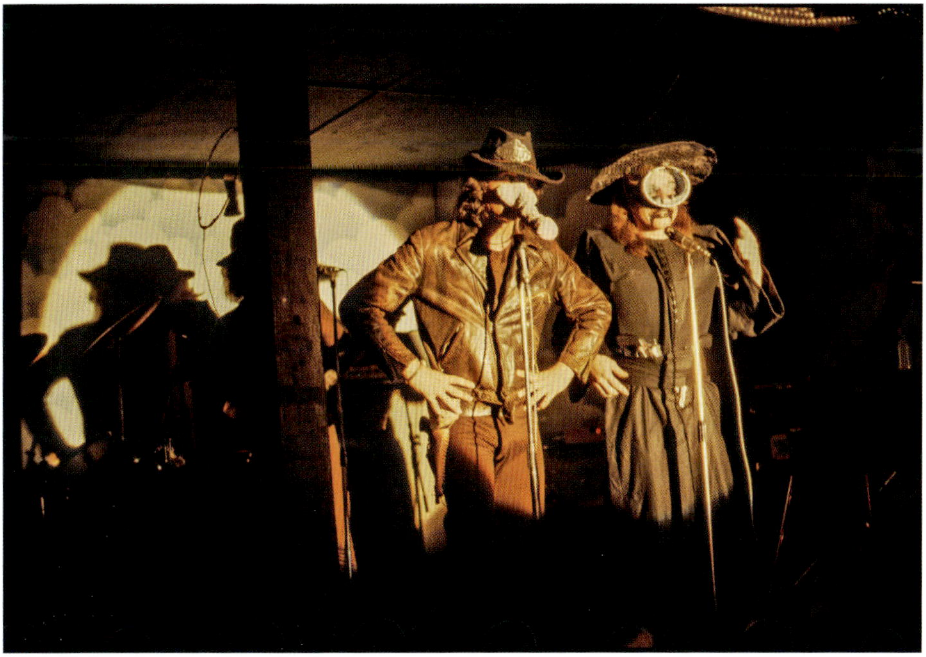

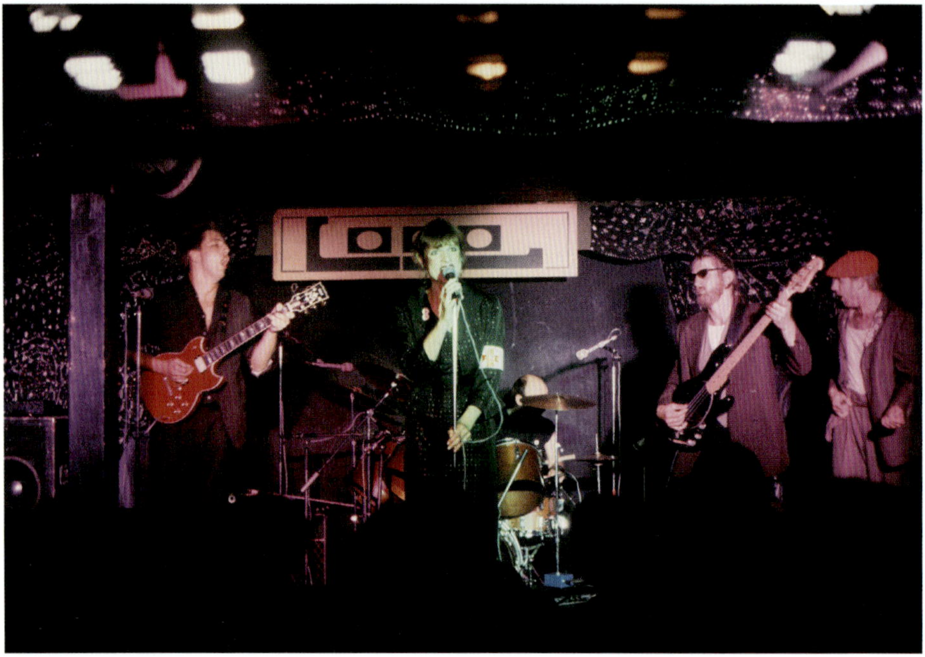

1981

Im April zeigen **Fee**, dass auch Braunschweig rockt. Eine Saison lang.

Besuch aus der Frontstadt: **Ulla Meinecke** kehrt nach Hamburg zurück.

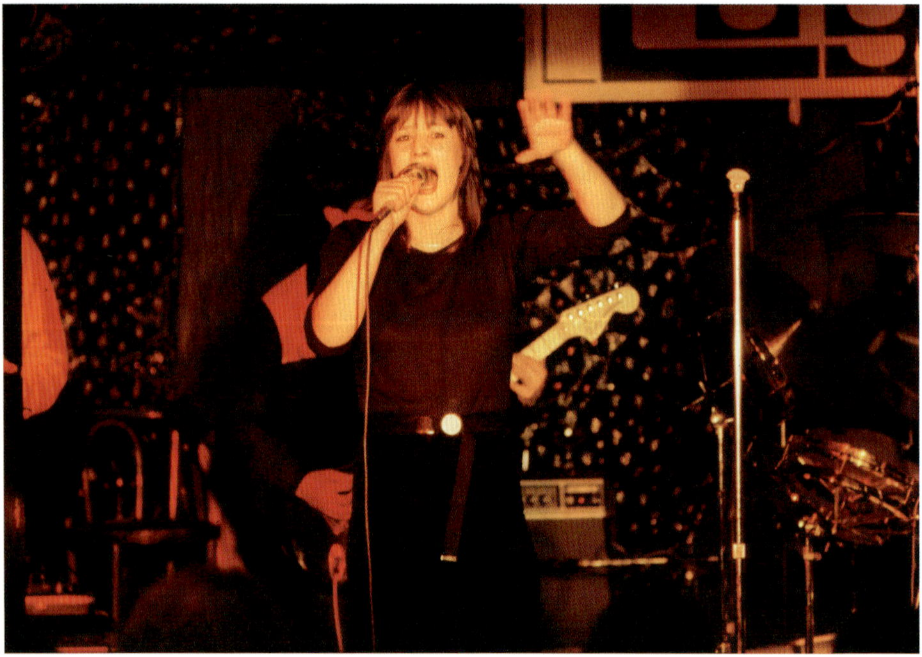

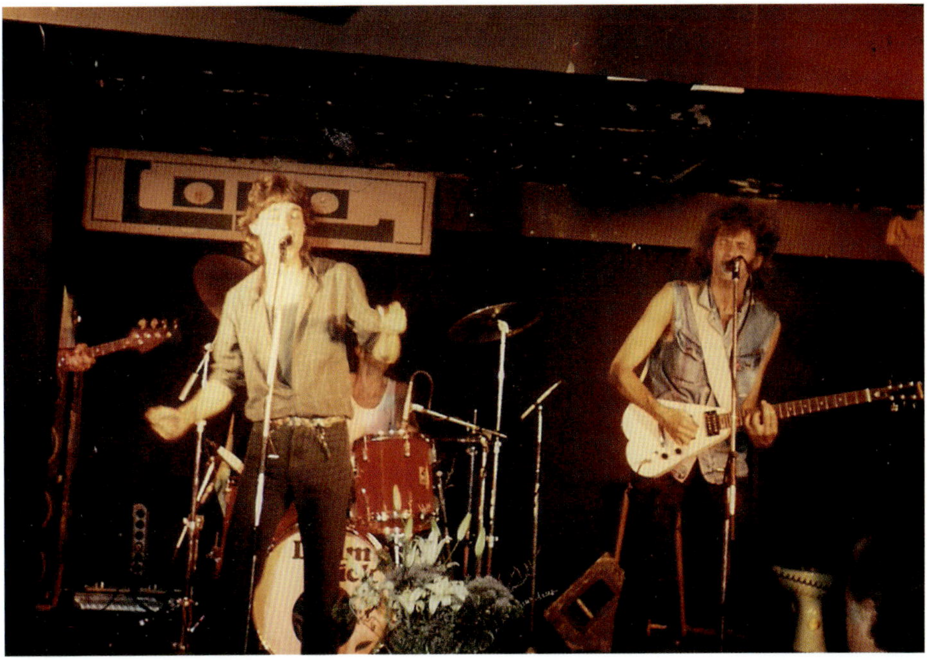

Gern gemeinsam: die Blueser **Henry Heggen** und **Abi Wallenstein**

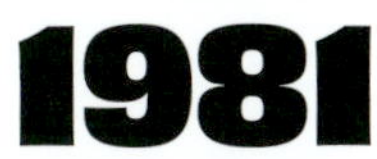

Im Januar das Heißeste aus Berlin: **Ideal** mit Annette Humpe

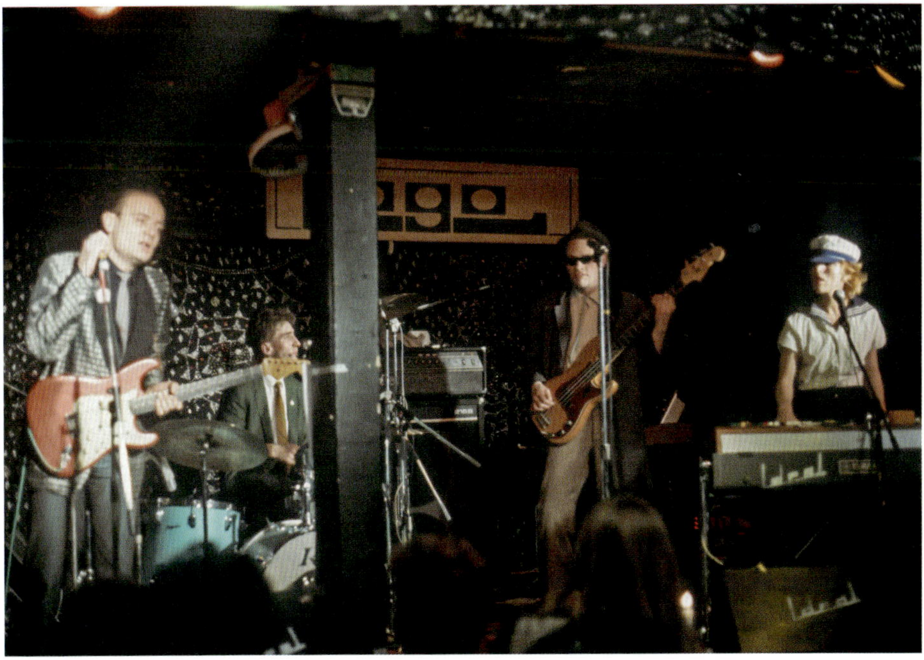

1981

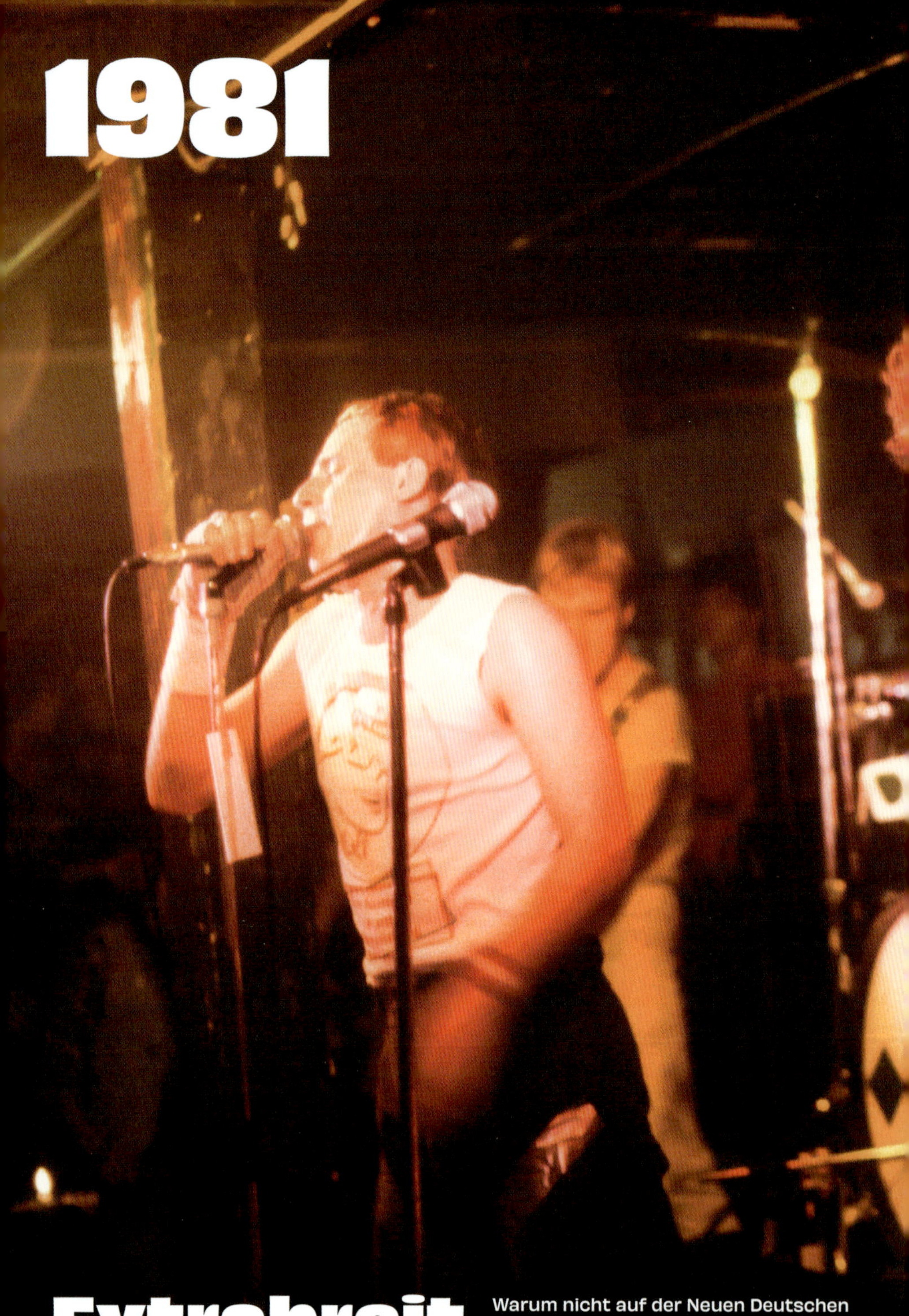

Extrabreit

Warum nicht auf der Neuen Deutschen Welle mitsurfen? Die ehemaligen Punks aus Hagen setzen zum Höhenflug an.

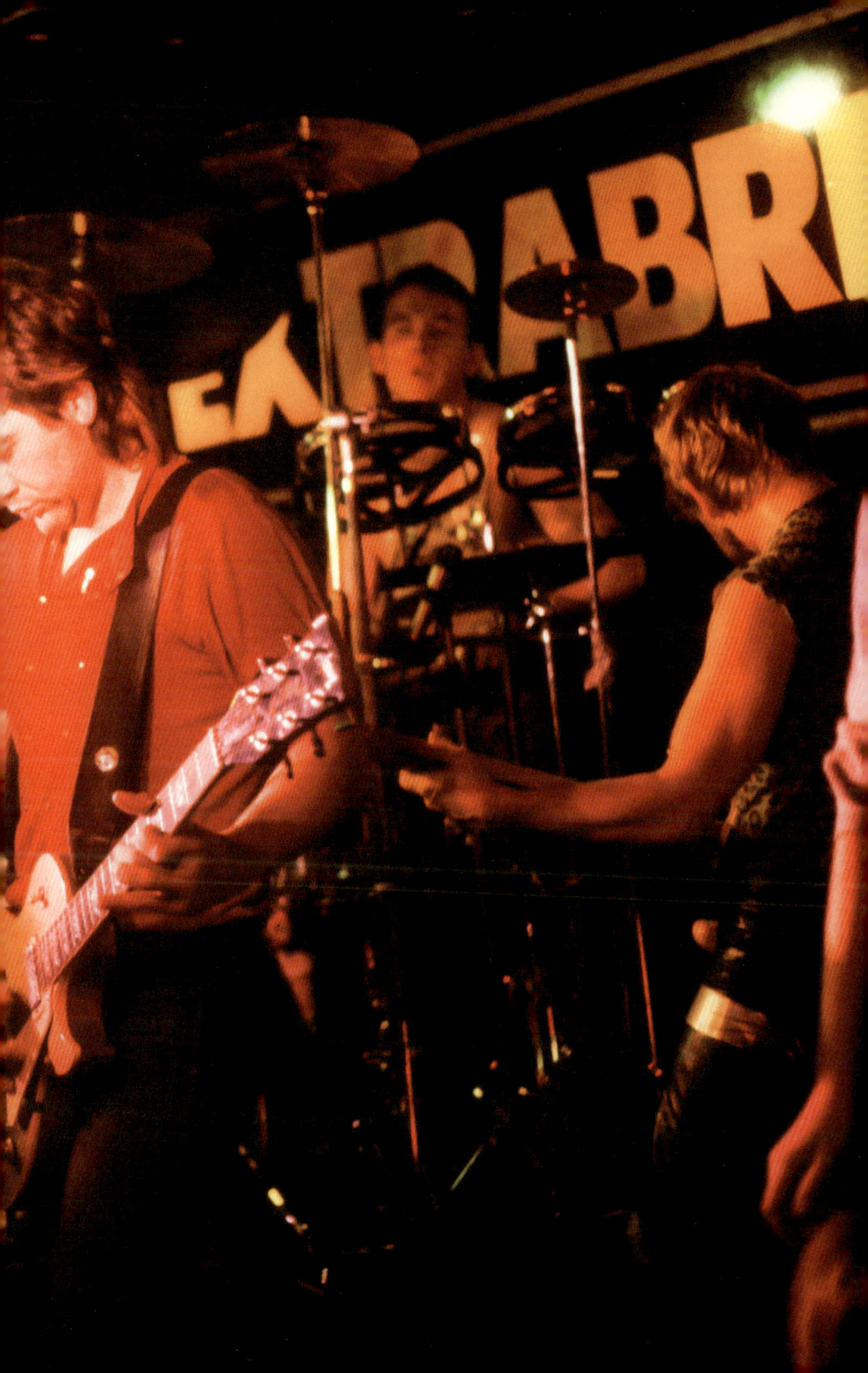

1982–1984
Mehr Licht, mehr Licht!

Inhaber: Norbert Schilling (bis 1982), John Boutkamp (ab 1983)
Booking: Peter Bischoff (bis 1982), John Boutkamp (ab 1983)
Etwa 300 Konzerte pro Jahr, geöffnet nur an Konzerttagen

Das Clubsterben beginnt. Bei Shows sollen neue Bands vorgestellt, nicht das Publikum unterhalten werden. +++ Der technische Aufwand wird größer. Nun muss es schon eine 2 x 1000 Watt-Anlage sein, mit einem 24-Kanal-Mischpult und separatem Monitor-Mix für die Bühne. Für die Shows werden jetzt jeden Tag zwei Techniker benötigt. Das LOGO-Hauslicht genügt kaum noch den Bedürfnissen der Bands, die nach einer separaten Lichtshow verlangen. +++ Der neue Inhaber Norbert Schilling schmeißt schon nach einem Jahr wieder hin und verkauft an den holländischen Musiker John Boutkamp. Auch der ist gleich wieder in Geldnot, im Juni 1984 finden sich deshalb über hundert Musiker zum Benefizmonat „Na Logo – wir spielen im Logo" ein. +++ Alle Hilfsmaßnahmen bleiben vergeblich, John verkauft das LOGO zum Jahresende 1984 an den langjährigen Barchef Oliver Ehrlich.

Kaum zu glauben: der große **Wilson Pickett** im kleinen LOGO

„Auf der Grindelallee brach der Verkehr zusammen“

Bezahlbare Musiker, die bitte auch Publikum ziehen – nach dieser schlichten Maßgabe seines Chefs hat **Peter Bischoff** Anfang der Achtziger zwei Jahre lang Programm gemacht

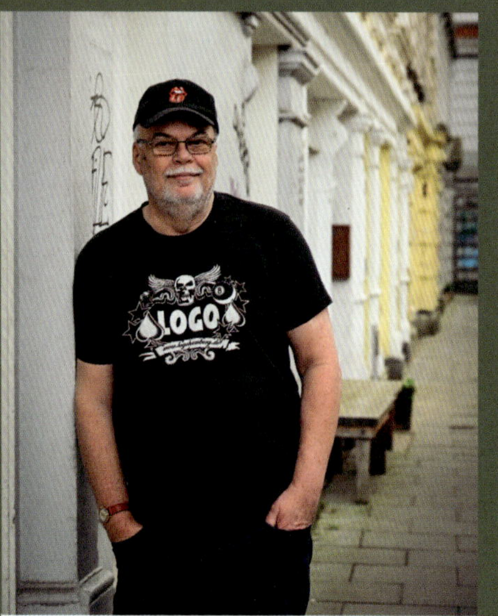

Peter, was hat dich in den späten Siebzigern aus Berlin in die Hamburger Clublandschaft verschlagen?
Damals spielte ich in einer Band, und einer von uns wurde schließlich Anwalt. Nach seinem Studium fing er als Syndikus bei einem Steuerberater an, und der war auch der Steuerberater der „Fabrik“ in Hamburg. Es gab also schon einen Kontakt. Nach dem Brand im Jahr 1977 hatte die „Fabrik“ wieder aufgemacht und suchte nun nach einem Programmmacher. Da habe ich mich einfach mal beworben.

Was konntest du denn als Qualifikation vorweisen?
Ich war Plattenverkäufer bei „Montanus aktuell“, arbeitete als DJ und schrieb auch immer mal wieder über Musik. Außerdem spielte ich ja auch selbst in einer Band. Aus den Bergen von Bewerbungen hat der „Fabrik“-Chef Horst Dietrich sich dann für mich entschieden.

Welches Konzert hast du dort als erstes veranstaltet?
Das waren Ideal. Ich hatte einen guten Draht zu ihrem Manager Conny Konzack, der auch Betreiber des Kant Kino in Berlin war. Als er ankündigte, dass die Band auf Tour gehen sollte, habe ich mit ihm gleich einen Termin in der „Fabrik“ klargemacht, für 1500 Mark Festgage. Alle haben gesagt, ich sei verrückt, die Band kennt doch keiner, aber der Laden war ausverkauft.

Warum hast du dich nach nur zwei Jahren schon wieder verabschiedet von der „Fabrik“?
Es war mühselig geworden. Die „Fabrik“ hatte einen großen Mitarbeiterstab, der sich auch sehr um soziale Aktivitäten kümmerte, der bei vielem mitredete und keine Entscheidungen treffen konnte. Das hat mich zermürbt.

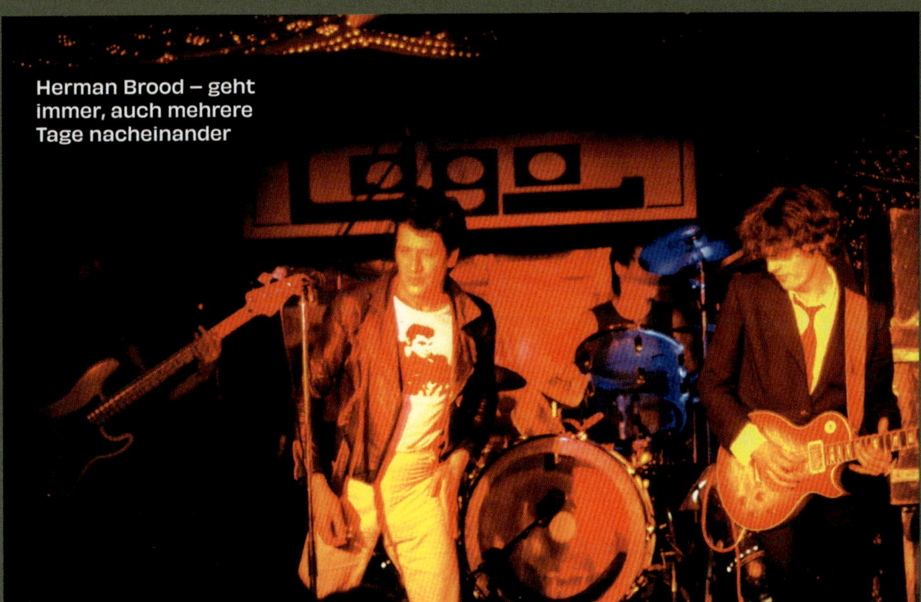
Herman Brood – geht immer, auch mehrere Tage nacheinander

Und wer hat dich dann zum LOGO geholt?
Norbert Schilling, der Prokurist der „Fabrik", auch ein Berliner, hatte da das LOGO übernommen. Wieland Vagts, der erste Betreiber, hatte den Laden verkauft und war auf Weltreise gegangen. Ich bin dann als Nachfolger vom Programmmacher Hardy Nagel eingestiegen. Wir wurden schnell überschüttet mit Angeboten, die ganzen Agenturen waren heiß darauf, dort wieder was zu veranstalten. Und es spielten zunächst immer mal wieder Bands, die auf dem Ahorn-Label von Frank Dostal und Achim Reichel waren.

Hatte Norbert einen Rahmen gesteckt, in dem du arbeiten solltest?
Ganz einfach: Das Programm sollte bezahlbar sein und Publikum ziehen. Das haute hin, und manchmal lief es auch richtig gut, zum Beispiel bei Wilson Pickett. Den haben wir an einem Abend gleich zweimal spielen lassen, wir haben zweimal kassiert, und so konnten wir dann auch seine Gage aufbringen. Ihm aber haben wir erzählt, es wäre nur ein Konzert mit zwei Sets.

Welches Konzert hat dich zu deiner Zeit am meisten beeindruckt?
Wilson Pickett war schon herausragend. Und besonders waren auch die Sessions, die ich kultiviert habe. Los ging es mit Yamaha, die ihre Instrumente vorführen wollten. Da saß dann schon mal ein Chester Thompson am Schlagzeug, der bei Zappa und vielen anderen getrommelt hat. Mal kam George Kochbeck mit seinem Umhänge-Keyboard dazu, mal Alex Conti mit seiner Gitarre.

Stadtbekannt waren zu deiner Zeit die Herman-Brood-Festspiele, der spielte mit seiner Band immer gleich mehrere Tage hintereinander im LOGO. Er war ja bekannt dafür, dass er bei Drogen nur schwer Nein sagen konnte. Bereitete das auch euch Probleme?

Eigentlich war er immer recht fit. Morgens bekam er von seinem Manager seine tägliche Ration und ein bisschen Bargeld. Das war schnell weg. Er hat sich dann ein Fahrrad geklaut und überall einen Zettel gemacht. Im Gegenzug hat er die Mädels aus den Läden abends ins LOGO geladen.

In deinem Buch „Backstagepass" erzählst du noch von anderen Mädels: von Frauen, die voller Zorn ein Konzert verhindert haben.

Ja, einmal sollten Die Chefs auftreten, eine Band, die mit chauvinistischen Texten auf der Neuen Deutschen Welle mitsurfen wollte. Vor dem Club hatte sich dann schon am Nachmittag eine Gruppe eingefunden, die gegen das Konzert protestierte. Später brach sogar der Verkehr auf der Grindelallee zusammen, während die Band gegenüber bei einer Mahlzeit in der „Reetschänke" saß. Nur ihr Sänger war im LOGO geblieben. Als die Situation brenzlig wurde, haben wir ihn durch die Hintertür rausgelassen.

Anfang der Achtziger mischte beim „LOGO" dann irgendwann ein John Boutkamp mit. Für den findest du in deinem Buch keine freundlichen Worte.

Der Lektor meines Buches, der Cartoonist und Maler Ernst Kahl, mahnte: bitte kein böses Blut provozieren! Was ich aufgeschrieben habe, war deshalb noch recht verhalten.

John Boutkamp hat dir dann wahrscheinlich den Abschied vom LOGO erleichtert?

Er redete mir immer ins Programm rein. Den Laden hatte er von Norbert Schilling gekauft und sich dafür hoch verschuldet. Zusätzlich hatte er sich von vielen Leuten noch Geld geliehen, das er nie zurückgezahlt hat. Das Fass zum Überlaufen brachte dann eine Benefizwoche zum zehnjährigen Jubiläum. Das Geld, das dabei rumkam, hat John in einen Mercedes gesteckt, das „LOGO" hat davon nichts gesehen.

Zum Ende deiner Zeit an der Grindelallee hast du knapp einen Auftritt verpasst, der in die Literatur eingegangen ist: In seinem Bestseller „Ich bin dann mal weg" schildert Hape Kerkeling, wie zu Beginn seiner Karriere bei einem Kabarettabend auch er auf der Bühne des LOGO stand: Doch niemand hat gelacht, und anschließend musste ihn Otto Waalkes trösten.

Ja, das war ein bunter Abend. Der Musikmanager Hans Krüger hatte mich angerufen und gesagt: Ich habe hier noch den Kerkeling, den habe ich bei Radio Bremen gesehen, der ist ganz lustig. Aber das Publikum war offenbar noch nicht bereit für Hape Kerkeling. Ich bin aber vorher raus aus dem Laden – das war mein stiller Abschied.

Peter Bischoff war nach seiner Zeit im „LOGO" drei Jahre lang Veranstaltungsleiter in der „Markthalle". Heute betreibt er den Bärensong Musikverlag und lädt einmal im Monat zur „Ü-50-Party" in die „Motte".

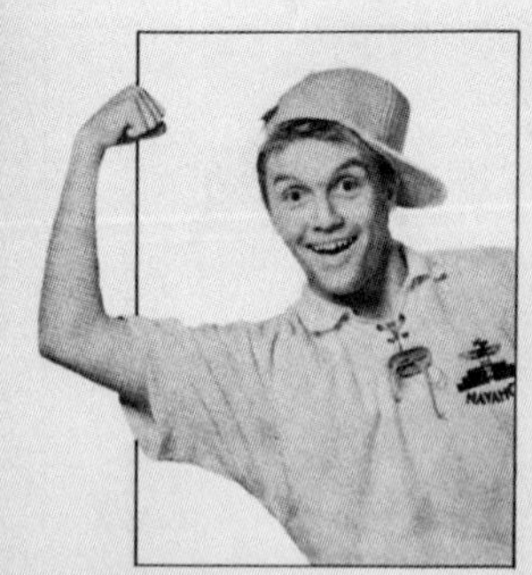

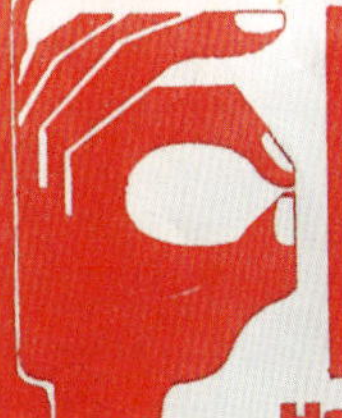

Hamburg 13, Grindelallee 5, Tel.: 410 56 58

Logo

Hamburgs kontinuierlichster LIVE—CLUB

Öffnungszeit: 20.00 Uhr
Programmbeginn ca. 21.15 Uhr

PROGRAMM JANUAR '83

Sa. 1. **RAINER BAUMANN BLUES BAND** - Blues

So. 2. / Mo. 3. **GESCHLOSSEN**

Di. 4. INITIATIVE LIVE MUSIK stellt ihre Gruppen vor:
Klaus Wecker Band - Henning Blunk + Freunde und Jesse Kipplinger Band ROCK + BLUES

Mi. 5. / Do. 6. **JAGUAR** Funk Rock

Fr. 7. / Sa. 8. **FRISCO** Funky Music

So. 9. / Mo. 10. / Di. 11. **NEUE HEIMAT** fetziger Rock der Spaß macht!

Mi. 12. **2 SHOWS!** 21 Uhr (Einlaß 19 Uhr) 24 Uhr (Einlaß 23 Uhr)
in Hamburg nur im LOGO!!
WILSON PICKETT + BAND DER Soulsänger aus den USA!

Do. 13. / Fr. 14. / Sa. 15. **PEE WEE BLUESGANG** Blues Rock

So. 16. / Mo. 17. / Di. 18. **JAM SESSION** mit Hamburger Musikern!! FREIER EINTRITT!!

Mi. 19. / Do. 20. **EUROPE** Rock

Fr. 21. **REVOLUTION** Reggae

Sa. 22. / So. 23. **MÜNCHNER FREIHEIT** Rock aus München

Mo. 24. / Di. 25. **LYDIE AUVREY und die Auvrettes** Akkordionlieder

Mi. 26. / Do. 27. **GERD GERDES + BAND** Hamburgs Songwriter Nr.1

Fr. 28. / Sa. 29. **NEIL LANDON + die Big Boys Band** Rhythm + Blues

So. 30. / Mo. 31. **SERGE CLEMENS BAND** Heatwave Freier Eintritt!!

KEYBOARDS & GUITARS vom MUSIC CENTER - KEYBOARDS & GUITARS
DRUMS von ANTOLINI - DRUMS von ANTOLINI - DRUMS von ANTOLINI

INH. NORBERT SCHILLING

VORVERKAUF: Theaterkasse Schumacher Colonnaden 37 · Tel.: 34 30 44

Satz: studio brinkmann · Tel.: 410 65 56
Druck: Druckladen · Tel.: 44 83 74
Rentzelstr. 48 · 2000 Hamburg 13

1983

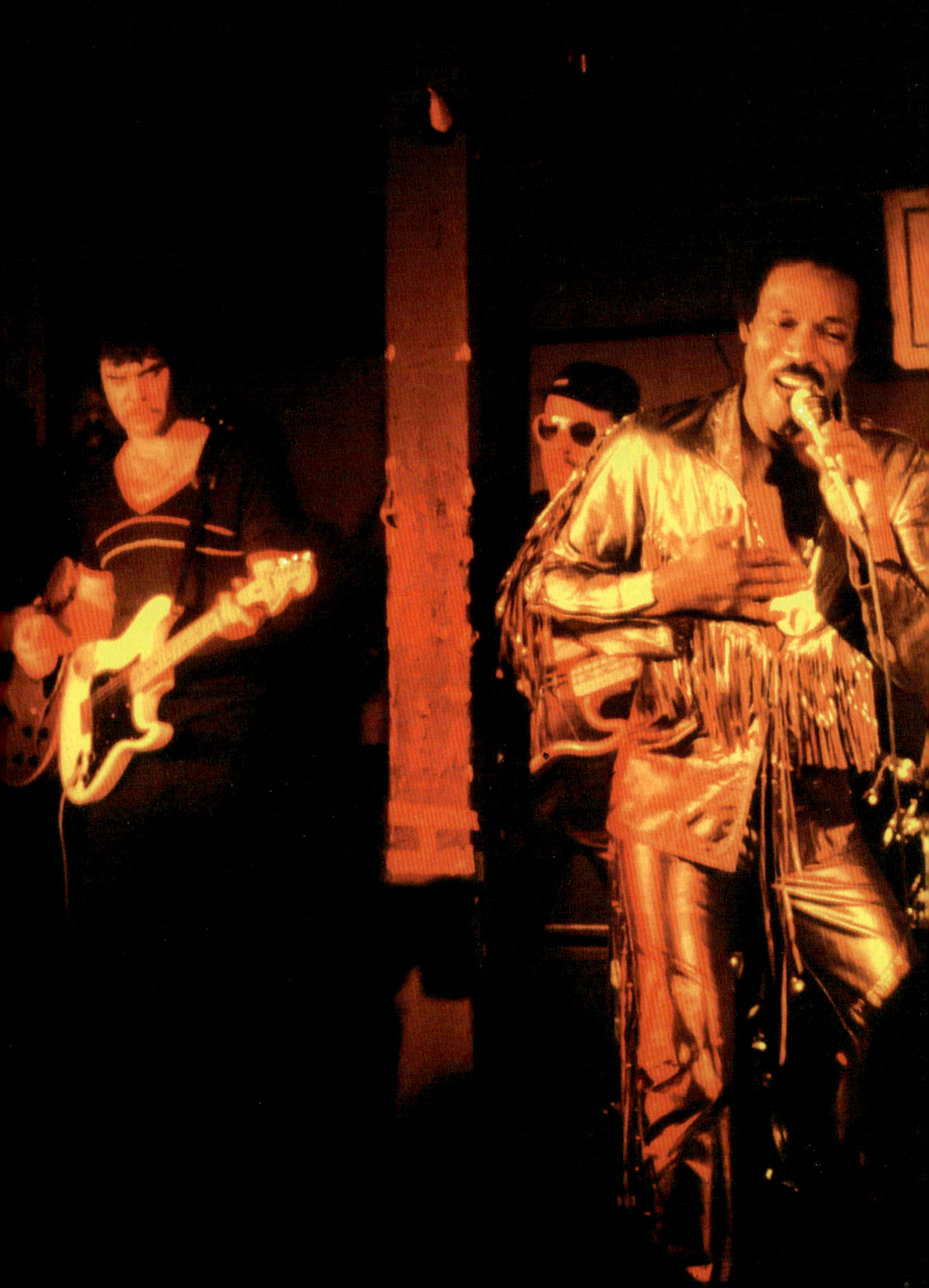

Wilson Pickett

Zwei Sets an einem Abend im Januar: gern doch. Aber was niemand dem Sänger gesagt hat: In der Pause wird das Publikum ausgetauscht und noch einmal kassiert – nur so kann das LOGO sich die Gage leisten.

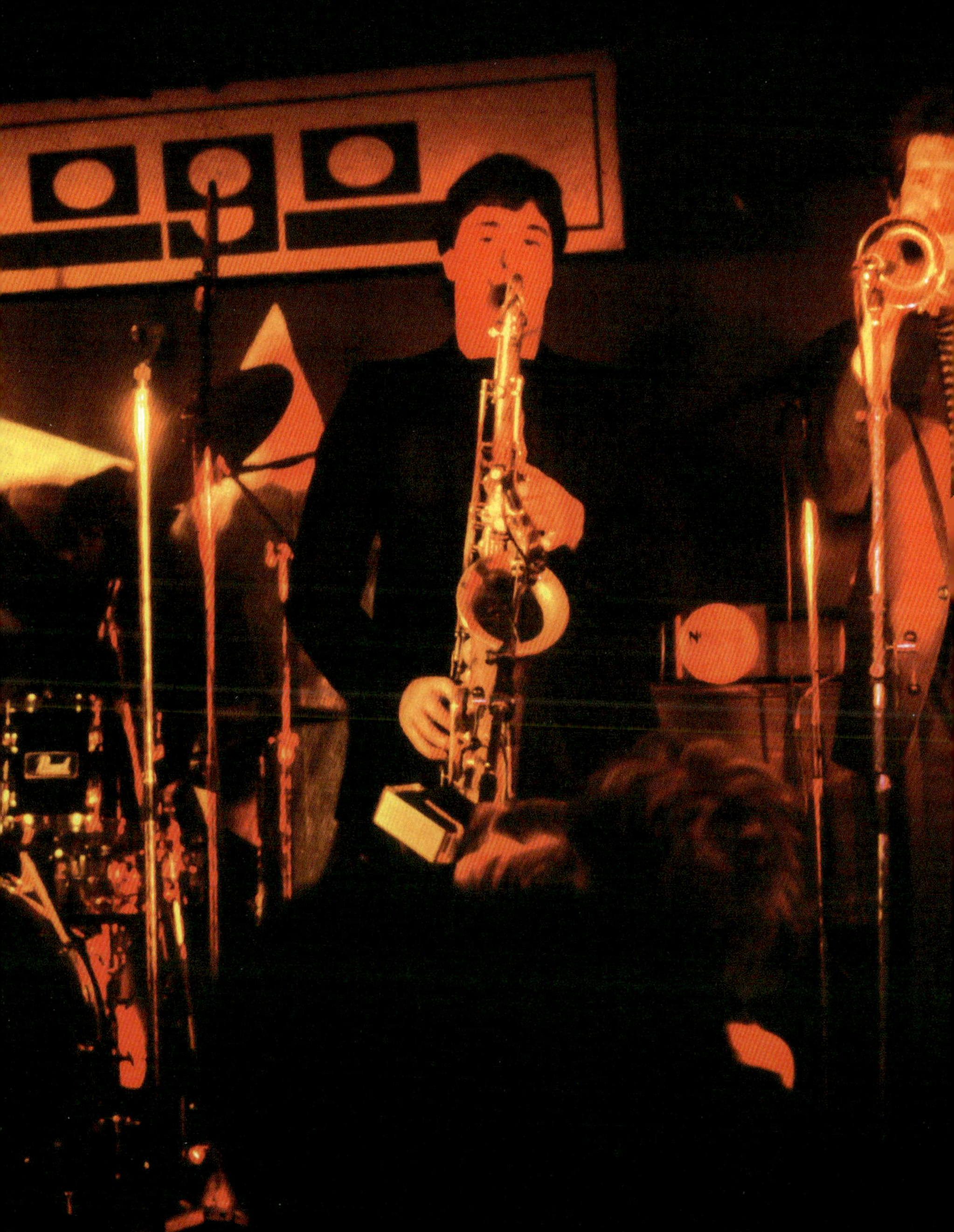

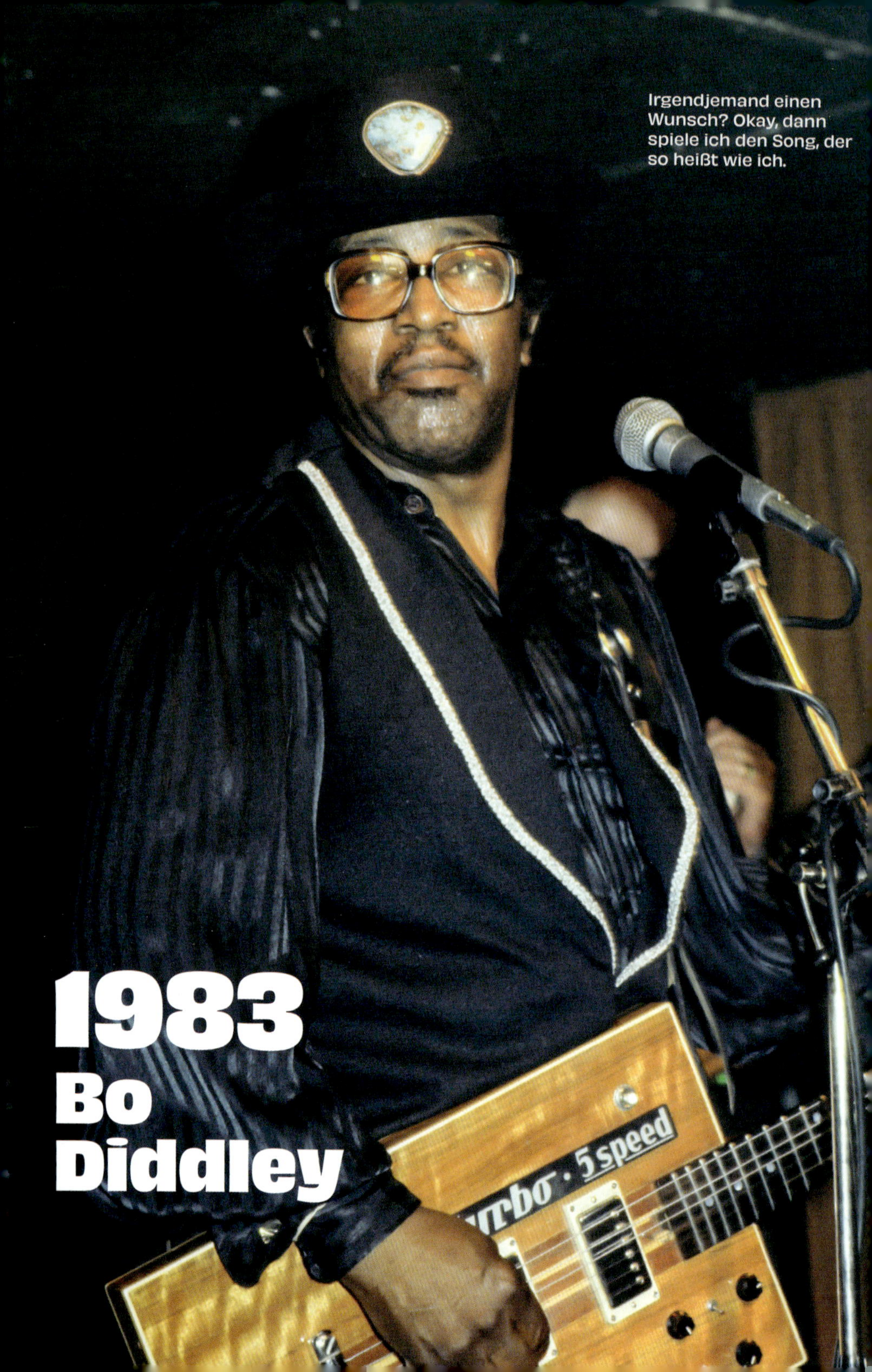

Irgendjemand einen Wunsch? Okay, dann spiele ich den Song, der so heißt wie ich.

1983 Bo Diddley

Hamburg 13, Grindelallee 5, Tel.: 410 56 58

Logo

Hamburgs kontinuierlichster LIVE—CLUB

Öffnungszeit: 20.00 Uhr
Programmbeginn ca. 21.15 Uhr

PROGRAMM MÄRZ '83

Di. 1. Mi. 2.	**KEVIN COYNE + BAND**	Blues Rock aus England
Do. 3. Fr. 4. Sa. 5. So. 6. Mo. 7.	**Hallucination Company**	Rocktheater aus Wien
Di. 8.	**BO DIDDLEY + BAND**	Der Vater des Rock'n Roll aus USA · NDR-Mitschnitt
Mi. 9. Do. 10.	**JAGUAR**	Funk Rock
Fr. 11.	**FUN KEY BAND**	Funky Jazz aus Hannover
Sa. 12.	**EMSLAND HILLBILLIES**	Country Musik
So. 13.	Gitarrenabend mit **R. BAUMANN, W. TIMPE** u.a.	
Mo. 14. Di. 15.	**HIGHWAY**	Westcoast Rock
Mi. 16.	**AEROBLITZ**	Funkrock
Do. 17.	**COS**	New Fantasmos aus Brüssel
Fr. 18. Sa. 19.	**FLATSCH**	Rockklamauk aus Frankfurt
So. 20.	**RONNY + the Hot Potatoes**	Rock'n Roll FREIER EINTRITT
Mo. 21.	**LEINEMANN**	Skiffle, Spaß und Rock'n Roll
Di. 22.	**MAURENBRECHER**	Liedermacher (der dt. Randy Newman)
Mi. 23. Do. 24.	**DANNY ADLER BAND**	Rock + Blues aus England
Fr. 25. Sa. 26.	**RHAPSODY**	Reggae aus der Karibik
So. 27. Mo. 28. Di. 29.	**JAM SESSION** mit Hamburger Musikern	FREIER EINTRITT
Mi. 30.	**NUALA**	Rock · Geburtstagsfeier der neuen LP "Energie"
Do. 31.	**NIGHTLIFE**	Blues + Country

VORSCHAU für APRIL: GEBRÜDER ENGEL — GILIAN SCALICI — THOMMIE BAYER — JAN AKKERMAN — SEAN TYLA

INH. NORBERT SCHILLING

VORVERKAUF: Theaterkasse Schumacher Colonnaden 37 · Tel.: 34 30 44

Satz: studio brinkmann · Tel.: 410 65 58
Druck: Druckladen · Tel.: 44 83 74
Rentzelstr. 48 · 2000 Hamburg 13

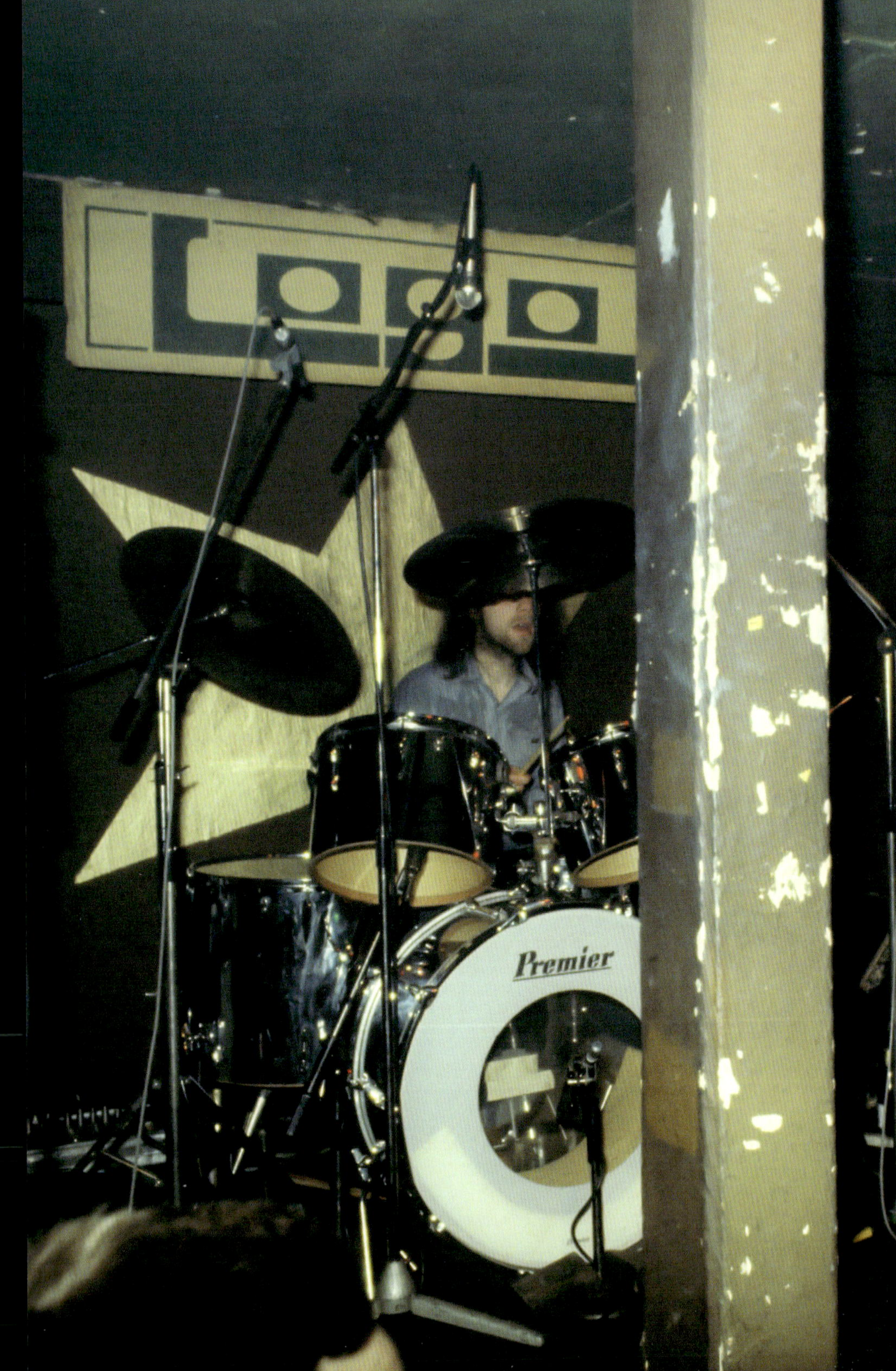
Logo
Premier

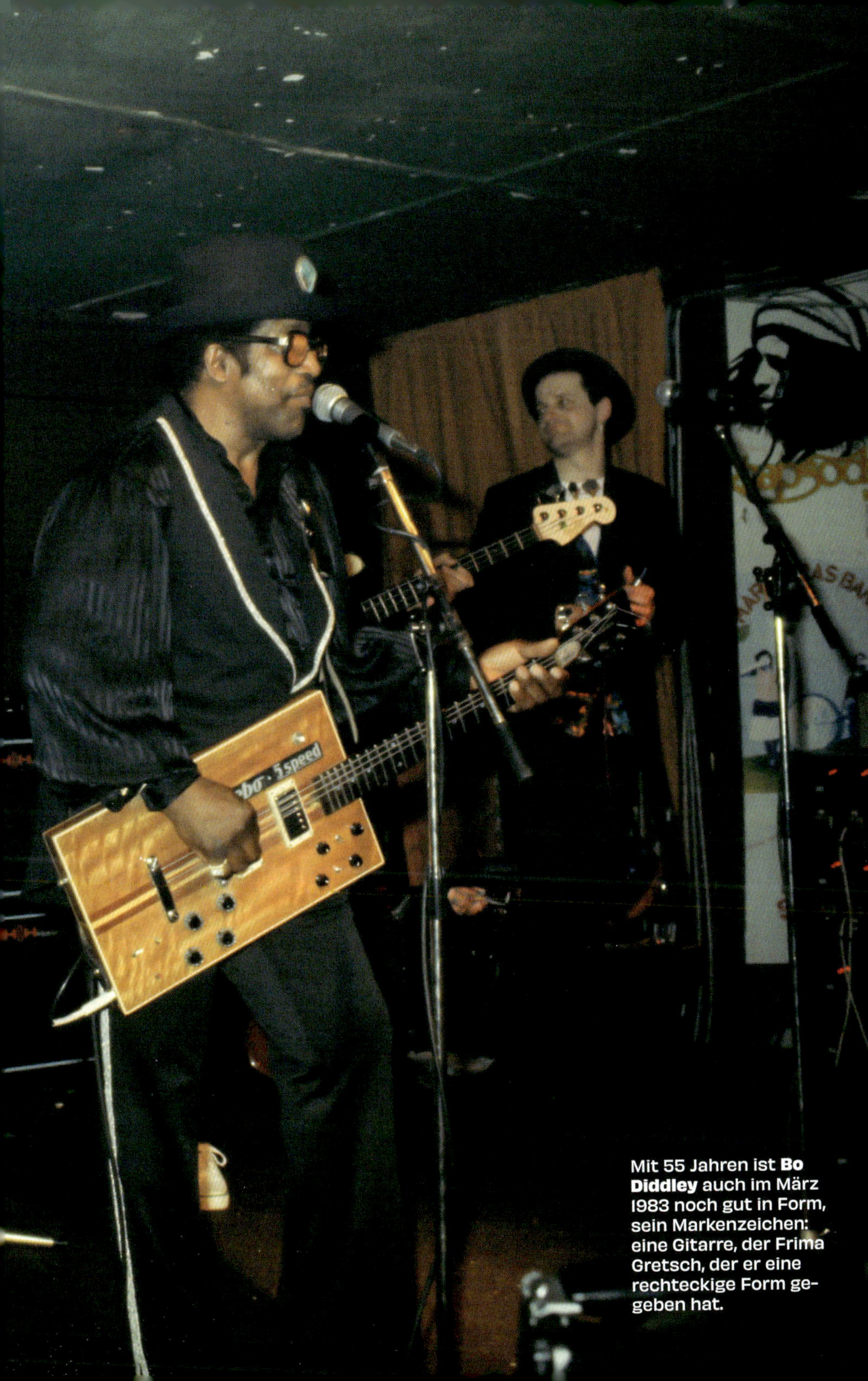

Mit 55 Jahren ist **Bo Diddley** auch im März 1983 noch gut in Form, sein Markenzeichen: eine Gitarre, der Frima Gretsch, der er eine rechteckige Form gegeben hat.

Hamburg 13, Grindelallee 5, Tel.: 410 56 58

Logo

Hamburgs kontinuierlichster LIVE–CLUB
Öffnungszeit: 20.00 Uhr
Programmbeginn ca. 21.30 Uhr

PROGRAMM MAI '83

So. 1.
Mo. 2. **GEORGE KOCHBEK BAND** Keyboard-Vollbedienung

Di. 3. **BERNIE'S AUTOBAHN BAND** Folkrock

Mi. 4.
Do. 5. **JAM SESSION** mit Hamburger Musikern **Freier Eintritt!**

Fr. 6.
Sa. 7.
So. 8.
Mo. 9.
Di. 10.
Mi. 11. **PREDDY SHOW CAMPANY**
Travestie und Parodie

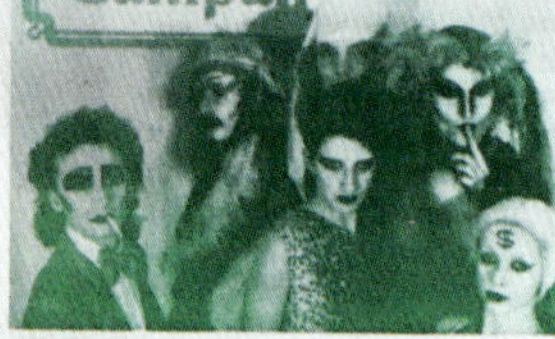

Do. 12. **JULIAN DAWSON + BAND** Rock

Fr. 13.
Sa. 14.
So. 15. **PEE WEE BLUESGANG** Bluesrock
neue LP von Drafi Deutscher produziert. Vielleicht ist er auch diesmal wieder als Gastsänger dabei

Mo. 16.
Di. 17. **TELEPHONE** Frankreichs Rockband Nr. 1

Mi. 18. **DER GROSSE HIRNRISS** Musik, Lesung, Video Buchpräsentation einmal anders

Do. 19. **REGGAE VIBRATION** Reggae

Fr. 20. **BILL HURST BAND** Rock aus England

Sa. 21.
So. 22.
Mo. 23. **PETE BENDER + BAND** Songwriter aus Berlin "Ich will nie wieder Krieg"

Di. 24. **RAINER BAUMANN BAND** Blues

Mi. 25.
Do. 26. **MIDNIGHT CRUISER** Mainstream Rock

Fr. 27. **TOUGH ENOUGH** Rhythm'n Rock

Sa. 28.
So. 29. **STOPPOK** "Saure Drops und Schokoroll" erfrischender Rock

Mo. 30. **ROUNDHEADS** Heatwave Hamburg

Di. 31. **SPIKE** Latin + Funk

Vorschau Juni: Herman Brood · Münchener Freiheit · Silver King Band

DRUMS von ANTOLINI - DRUMS von ANTOLINI - DRUMS von ANTOLINI
Keyboards & Guitars und die neue "Target" LP vom MUSIC CENTER

INH. NORBERT SCHILLING

VORVERKAUF: Theaterkasse Schumacher Colonnaden 37 · Tel.: 34 30 44

Satz: studio brinkmann · Tel.: 410 65 56
Druck: Druckladen · Tel.: 44 83 74
Rentzelstr. 48 · 2000 Hamburg 13

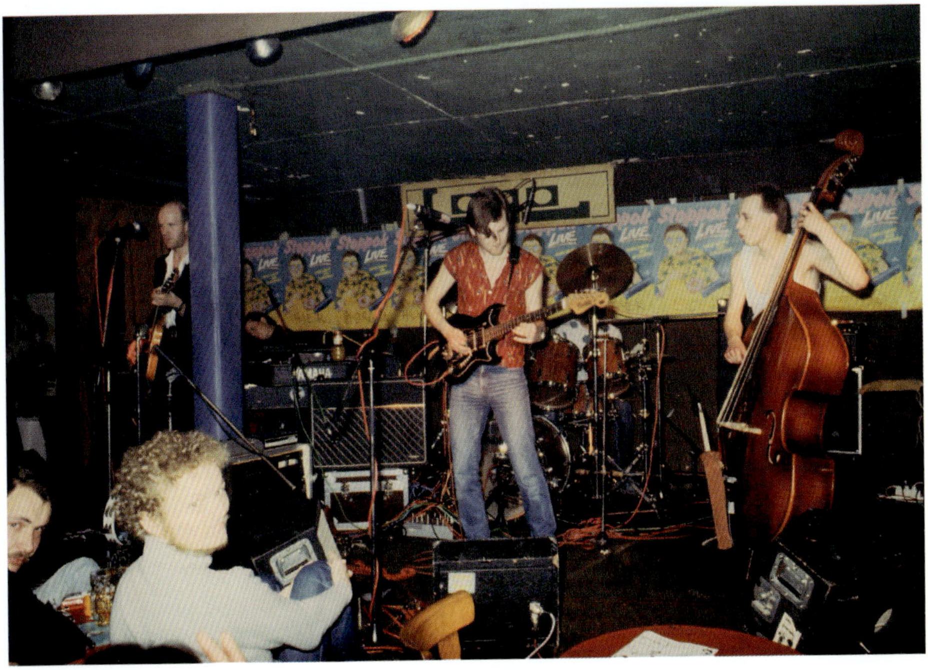

Jahrelang Straßenmusiker, im Mai mit Band: **Stoppok**

1983

Noch ohne Album, ohne Hit testen **Münchner Freiheit** den Norden.

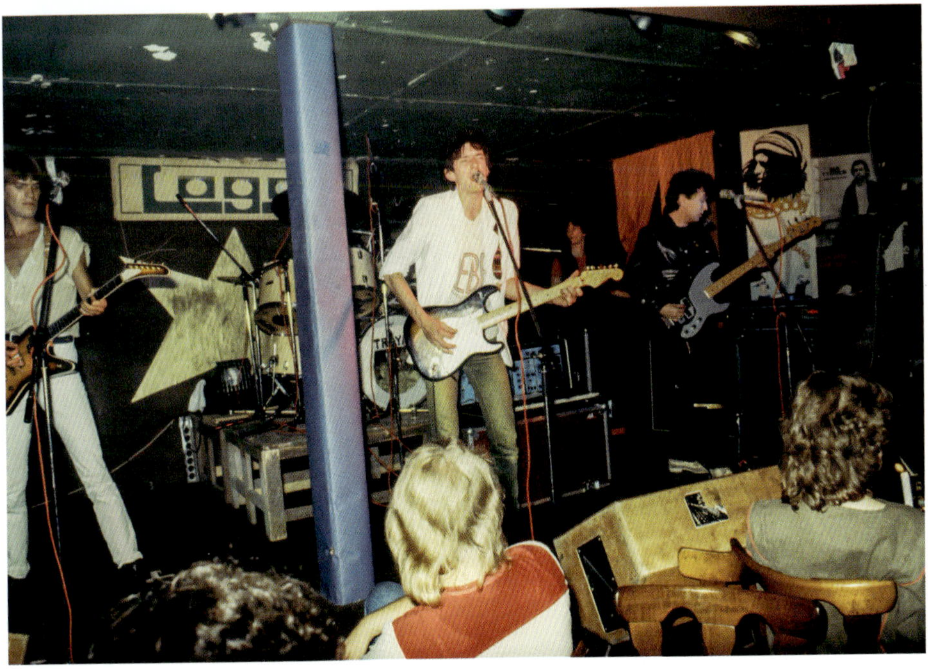

1985–1993
Der Chef zapft selbst

Inhaber: Melanie und Oliver Ehrlich
Booking: Oliver Ehrlich
Etwa 280 Konzerte pro Jahr, geöffnet nur an Konzerttagen

Melanie und Oliver Ehrlich steuern das LOGO durch die schwierigen Achtziger. Unter den Hamburger Clubs beginnt ein harter Überlebenskampf. Nacheinander schließen das „Remter" und das „Onkel Pö", auch im „Knust" finden seit 1985 keinerlei Live-Konzerte mehr statt. +++ Oliver professionalisiert Booking und Gastronomie. Er schmeißt die alten Nachtspeicheröfen raus und beheizt das LOGO fortan mit einem ölbetriebenen Baubrenner. +++ Der Inhaber steht auch selbst an der Bar. Das spart Kosten und hilft dem LOGO durch schwere Zeiten. +++ Durch die Schließung des „Onkel Pö" gibt es keinen anderen Club mehr mit ähnlicher Größe, das LOGO überlebt, indem es Bands der frühen Achtziger spielen lässt. +++ Wie in den Siebzigern sitzen die Gäste noch an Tischen, Kellnerinnen bringen die Getränke an die Plätze.

seiner Paraderolle als „Rock 'n' Roll Junkie"

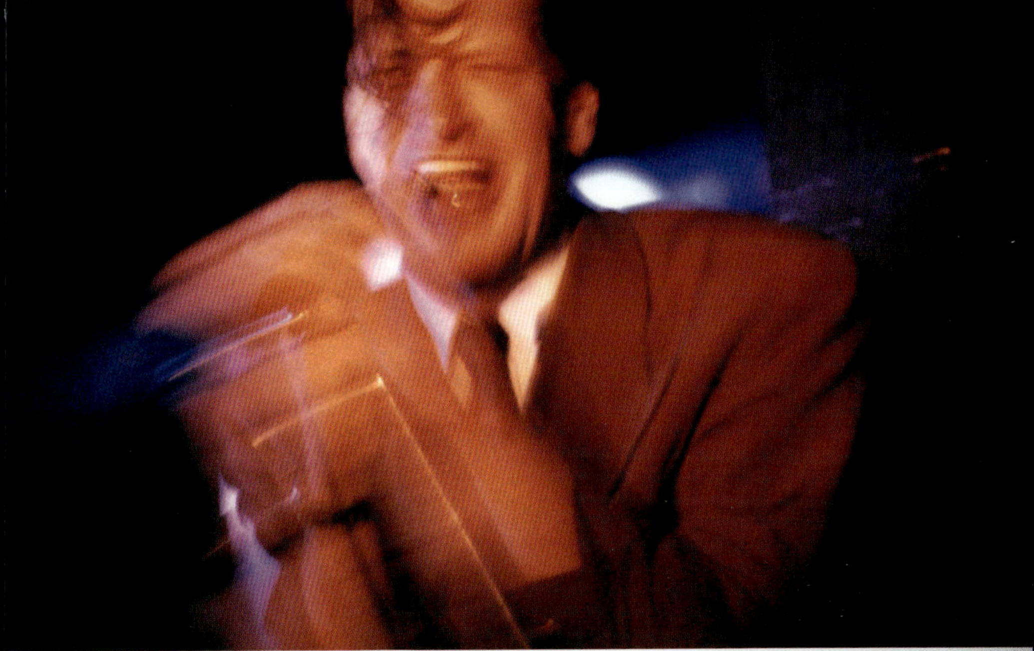

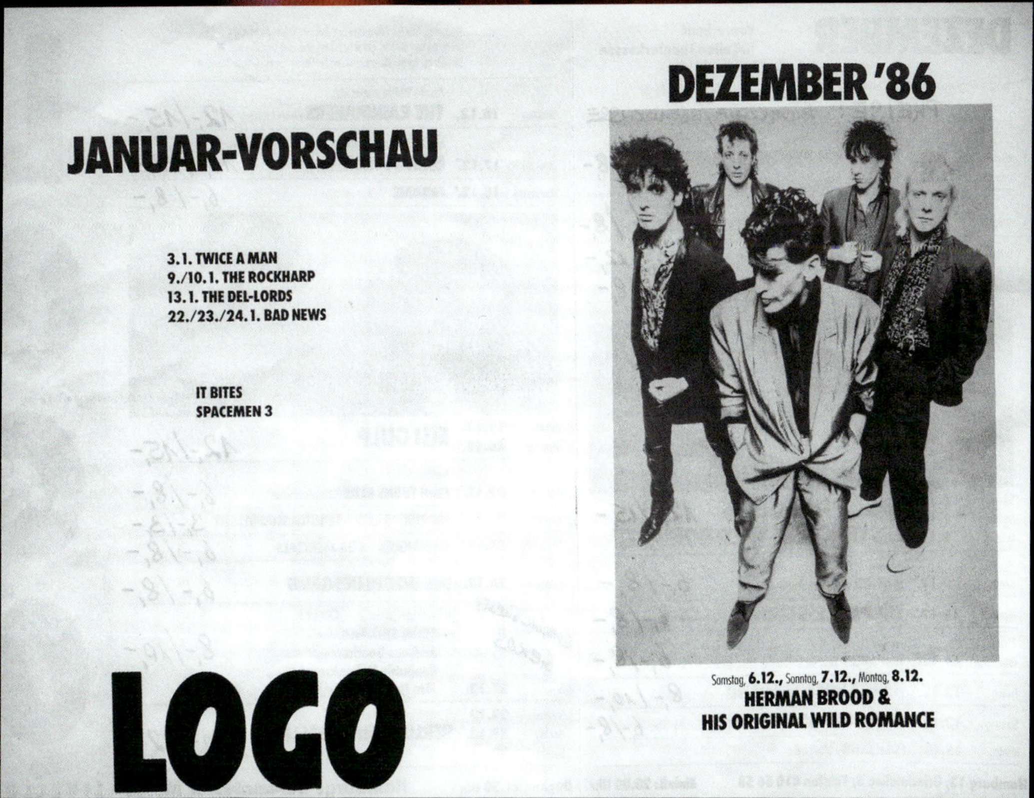

JANUAR-VORSCHAU

3.1. TWICE A MAN
9./10.1. THE ROCKHARP
13.1. THE DEL-LORDS
22./23./24.1. BAD NEWS

IT BITES
SPACEMEN 3

LOGO

DEZEMBER '86

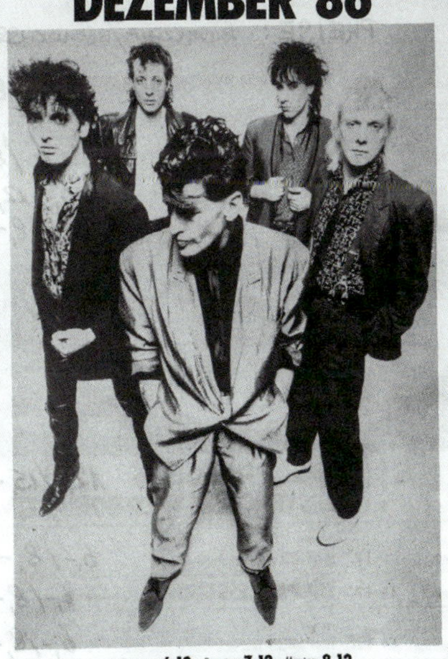

Samstag, **6.12.**, Sonntag, **7.12.**, Montag, **8.12.**

HERMAN BROOD & HIS ORIGINAL WILD ROMANCE

DEZEMBER

Vorverkauf bei allen Theaterkassen

Programmgestaltung und Buchung: Tommy Weber Telefon 410 56 58

PREISE: VORVERKAUF / ABENDKASSE

Montag Dienstag	**1.12.** **2.12.**	Aus den Städten unserer Welt **TRIGGER & THE THRILL KINGS** Memphis/Tennessee	6,-/8,-
Mittwoch	**3.12.***	Premiere **JOHAN WAHLSTRÖM BAND** – Rock aus Schweden	6,-/8,-
Donnerstag	**4.12.***	**THE OYSTER BAND** – Ethnic Beat	10,-/12,-
Freitag	**5.12.***	**YUCATAN + VAN STRAATEN**	6,-/8,-
Samstag Sonntag Montag	**6.12.** **7.12.** **8.12.**	**HERMAN BROOD & HIS ORIGINAL WILD ROMANCE**	12,-/15,-
Dienstag	**9.12.***	Premiere **STRYKER** – Hard Rock ohne Nietenzwang	6,-/8,-
Mittwoch	**10.12.***	**THE PAINLESS DIRTIES** – 86er Garage	6,-/8,-
Donnerstag	**11.12.***	Premiere **SKIPJACK** – Jank? Experimenteller Power-Rock!	6,-/8,-
Freitag	**12.12.**	**HARDY WRIEDEN BAND**	8,-/10,-
Samstag	**13.12.**	**LITTLE GRAND CANYON** – It's Country Time!	6,-/8,-
Montag	**15.12.**	**FOLK CLUB** – Eintritt frei	

Hamburg 13, Grindelallee 5, Telefon 410 56 58 **Einlaß: 20.00 Uhr**

nten, Schüler, Arbeitslose und Zivildienstleistende erhalten
nzerten, die mit* gekennzeichnet sind, eine Ermäßigung.
ilt nur an der Abendkasse und bei Vorlage eines gültigen Ausweises.

Aus den Städten unserer Welt
THE RAINMAKERS Kansas City/USA 12,-/15,-

Aus den Städten unserer Welt
BRING PHILIP Sidney/AUS 10,-/12,-

FANDAM 6,-/8,-

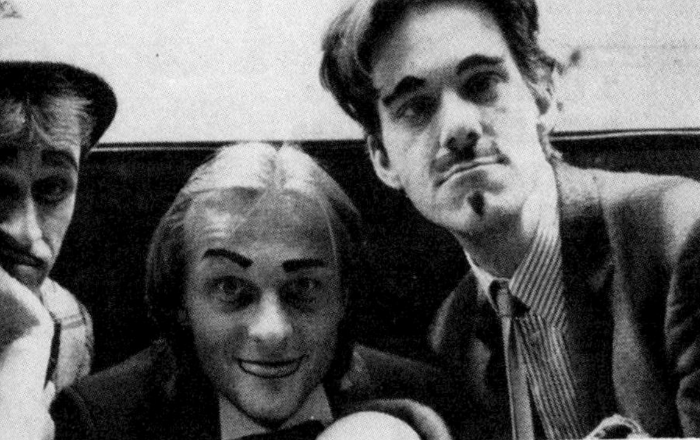

EISI GULP 12,-/15,-

Premiere
PINK TURNS BLUE – Trio Experimental 6,-/8,-

MURPHY'S LAW + TEQUILA MOONLIGHT 3,-/3,-

HABIRIGUM + COMMERCIALS 6,-/8,-

PEE WEE BLUESGANG 6,-/8,-

Überraschungskonzert – **GO!!!**
mit: **Micky Stickdorn**/drums
Andreas Boether/sax
Benjamin Höllenkremer/bass
Jörn Brandenburg (Felix de Luxe)/keyboards
8,-/10,-

BERLINER BASS BALLETT 10,-/12,-

Hamburgs bekanntester Musik

LOGO

LIVECLUB

Inh.: LOGO-Gaststättenbetriebs-GmbH.

„Plötzlich fiel der Schlagzeuger tot vom Hocker"

Eigentlich wollte **Oliver Ehrlich** nur in Ruhe Bier ausschenken, ohne angequatscht zu werden. Aber dann führte er mit seiner Frau **Melanie** jahrelang das LOGO

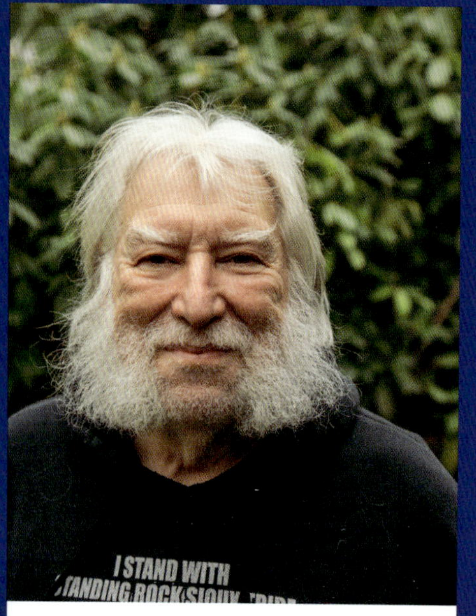

Olli, neben Peter Bischoff bist du ein weiterer Berliner, der im LOGO gelandet ist – wie kam's?
Mich hat die Liebe schon Anfang der Siebziger nach Hamburg verschlagen. Ich habe studiert – erst Physik, dann Berufsschulpädagogik – und nebenbei in der „Eichenburg" gearbeitet, einer Kneipe in Eimsbüttel. Aber bald habe ich es gehasst, wenn jemand, der vielleicht schon einmal da war, meinte, ich müsste wissen, wie er heißt und was er trinkt. Und dann wollten die Leute immer reden; ich hatte überhaupt keine Lust zu reden. Irgendwann meinte einer, der im LOGO gearbeitet hat: Komm doch zu uns, da ist es so laut, da musst du mit niemandem reden.

Wie war die Lage dort, als du anfingst?
Es war noch Norbert Schillings Laden, aber der verkaufte dann an John Boutkamp, und dann wurde es mühselig. John war Holländer, eigentlich ein Heavy-Metal-Musiker, und er wollte aus dem LOGO einen Heavy-Metal-Laden machen. Das ging natürlich überhaupt nicht. Genau so wenig wie seine Idee, einen Club ohne Geld zu betreiben.

Wie sollte das funktionieren?
Er versuchte es, indem er ganz viele Leute beschissen hat. Sich Geld geliehen hat, das er nicht zurückzahlte. Abgezockt hat, was es abzuzocken gab. Und wenn es mal Geld von der Kulturbehörde gab, landete es in seinen Taschen. Als Melanie, die damals noch nicht meine Frau war und am Tresen mitarbeitete, und ich das mitbekamen, haben wir uns gesagt: Bevor der Laden hier den Bach runtergeht, steigen wir einfach mit ein, und dann haben wir den Laden erst mal mit John als KG geführt.

Damit konnte John leben?

Der hatte dann plötzlich keine Lust mehr, er wollte nur noch Programm machen und dafür von uns bezahlt werden. Das ging natürlich nicht. Wenn ein Abend Gewinn gemacht hätte, wäre der seiner gewesen, aber wenn nicht, hätte er eben Pech gehabt. Nach langem Hin und Her haben wir uns dann getrennt. Er ist anschließend mit Familie in die USA gegangen und hat dort bis zu seinem Tod als DJ bei einem Radiosender gearbeitet. Aber das neue Leben war ein kurzes, nach gut einem Jahr ist er gestorben.

Hattest du je mal dran gedacht, einen Club zu leiten?

Nee, ich bin ja nur durch den Tresen da reingekommen. Früher habe ich selbst Musik gemacht, Schlagzeug gespielt noch in Berlin, Beat, Rhythm & Blues ... die alten Geschichten. Musik war immer eine wichtige Sache für mich. Insofern war es dann auch toll, einen Laden zu führen.

Wie hast du die Bands gefunden, die spielen sollten?

Als John ausstieg, hat zunächst Thomas Weber das Programm gemacht, bis der dann leider völlig abdrehte. Und dann musste ich die Abende füllen, was ich eigentlich nie wollte. Von Thomas hatte ich noch einen Computerausdruck, mit dem ich nicht viel anfangen konnte. Da stand dann Programm für zwei Monate drauf, sonst nichts, keine Kontakte. Wir haben also zwei Monate lang gehofft, dass auch all die Musiker kommen würden, die auf dem Zettel standen.

Aber sie kamen?

In der Regel kamen sie. Einmal auch einen Tag später. An einem Sonnabend warteten wir mal auf Kevin Coyne, aber der kam und kam nicht. Gegen 21 Uhr erreichten wir dann seine Frau, die sagte, dass er am Morgen losgefahren sei – aber zur Fähre, Flugzeug war ihm zu teuer. So landete er dann am Sonntag. Da hatten wir eine Solo-Sängerin auf dem Zettel, und wir haben dann beide zu einem Doppelprogramm zusammengeschoben. Aber eigentlich haben wir versucht, den Sonntag freizuhalten, damit unsere Nachbarn wenigstens an einem Tag in der Woche ihre Ruhe hatten.

Sonst aber standen die Musiker am verabredeten Tag auf der Matte?

Ja, auch die Reggaeband, die erst auf- und dann wieder abbaute. Falscher Tag, sagten die Musiker. Bad Vibrations. Aber grundsätzlich lief es. Ungefähr ein halbes Jahr nachdem ich angefangen hatte, wendeten sich dann auch die Agenturen an mich, Blindfish, MCT, Peter Rieger. Vorher waren es oft die Bands, die uns fragten, aber jetzt bekamen wir auch die Musiker, an die wir sonst nicht rangekommen wären. Die Agenturen riefen an und sagten: Wir hätten da einen Termin, wollt ihr? Und wenn der Tag belegt war, haben wir angefangen zu verschieben.

War das „Onkel Pö" , ein Laden von ähnlicher Größe wie das LOGO, ein Konkurrent für euch?

Der NDR ist für seine Aufzeichnungen von Konzerten immer lieber ins „Pö" gegangen, der war da sehr hochnäsig. Das änderte sich erst, als Klaus Wellershaus die Musikredaktion übernommen hatte. Zu dem hatte ich einen guten Draht, denn der war mal mein Nachbar in Reinbek. Wichtig war auch, dass die uns dann endlich auch erwähnten bei ihren Konzerttipps, vorher gab es immer nur „Pö", „Pö", „Pö". Und die „Fabrik" wegen des Jazz.

Aber später hat der NDR auch im LOGO aufgezeichnet.
Manchmal waren die Musiker überrascht, wo sie gelandet waren. Bonnie Raitt zum Beispiel, nominiert für den Grammy als beste Slide-Gitarristin und vorher mit Little Feat unterwegs, kam in den Laden, sah sich um und sagte: Hier spiele ich nicht. Peter Urban, der an dem Abend für den NDR im Einsatz war, redete auf sie ein, und schließlich stand sie doch auf der Bühne. Hinterher schwärmte sie: So ein geiles Konzert, so ein geiler Laden.

Ein Laden, den ein Musiker aber nicht lebendig verlassen hat.
Der 20. September 1992 war ein schwarzer Tag. Die Dirty Dogs spielten, und plötzlich fiel ihr Schlagzeuger Michael Mietzner tot vom Hocker: „Mietze" schlug gerade auf die Eins, dann war er weg – Herzinfarkt. Wir hatten einen Arzt im Publikum, der ist sofort auf die Bühne, aber auch er konnte nichts mehr machen. Ein Mann von der „Bild", der auch vor Ort war, wollte daraus eine Riesenstory machen, aber dann hat sich einer der Türsteher, der auch Europameister im Taekwondo war, vor ihm aufgebaut und gedroht: Wenn du das aufbläst ... so kam nur eine kleine Meldung in die Zeitung.

Hast du dich manchmal gefragt, warum tue ich mir all das an?
Immer mal wieder. Vor allem, wenn ich eine Band gebucht hatte, die ich gern auf der Bühne sehen wollte – und nur drei Leute kamen.

Haben die Bands in der Regel auf Festgage gespielt oder auf Einnahmebeteiligung?
Wir haben viele Prozentdeals gemacht. 70 Prozent für die Band, 30 für uns. Mit den Agenturen lief es oft über ein Festhonorar, das ging dann

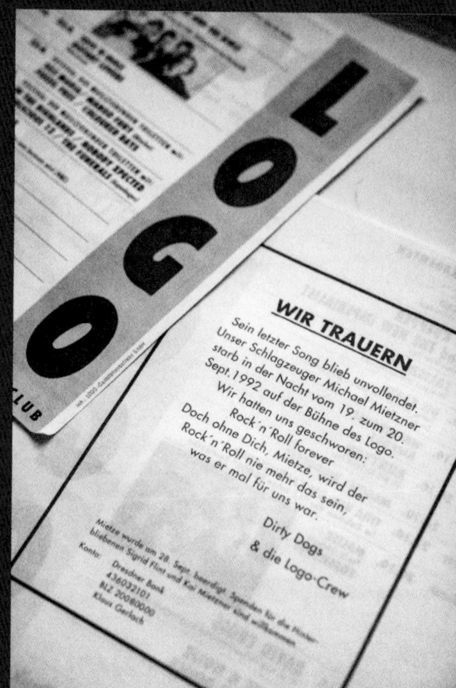

Ein letzter Gruß für Mietze von den Dirty Dogs und der Mannschaft des LOGO

ab 2000 Mark aufwärts. Wenn wir am Ende eines Jahres bei den Ausgaben und Einnahmen für Konzerte, Gagen, Plakate usw. bei plus minus Null lagen, war es ein gutes Jahr, gelebt haben wir vom Umsatz am Tresen.

Wie viele Leute konntet ihr reinlassen für ein Konzert?
Anfangs durften wir offiziell nur 254 Tickets verkaufen, inoffiziell haben wir bis zu 500 Besucher reinbekommen. Das erste Mal, dass der Laden so richtig überfüllt war, war bei Jonathan Richman im Juni 1992. Zum Glück kamen da viele Schüler, die waren recht schlank und, weil es eben Sommer war, auch nicht dick angezogen.

Was ist bei dir hängengeblieben von all den Jahren?
Ich fand es klasse, dass Musiker,

deren Songs ich früher mit meinen Bands gecovert habe, auch mal bei mir auf der Bühne standen, Canned Heat zum Beispiel oder Pretty Things. Da sind auch richtige Freundschaften entstanden. Einige von meinen alten Helden leben ja leider nicht mehr. Mit Phil May von den Pretty Things, der auch schon tot ist, habe ich mir nach einem Konzert mal heftig die Kante gegeben, und irgendwann sagte er: Du musst auch mal eine Tour für und mit uns machen. Ein knappes halbes Jahr später ging es tatsächlich los, und so kam ich zu einem neuen Job: Tourleiter.

Und der führte dann zu deinem Abschied vom LOGO?

Ich hatte bald genügend Angebote von Agenturen, es war aber auch gut mit dem Leben als Clubbetreiber. Mit der Größe kann man heute kein Geld mehr verdienen. Aber ich wollte auch Zeit zuhause verbringen. Melanie hatte begonnen zu studieren, wir waren Eltern geworden und ich wollte Zeit mit meiner Tochter haben. Das hat aber nicht ganz hingehauen. Im ersten Jahr war ich mehr als die Hälfte der Zeit unterwegs.

Nach seiner Zeit im LOGO machte Oliver Ehrlich seinen Meister in Veranstaltungstechnik. Bis heute arbeitet er als Tourmanager, Accounter und Meister für verschiedene Agenturen und Theater.

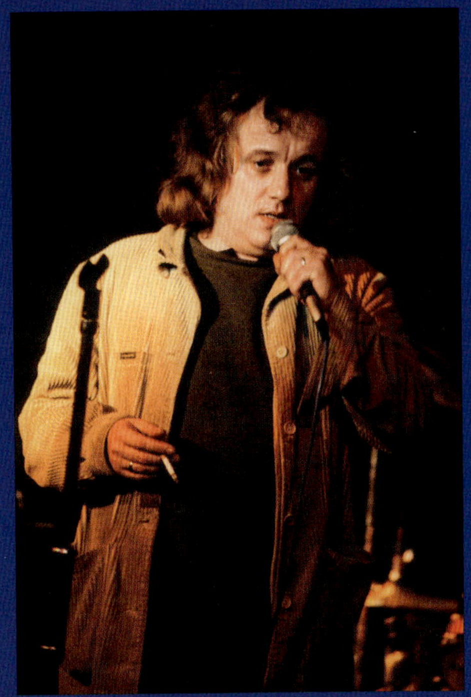

Weil er Schiff statt Flugzeuge nimmt, steht Sparfuchs **Kevin Coyne** einen Tag zu spät auf der Bühne des LOGO.

Wo Oasis, da natürlich auch **Blur**

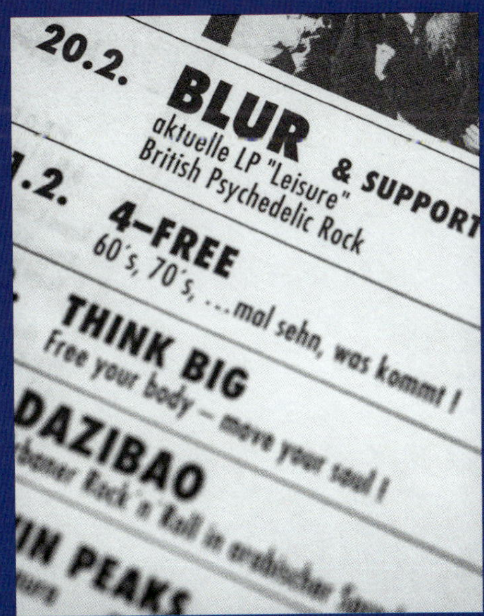

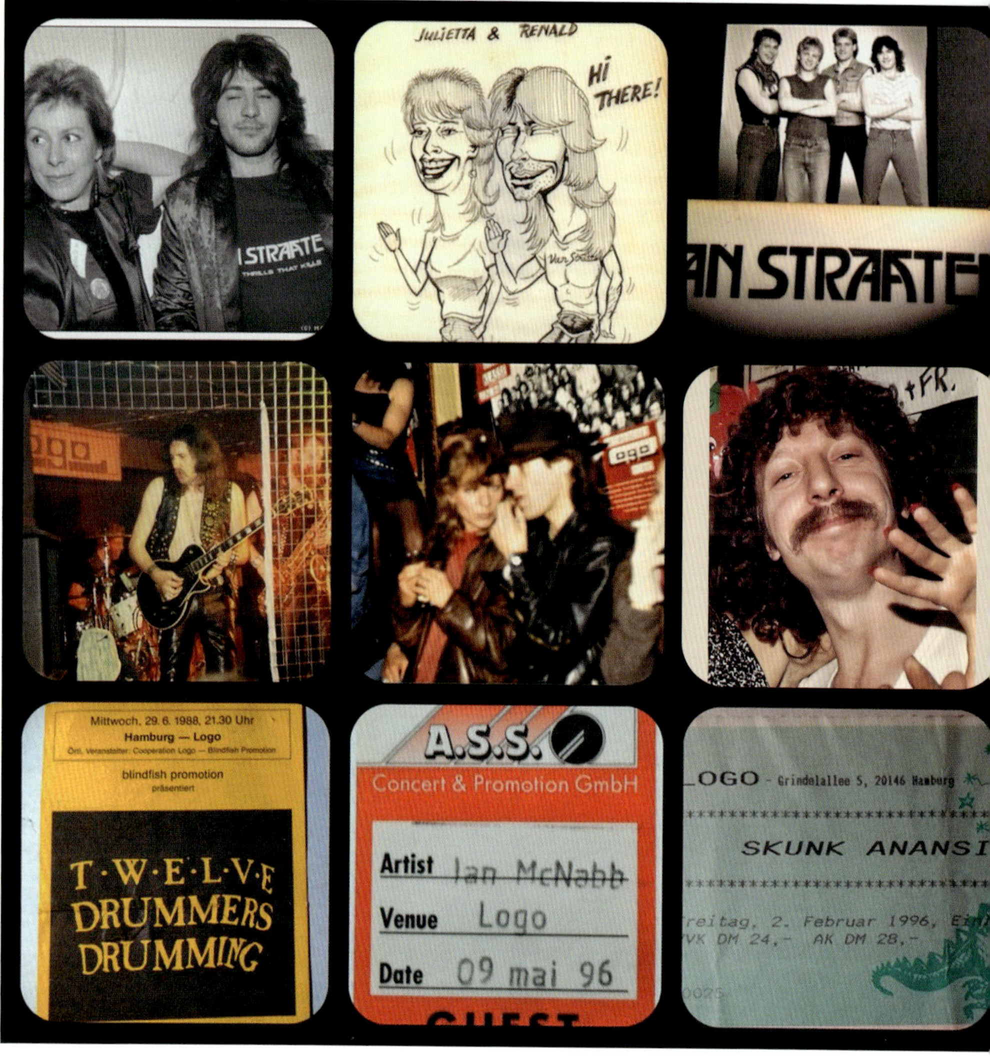

Julietta Kühle (oben links) mit Freund Renald laden für die Nacht erst nach Niendorf, dann nach St. Georg. Der kurzzeitige LOGO-Betreiber John Boutkamp zeigt sich in der Mitte rechts

Die den Rock 'n' Roll zu Bett brachte

Auf Facebook erinnert sich **Julietta Kühle**, wie das LOGO ihr Musikerhotel „After Midnight" füllte

Gäb's das LOGO nicht, hätte es auch kein „After Midnight" gegeben? Nein, ganz so simpel ist es nicht. Aber das LOGO und besonders John Boutkamp waren ausschlaggebend für unsere Anfangserfolge. Zum Beginn der Achtziger hingen mein Freund Renald und ich ständig im LOGO rum. Ich war schon vorher oft da und mit ihm eben dann noch öfter. Aber kennengelernt haben wir uns woanders. Das LOGO war kein ungefährlicher Ort. Ging man allein rein und später mit einer Person des anderen Geschlechts raus, hatte man sofort eine Affäre an der Backe – so sahen es wenigstens die Mitarbeiter und Freunde. Okay, manchmal konnte das passieren. Aber als dann Renald auf den Plan kam, wurde alles etwas gesitteter. Wir halfen im Club sogar beim Renovieren. Ich strich einen Teil der Decke, die musste schon hundertmal überpinselt worden sein, denn Placken alter Farbe fielen mir immer wieder ins Gesicht. Noch heute kann ich die Stelle an der Decke des LOGO zeigen, die ich übermalt habe.

Irgendwann fragten wir John, wo er eigentlich die Bands unterbrachte, die im LOGO auftraten. In der Pension gegenüber, sagte er. Und wenn wir eine Pension hätten? Dann bei euch, wenn es nicht teuer ist. Als ich kurz darauf in meinem Second-Hand-Laden „Kladderadatsch" im Karoviertel das „Oxmox" durchblätterte, stieß ich auf eine Anzeige: „Zwei-Familienhaus in Hamburg-Niendorf zu vermieten". Renald und ich guckten uns das Haus an, es gefiel uns und wir mieteten es. Das Abenteuer konnte losgehen: ich als gelernte Hotelfachfrau plus Renald als Hobbymusiker und Allroundhandwerker gleich Deutschlands erstes Musikerhotel.

Das LOGO buchte dann tatsächlich fast alle Bands bei uns ein – nachts war man vom LOGO in nur 15 Minuten in Niendorf. Bald war das Haus zu klein, wir eröffneten eine größere Unterkunft in Alsternähe, und auch andere Clubs schickten nun Musiker zu uns. Wenn Musiker, die im LOGO auftraten, bei uns abstiegen, begleiteten wir sie natürlich zu ihren Auftritten. So erlebten wir im Laufe der Zeit eine bunte Mischung von Musikstilen aus aller Herren Länder. Herman Brood kam jedes Jahr um die Weihnachtszeit, Vitesse wurden Stammgäste, und nicht nur die Crackers blieben über Wochen, wenn sie in Hamburg im Studio waren.

Als das „After Midnight" Ende 1986 schloss, blieb ich dem LOGO trotzdem treu. Die Besitzer waren jetzt Melanie und Olli, später übernahmen Karsten und Eberhard zusammen mit Ursula den Laden. Mein persönliches Highlight im LOGO war mein dreißigster Geburtstag. Melanie und Olli stellten mir den Laden gratis zur Verfügung; statt Geschenken nahmen wir zehn Mark Eintritt, dafür gab es Bier und Softdrinks, bis die Kasse leer war. Musik gab es natürlich auch. Die Rubbermaids spielten auf der Backline, die sie selbst mitgebracht hatten, The Paranoiacs und Union Carbide Productions schafften es an dem Tag leider nicht nach Hamburg, aber im Laufe des Abends stand jeder Musiker, der im Raum war, mit irgendeiner Formation auf der Bühne. Fotos gibt es nicht – vielleicht auch gut so.

Noch heute kann ich die Stelle an der Decke des LOGO zeigen, die ich übermalt habe.

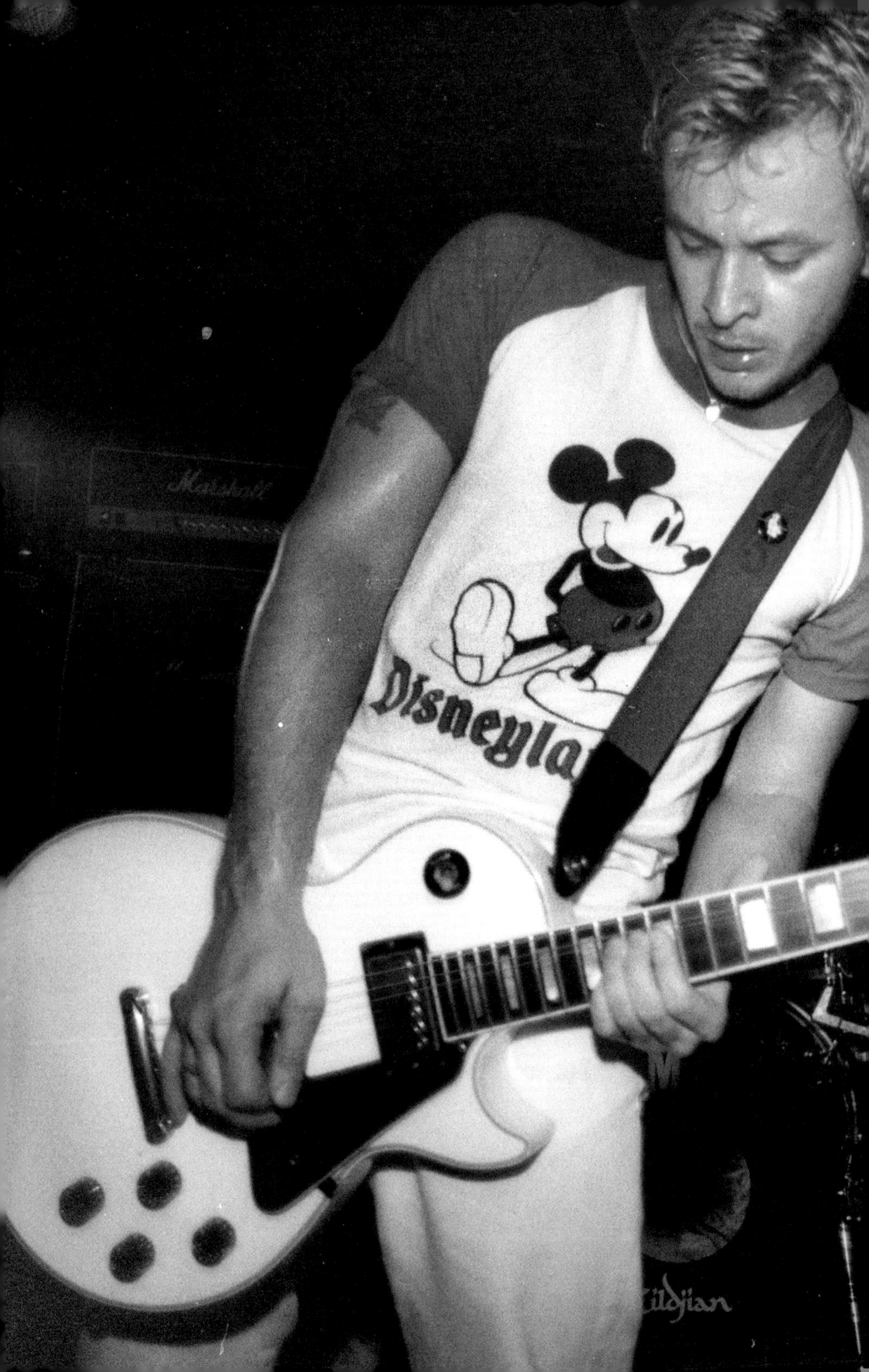
Marshall
Disneyla

1993 Manic Street Preachers:

Die Wut des Debütalbums ist verraucht. Im September stellt die Band den Nachfolger „Gold Against the Soul" vor.

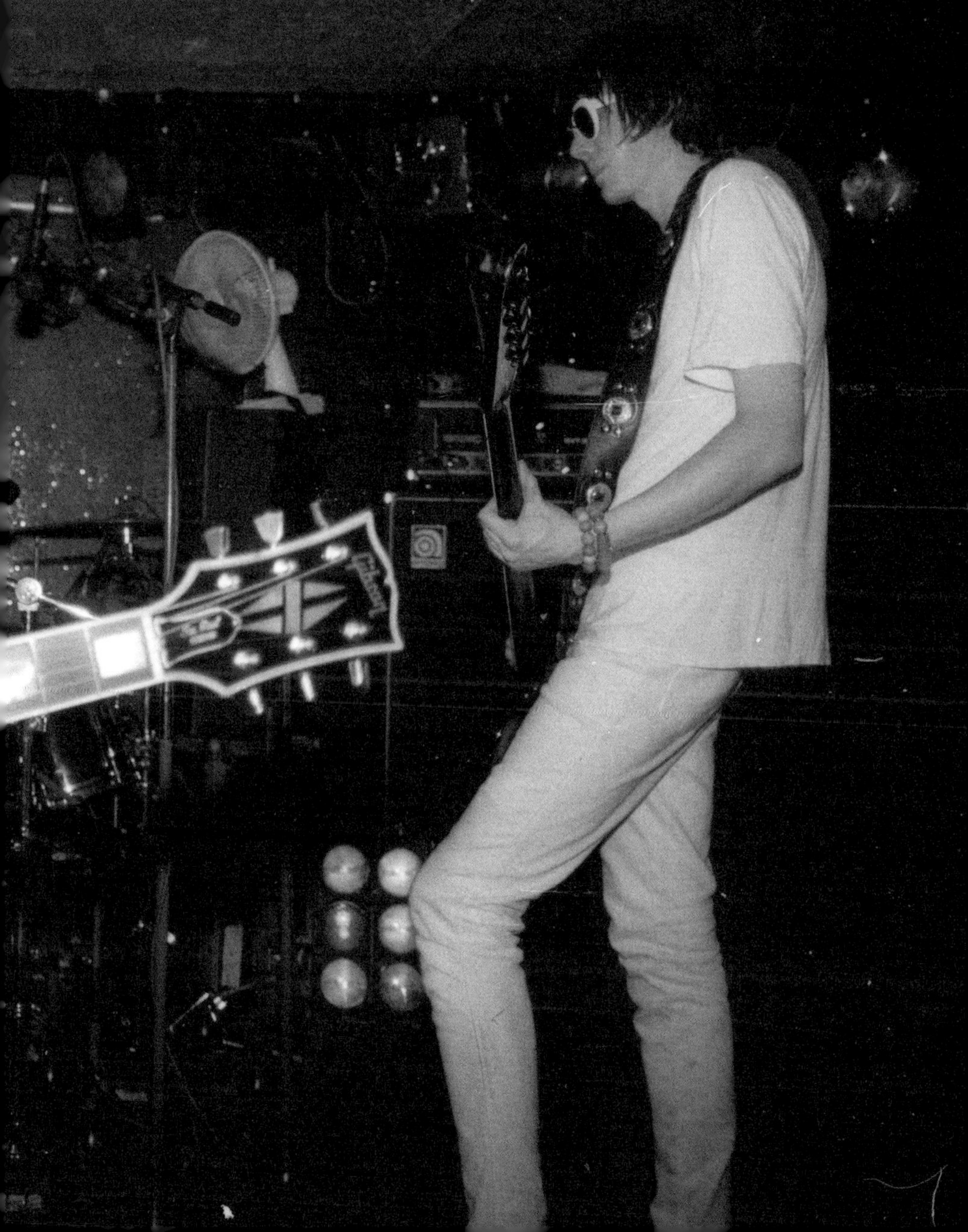

LOGO

20146 Hamburg, Grindelallee 5, Telefon 040/410 56 58
Einlaß: 20.00 Uhr – Beginn: 21.30 Uhr

Jede Ära geht einmal zu Ende, so auch diese. Vierundzwanzig LOGO-Jahre haben wir jetzt gemeinsam auf dem Buckel - nun wollen wir sehen, was es sonst noch zu tuen gibt.

Mit einem lachenden Auge (-endlich mal mehr als 10 Tage Urlaub im Jahr) und einem weinenden Auge (-nie mehr Jack Daniels bis zum Abwinken und kein Abo mehr auf Selterhahn und Espressomaschine) trennen wir uns Ende des Jahres vom LOGO.

Wir möchten allen danken, die es möglich gemacht haben, daß das LOGO auch nach 19 Jahren noch in alter Frische existiert - die Heerscharen Musiker, die diese Bühne bevölkert haben, die Mitarbeiter, die alles am Laufen gehalten haben und nicht zuletzt - unserem Publikum.

Am 1.1.94 werden Eberhard Gugel, Ursula Morris und Karsten Schölermann unsere lauteste Sauna Hamburgs übernehmen. Wir wünschen ihnen viel Glück und genauso viel Spaß, wie wir hatten.

Bevor es allerdings soweit ist, werden wir am 30.12.93 noch ein letztes mal Party feiern, für Musik und das eine oder andere Bier ist gesorgt, wer kommen möchte, ist herzlich eingeladen.

Melanie Ehrlich Oliver Ehrlich

PROGRAMMGESTALTUNG UND BUCHUNG:

Telefon: 040/45 36 84

Druck und Gestaltung: Atelier U.A. Mamminga

Ermäßigte Preise für Schüler, Stu
Zivis (nur bei Vorlage eines gültige
Abendkasse erfragen!

DEZEMBER '93

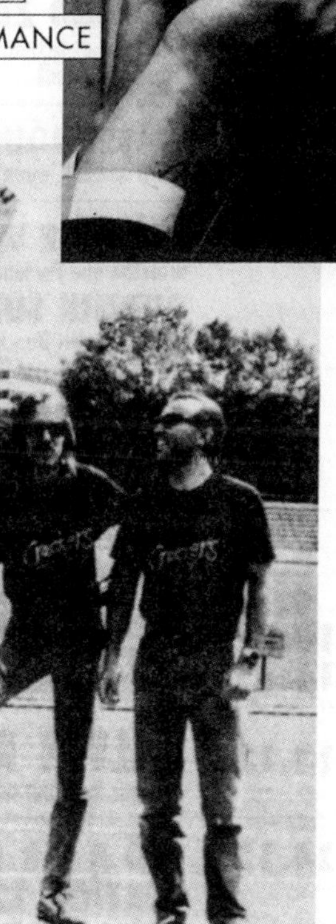

8.-11.12.
HERMAN BROOD
& HIS WILD ROMANCE

28.12. DIE CRACKERS

DEZEMBER '93

Vorverkauf bei allen Theaterkassen und im LOGO (ab 20.00 Uhr)

Mittwoch	**1.12.**	**BIG LIGHT** Fury und Terry haben ein Brüderchen. **TOM DROPS**
Donnerstag	**2.12.**	**HOWARD JONES** "Unplugged" nicht als Modegag
Freitag	**3.12.**	BANDS ON STAGE; EJH PRÄSENTIERT: **SOME DEEPER SOULS** Sie sind jung! **CLUB DER TOTEN MUCKER** Sie sind frisch! **GROUND ZERO** Sie wollen es wissen. (Pop´s not dead)
Samstag	**4.12.**	**WATERHOUSE** Leicht betrübt, wenn´s regnet.
Montag	**6.12.**	**STRANGE WAYS** Bratsche und Persönliches **RUDNIK SUNDAE** "1970" denkst Du - vielleicht...
Dienstag	**7.12.**	**THE COLOUR RED** "Wir sind eine Live-Band!" **DEAD POETS SOCIETY**
Mittwoch Donnerstag Freitag Samstag	**8.12.** **9.12.** **10.12.** **11.12.**	**HERMAN BROOD & HIS WILD ROMANCE** The same Procedure as every year, folks. Oder: Am Schweiß klebt die Wahrheit
Montag	**13.12.**	**CALVIN RUSSEL** Acoustic Rock mit sehr viel Blues
Dienstag	**14.12.**	**H Ö R P R O B E N mit:** **STATION 17** Erst Space Blues. Dann Herzblatt.

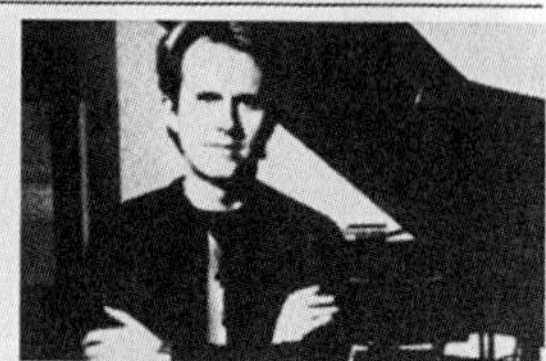

12. MAN
Welsh Connection

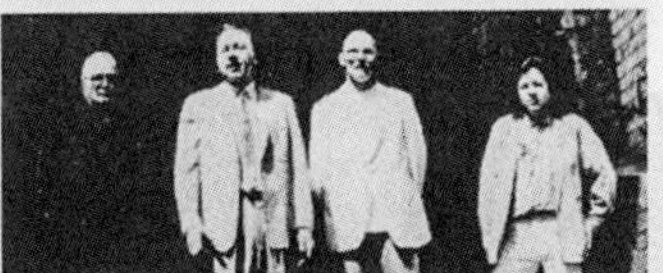

12. INCOGNITO
Hasta la vista - Abschiedskonzert (Eintritt frei)

12. PAUL BOTTER AND THE BARFLIES
Vom Soul-Brocken und seiner Crew.

12. SARGANT FURY
Hall'hard, Hannover!

MENTAL HIPPIE BLOOD
Vanessa-"Wölfin"-Warwick:"Ich nährte sie an meinen Ballroom!"

12. DIAR RHEA
Nicht jeder Name ist Programm

A REFLECTION

12. JOACHIM WITT UND BAND
Reitender Herbergsvater sucht goldene Freundschaft.
Zwischenstop hier!

12. SHOULD TALL MEN MARRY
Sollte man Überhaupt?
Cross-Over.

12. HEIDIS RISING STARS
6 Stetsons im Schnee.

12. DIE SIRENEN
Vokalakrobaten mit Gütesiegel.

ART OF MOUTH

12. DIE CRACKERS
Tradition verpflichtet - Hessenrock -

12. HAVE MERCY
Nach 15 Jahren begnadigt.
(Befreiter Rocking Harmonica Blues, oh man.)

BLUES BANDITS

12. AUS SCHLUß FEIERABEND

DIE ULTIMATIVE ABSCHIEDSPARTY
Motto: Sagt den Ehrlichs leise `servus´.
Für Musik (u.a. NORBERT & DIE FEIGLINGE) sowie für das eine oder andere Getränk (Freibier/Freisekt) ist gesorgt. Unkostenbeitrag DM 10,–

Sound ist kein Zufall

L

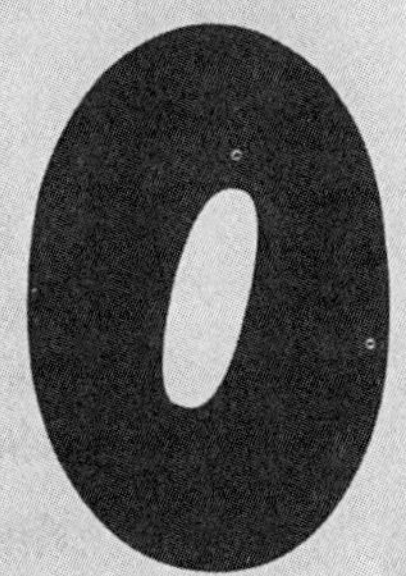

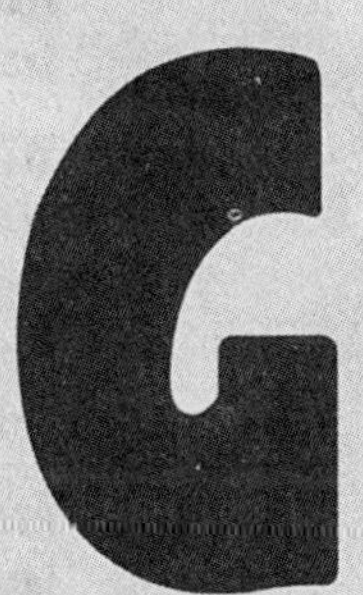

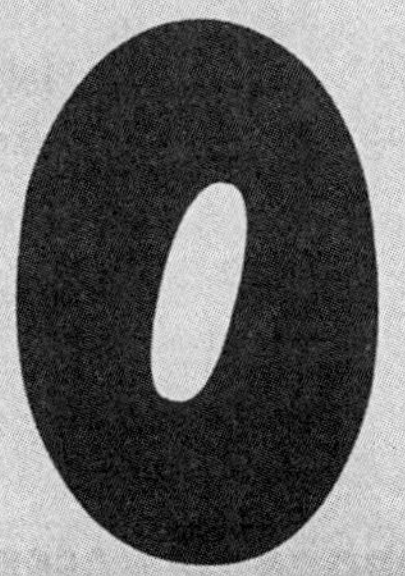

LIVECLUB

Inh.: LOGO-Gaststättenbetriebs GmbH

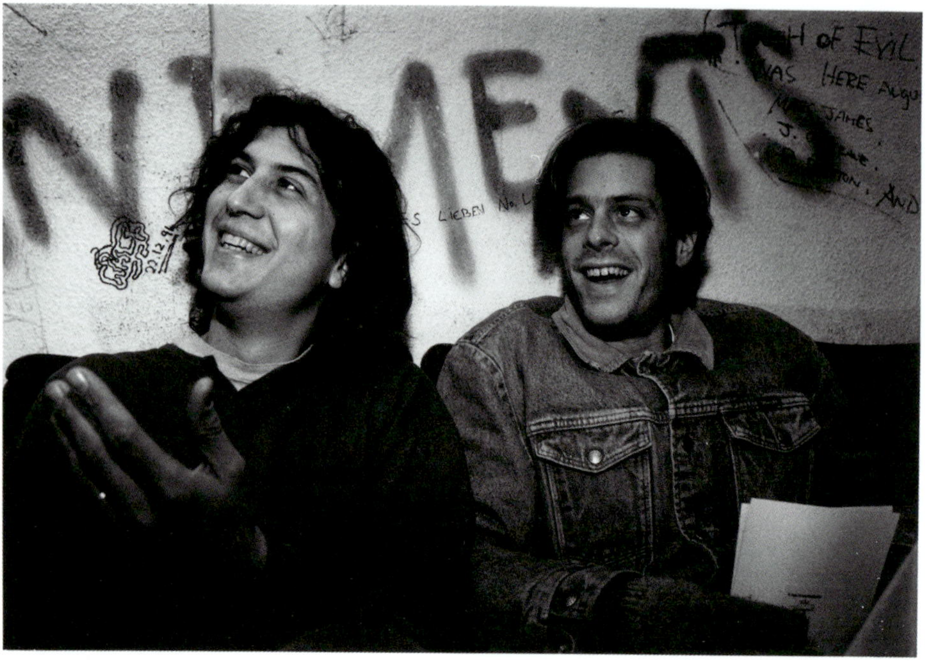

1992

Giant Sand

Gleich geht's los: Howe Gelb und John Convertino entspannt im Backstage-Bereich.

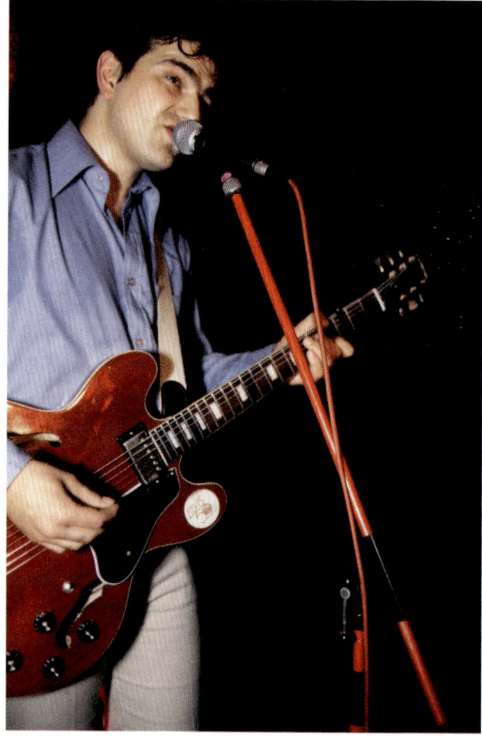

1993

Bernd Begemann

Wo mag die Reise hingehen? Nach dem Ende von Die Antwort spielt der romantische Rothenburgsorter Songs von seinem ersten Soloalbum „Rezession, Baby".

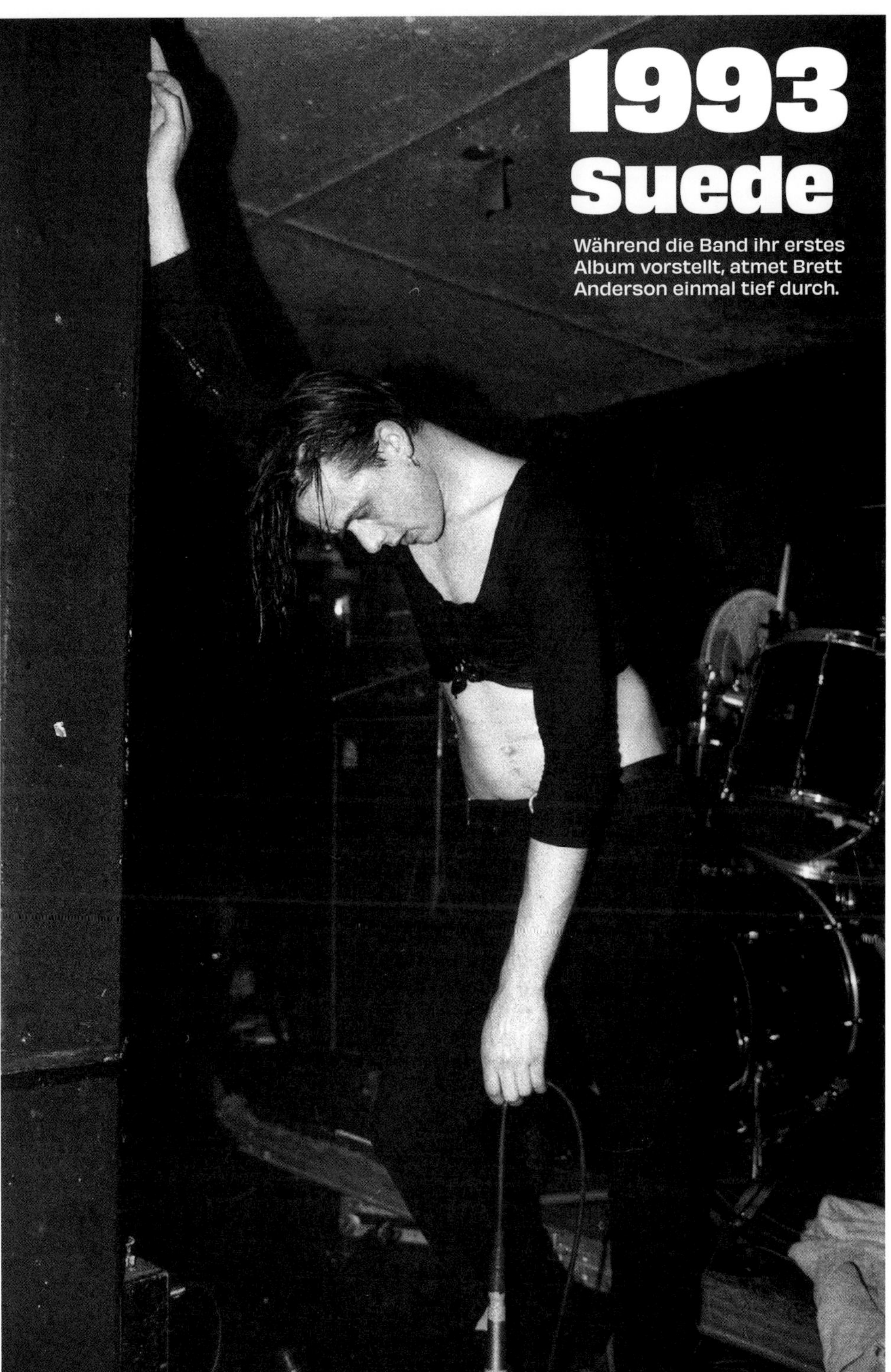

1993 Suede

Während die Band ihr erstes Album vorstellt, atmet Brett Anderson einmal tief durch.

1994–2001

Der Club entdeckt das Internet

Inhaber: Eberhard Gugel, Karsten Schölermann, Ursula Morris
Booking: Ursula Morris (bis 2004)
Etwa 250 Konzerte pro Jahr, geöffnet nur an Konzerttagen

Die neuen Inhaber schmeißen zunächst alles raus. Ab Januar 1994 gibt es im LOGO keine Kneipenbestuhlung und keine Kellnerinnen mehr. +++ Eine moderne PA samt Front- und Monitormischpult wird angeschafft sowie ein bescheidenes Lichtdesign. Eine Show braucht nun häufig drei Techniker für Ton, Monitor und Licht. Es müssen keine Boxen mehr geschleppt werden. +++ Eine erste Lüftung mit Zu- und Abluft wird eingebaut, die alte Fassbieranlage wird abgeklemmt. „Flaschenbier geht schneller und hat schon Kohlensäure", sagt Eberhard. +++ Die wieder aufblühende Live-Szene bringt spannende Bands aus England. Ursula bucht jede Brit-Pop-Band, die nach Deutschland kommt. Auch Hardrock findet im LOGO allmählich eine Heimat. +++ Die Programme werden nun auch als Mails verschickt. Auf dem gedruckten Flyer vom März 1998 steht: „Jetzt auch im Internet". Ein Jahr später gibt es erstmals Online-Tickets auf TicketUnited.com.

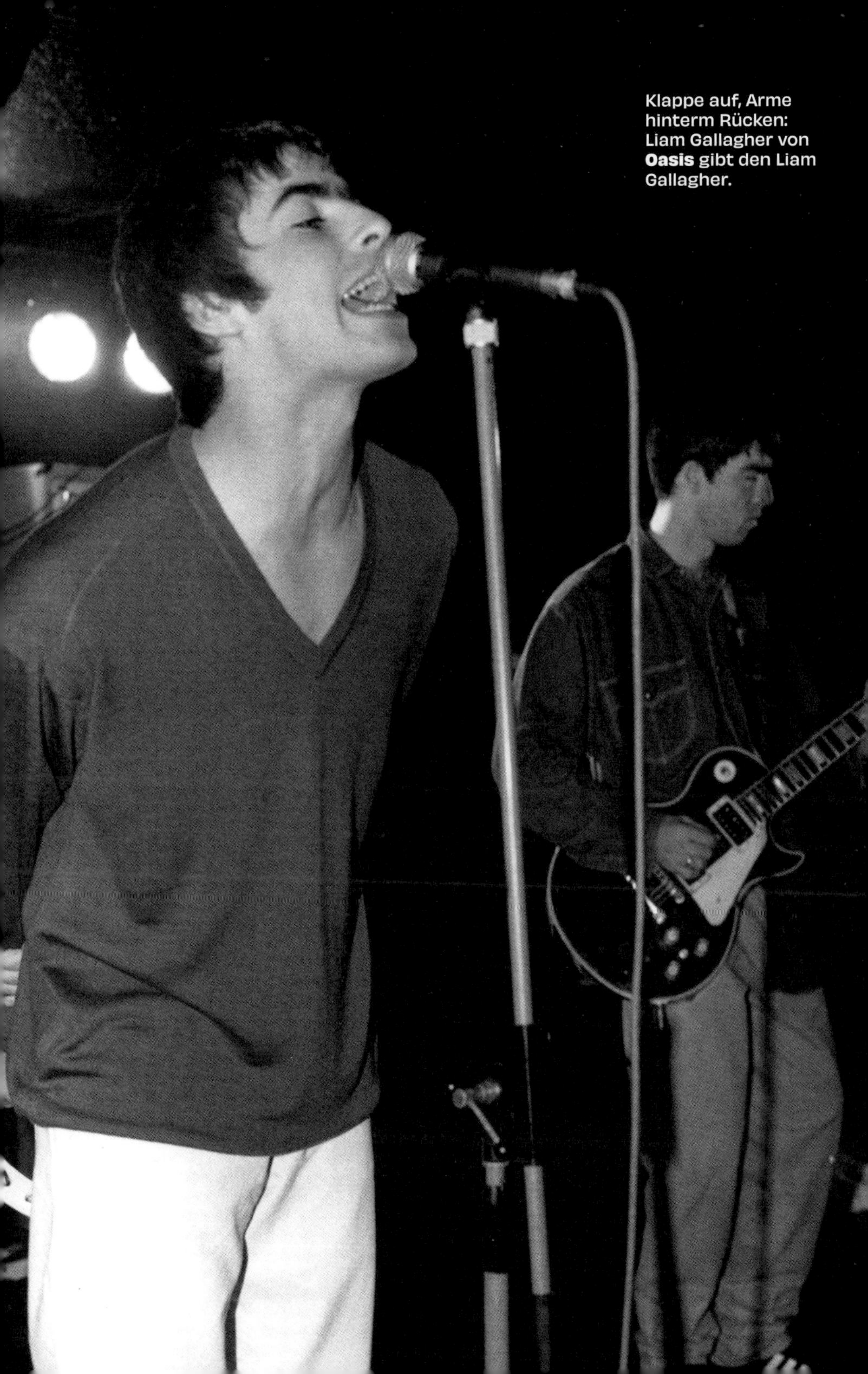

Klappe auf, Arme hinterm Rücken: Liam Gallagher von **Oasis** gibt den Liam Gallagher.

JANUAR '94

Vorverkauf bei allen Theaterkassen und im LOGO (ab 20.00 Uhr)

Freitag	7.1.	**ABBA REVIVAL BAND & SUPER TROUPER** Die Abba Party'94
Samstag	8.1.	**SUPER TROUPER & ABBA REVIVAL BAND** und weiter gehts
Sonntag	9.1.	**POVERTY STINKS** (Fin) eine der heißesten Pop-Rock Bands **THE CANDYDATES** **THE BRAY D. BUNCH**
Montag	10.1.	**SINNER** Die Band ist nicht unterzukriegen
Dienstag	11.1.	**N D R H Ö R P R O B E N m i t :** **NOTWIST** Complette Confusion… **THE CUCUMBER MEN** Die Jungs rocken
Mittwoch	12.1.	**CULTURED PEARLS** (Berlin) Niemals platt und oberflächlich
Donnerstag	13.1.	**ODYSSEE** Progressive Musik mit Wurzeln im Art Rock
Freitag	14.1.	Mini Festival "Three For One" Eintritt DM 8,– **mit:** **STUCK BIG MEAL** **SHANGHAID GUTS** **THE HONX**
Samstag	15.1.	Mini Festival "Three For One" Eintritt DM 8,– **mit:** **MOPEDS IN NEW DEHLI** **THE BUSINESS** **THE SPICE**
Sonntag	16.1.	**THE SLAGS** Rocking girls aus Frankfurt
Mittwoch	19.1.	**AMGERMAIN CROSS**

0.1. **NO SPORTS**
SKA nur eben auf ihre eigene Art und Weise
TAPSI TURTLES

1.1. Mini Festival "Three For One" Eintritt DM 8,– mit:
SPITZE PÄPSTE
BABYLON 27
T.A.T.E.

2.1. Mini Festival "Three For One" Eintritt DM 8,– mit:
RICOCHET
TOYS´N IDOLS
ONE BIG FAMILY

3.1. **GIANT SAND**
support **PAUL JAMES BERRY**

4.1. **GIANT SAND**
support **PAUL JAMES BERRY**

5.1. **SOVETSKOE FOTO**
Noise Rock

8.1. Mini Festival "Three For One" Eintritt DM 8,– mit:
VOODOO KISS
DOC EISENHAUER
805

9.1. Mini Festival "Three For One" Eintritt DM 8,– mit:
WISE GUYS
JER HOG
PRKLZ

0.1. **TREASHOLD**
GB´s Antwort auf Dream Theatre
CONCEPTION
spieltechnischer Raffinesse

1.1. **TINDERSTICKS**
"… how truly refreshing it is to be utterly spellbound and gently disturbed, to see a band at the beginning oj something that promises immeasurable greatness …" …Oh wow yeah!!
& SUPPORT

20.00 Uhr – Konzertbeginn 21.00 Uhr

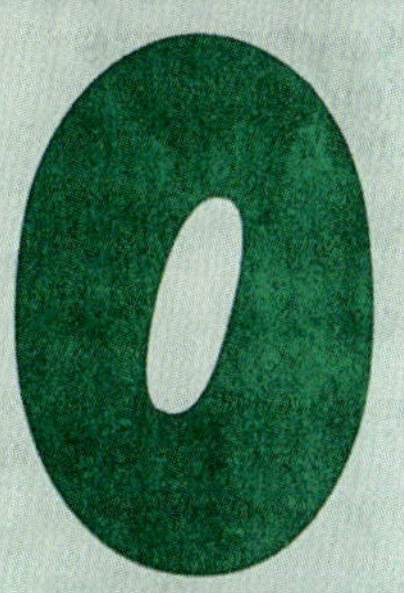
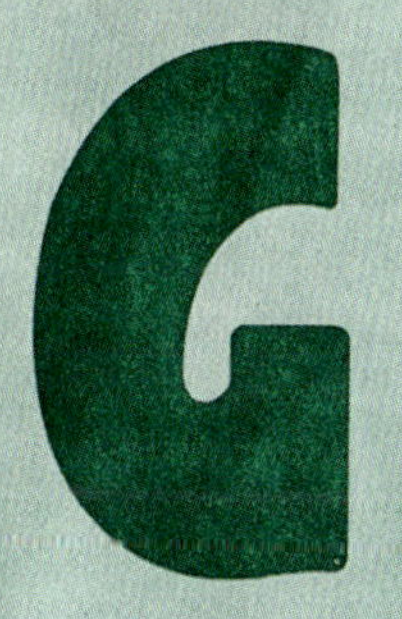
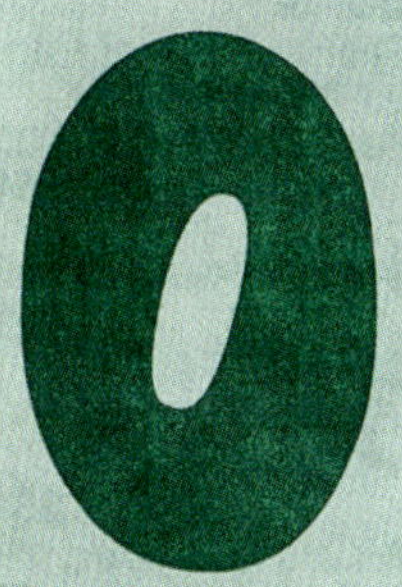

LIVECLUB

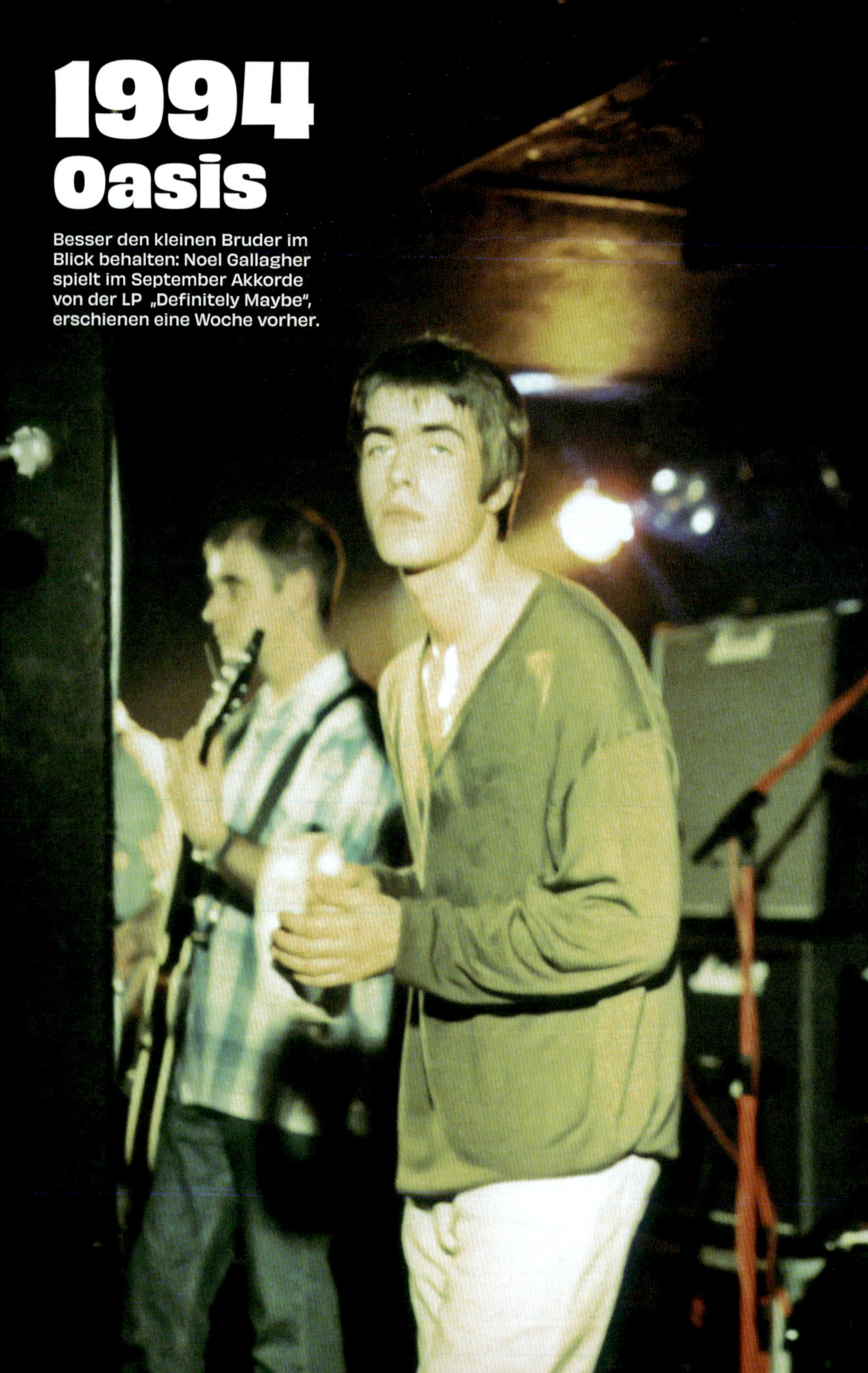

1994
Oasis

Besser den kleinen Bruder im Blick behalten: Noel Gallagher spielt im September Akkorde von der LP „Definitely Maybe", erschienen eine Woche vorher.

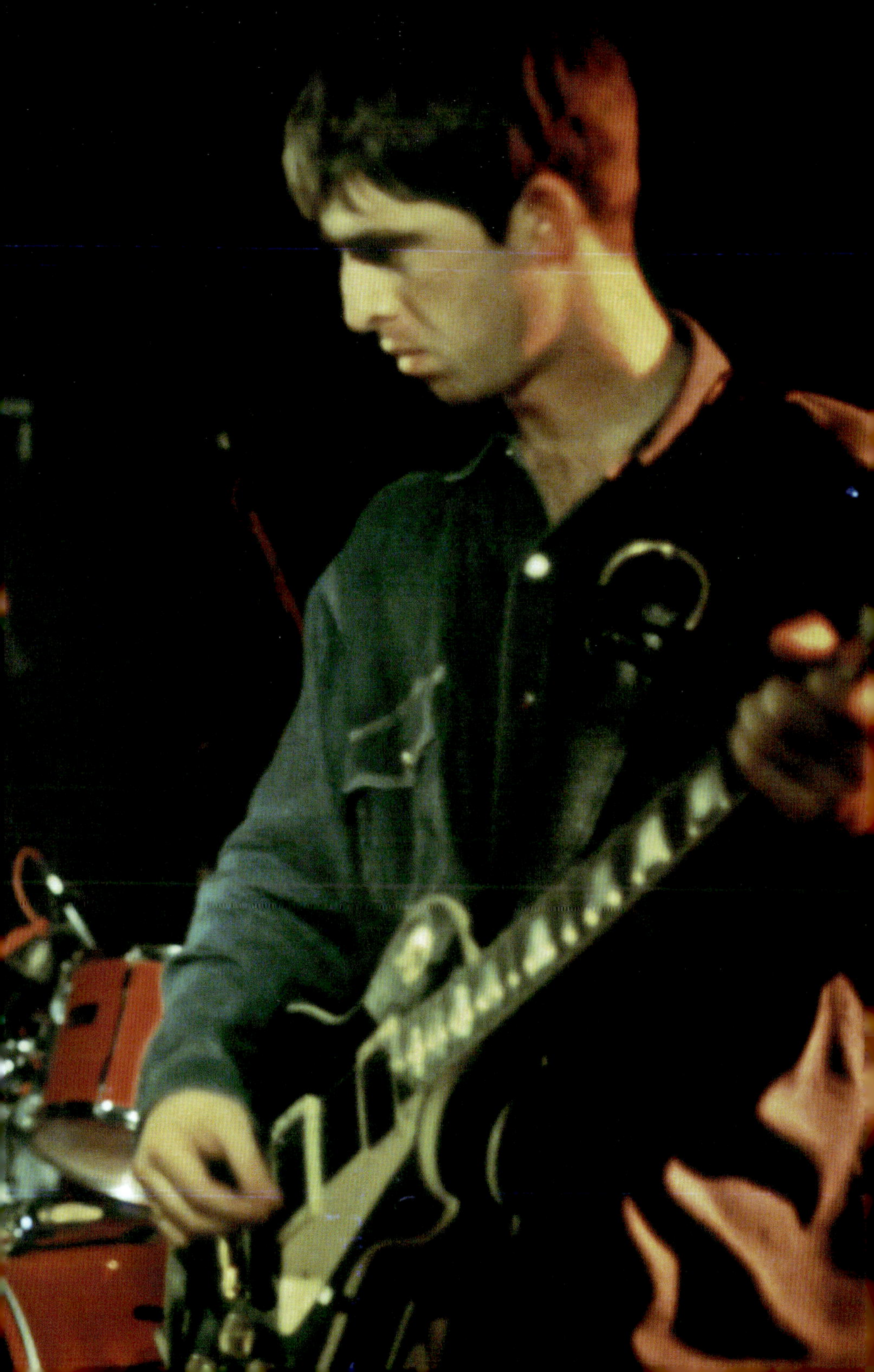

„Es ging nur mit Selbstausbeutung"

Nach Jahren des Tourens wollte **Eberhard Gugel** ausprobieren, wie es ist, sesshaft zu sein. Bei seinem Abschied vom LOGO hatte er den Club über ein Vierteljahrhundert geführt

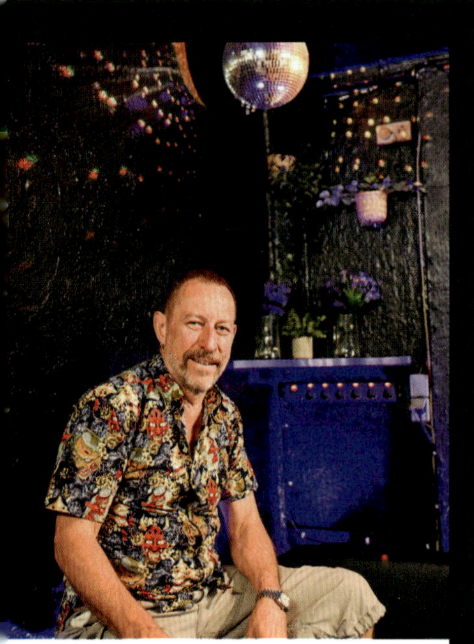

Eberhard, wir treffen uns im LOGO. Du wohnst um die Ecke, hast immer noch einen Schlüssel für den Club und auch eine LOGO-Email-Adresse – so ganz scheinst du dich noch nicht verabschiedet zu haben.
Ab und zu werde ich noch um Hilfe gebeten, doch das passiert immer seltener. Aber das LOGO-Tattoo auf meiner Wade bleibt!

Du stammst aus Tübingen. Wann warst du das erste Mal hier im Club?
Das war im Spätsommer 1976. Wie es sich für einen ordentlichen Schwaben gehört, war ich als Wehrkraftzersetzer in Berlin gemeldet, aber ich wollte nach Hamburg, um hier BWL zu studieren. Weil ich darauf noch ein halbes Jahr warten musste, habe ich als Job für ein Notengroßsortiment in Rothenburgsort …

Was macht ein Notengroßsortiment?
Es war die Zeit, als Musikverlage noch Noten drucken lassen mussten, denn sonst galt ein Song nicht als veröffentlicht und hätte nicht über die GEMA abgerechnet werden können. Ich bin einmal die Woche durch Hamburg gefahren, habe die Musikgeschäfte mit Noten beliefert und von den Musikverlagen Noten eingesammelt. Beim LOGO habe ich immer Pause gemacht, denn da gab es einen günstigen Mittagstisch.

Aber irgendwann warst du auch wegen der Musik im LOGO?
Klar, die habe ich da auch bald erlebt. Der Bursche, der mich eingearbeitet hat, war auch Roadie bei der Band Bock Rock, aber er hatte keine Lust mehr. Also habe ich zum neuen Jahr den Job von ihm übernommen. Mein erster Gig im LOGO war dann als Roadie am 8. Januar 1977 – an Elvis' Geburtstag. Den haben wir, als ich das

LOGO gemacht habe, immer gefeiert mit Elvis-Coverbands.

Gelegentlich Roadie – ansonsten aber hast du brav studiert?
Bis zum Ende des fünften Semesters lief alles gut. Nebenbei habe ich Geld als Tontechniker verdient. Im Winter 1978/79 war ich mit Dee D. Jackson, einer Sängerin aus Giorgio Moroders Disco-Stall Munich Machine, ein halbes Jahr auf Tour in Italien. Wegen der Schneekatastrophe konnte ich nicht rechtzeitig zurückkommen. Als ich dann wieder hier war, war ich zwangsexmatrikuliert, weil ich meine Semestergebühr nicht bezahlt hatte.

Und dann warst du hauptberuflich Tontechniker?
Ich habe dann gleich die nächste Tour gemacht, Ideal aus Berlin, dann kamen Neue-Deutsche-Welle-Bands dazu. Irgendwann kam ich mit Mitch Ryder ins Geschäft und über ihn mit Karsten Schölermann. Der veranstaltete „Die Nacht der Clubs", das „Rockspektakel" auf dem Rathausmarkt, und ich machte irgendwann die Technik für ihn: Bühne, Ton, Licht – die komplette Produktion. 1989 haben wir dann unsere erste gemeinsame Firma gegründet, die Karsten-Schölermann Veranstaltungs GmbH – als 50/50-Partner.

Du warst aber weiterhin viel unterwegs?
Allmählich wurde mir das Tourleben langweilig. Als Tontechniker gab es zu meiner Zeit nur drei Bands, mit denen du aus Europa rausgekommen bist: Boney M., Kraftwerk und die Scorpions. Die Sache hatte aber durchaus auch eine angenehme Seite: Als meinen Jahresurlaub habe ich immer die Tour mit den auch nicht mehr ganz jungen Hollies gesehen: nur jeden zweiten Tag eine Show, immer feinstes Catering, immer schöne Hotels. Und die Herren waren unglaublich nett. Aber es wurde für mich auch Zeit, normale Kontakte aufzubauen, statt im Bus immer nur neben jemandem zu sitzen, mit dem man mal ein Bier trinkt oder eine Tüte raucht. Und da kam dann 1992 beim „Rockspektakel" Oliver Ehrlich auf Karsten und mich zu und sagte, dass er das LOGO verkaufen will.

Nachdem bei einem Konzert der Schlagzeuger der Dirty Dogs tot vom Hocker gefallen war?
Das LOGO feierte zu der Zeit seinen 18. Geburtstag, Mietze war gestorben, und am anderen Tag sagte Karsten beim „Rockspektakel" zu mir: Den Laden können wir doch nicht kaufen, da ist der Tod drin. Ich habe dann gesagt: Natürlich kaufen wir, wir lüften kräftig, wischen einmal feucht durch, und dann ist gut. Der endgültige Verkauf zog sich aber noch ein gutes Jahr hin.

Warst du zuversichtlich, als du den Vertrag unterschrieben hast?
Ja, schon. Ich war noch gut im Tourgeschäft, hatte mir da einen guten Ruf erarbeitet. Ich habe mir alle meine Jobs aufgeschrieben: Allein 1985 habe ich 320 Konzerte abgemischt, manchmal zwei oder drei an einem Tag. Da dachte ich mir: Ich probiere das jetzt mal. Wenn hier nach drei Jahren keine schwarze Null steht, verkaufen wir das Ding wieder, dann war es ein netter Versuch.

Aber nach drei Jahren war die Null schwarz?
Ja, 1994 war sie noch knallrot, 1995 ein bisschen rot und 1996 schwarz.

Wie hast du das hinbekommen?
Erst mal ging das nur mit Selbstausbeutung. Ich habe maximal viele Schichten selbst gemacht, da war

nichts mit Work-Life-Balance, da gab es nur Work-Work-Balance. Wenn der Laden sieben Tage die Woche aufhatte, war ich sieben Tage da. Wenn ich wusste, es kommen hundert Leute, haben wir den Abend zu zweit geschmissen: Einer machte den Tresen, der andere Kasse, Garderobe und die Abrechnung mit den Musikern. Und ich habe mir angeguckt, was alles falsch lief, wo Geld zum Fenster rausgeschmissen wurde. Ich habe ja ein bisschen was mitgenommen von meinem BWL-Studium – vorher war ich auf einem Wirtschaftsgymnasium – und konnte zwischen Gemeinkosten und echten Kosten unterscheiden.
Ich habe Energiesparlampen besorgt und gecheckt, wie viele Mülltonnen brauche ich tatsächlich? Ein Energieberater von der Handelskammer hat keinen Posten mehr gefunden, an dem ich hätte sparen können.

Was hat das Personal zum neuen Kurs gesagt?

Die Mitarbeiter hatte ich ja gerade erst selbst eingestellt. Mitte November habe ich den Vertrag unterschrieben, Ende des Monats habe ich mich mit dem Personal zusammengesetzt. Und das wollte mir erst mal drei Stunden lang erklären, was ich alles zu tun hätte. Mich haben sie nicht einmal gefragt, was meine Pläne waren. Ich habe eine Nacht drüber geschlafen und dann meine erste Massenentlassung vorbereitet. Nur der Putzmann ist geblieben. Von den alten Mitarbeitern habe ich ständig nur den Satz gehört: „Das haben wir immer so gemacht" – das ist ein Satz, den ich hasse.

Im LOGO haben viele Bands Station gemacht auf ihrem Weg nach ganz oben. Auch Rammstein mit ihrer spektakulären Bühnenshow. Kaum zu glauben heute.

Die ersten beiden Male waren bei denen gerade mal sechzig Leute, das reichte so eben für die Gemeinkosten. Beim nächsten Mal waren es ein paar mehr. Ich wusste ja, dass die mit Pyro arbeiten, und habe mir vorher alles zeigen lassen. Aber den Flammenwerfer hatte Till Lindemann unterschlagen. Hinterher habe ich ihnen gesagt: Hier tretet ihr nicht mehr auf. Naja, jetzt spielen sie im Volksparkstadion, wenn sie in der Stadt sind. Aber ich will die Rammstein-Nummer gar nicht so hoch hängen, wichtiger waren mir Aktionen wie zum Beispiel „Die Woche der fiesen Diven". Da traten eine Woche lang Hamburger Musikerinnen auf, die sonst keine Bühne fanden. Oder die Nachwuchsserie „Ohrenschmaus", aus der zum Beispiel Revolverheld hervorgegangen sind. Und wo haben sie gespielt, als sie zum ersten Mal einen Club füllen konnten? Im „Schlachthof" in Bremen. Aber es ging auch anders: Die Düsseldorfer Punkband Rogers zum Beispiel sagte: Ihr habt uns spielen lassen, als uns niemand hören wollte, jetzt füllen wir euch auch mal den Laden. Oder Lotto King Karl, der meinte, er müsste aus Dankbarkeit erst dreimal das LOGO ausverkaufen, bevor er sich auf eine größere Bühne stellt.

Du bist lange im Geschäft gewesen. Wie hat es sich verändert?

Eigentlich hat sich alles komplett negativ entwickelt. Allein der Papierkram: Früher habe ich für die Abrechnung von einem Mitarbeiter einen DIN-A4-Zettel gebraucht. Nachdem alles digitalisiert wurde, ich aber immer noch alles ausdrucken sollte, hatte ich vier dicke Ordner für meine kleine Mannschaft.

Was hat schließlich zu deinem Abschied geführt?

Letztlich war es Corona. In meinem

Herzen war ich immer Rock 'n' Roller und wollte kleine Bands veranstalten und dazu Bier verkaufen. Was ich nie wollte, waren Verwaltungstätigkeiten. Und durch Corona war ich plötzlich darauf reduziert: Anträge schreiben und dazu unendliche Diskussionen mit der Kulturbehörde. Unser Nachteil war, dass wir ein gut gefülltes Konto hatten und die Behörde der Ansicht war, wir müssten erst pleite sein, bevor wir Geld bekommen. Aber Karsten und ich hatten ja auch Außenveranstaltungen wie eine Bühne beim Hafengeburtstag oder auf dem Rathausmarkt das „Rockspektakel" oder das „Metropolis"-Freiluftkino. Da waren wir die Gastronomen. Das füllte die Kasse im Sommer, wenn nicht genug Bands unterwegs waren, zahlte im Zweifelsfall die Miete vom LOGO. Wir sind gut über die Runden gekommen, aber von Antrag zu Antrag wurde es anstrengender. Das führte dazu, dass ich mit über sechzig Jahren den ersten Migräneanfall meines Lebens bekommen habe. Meine Frau hat den Notarzt gerufen, weil ich alle Symptome eines Schlaganfalls hatte. Aber es war eine extreme Migräne. Da dachte ich: Das kann es nicht mehr sein, das ist ein Warnschuss.

Und dann hast du deinen Anteil an deinen Partner Karsten Schölermann verkauft?

Während Corona habe ich im „Hamburg-Journal" mal erwähnt, dass, wenn alles so weiterginge, ich keinen Bock mehr hätte und verkaufen würde – Karsten und ich hatten ja das Glück, dass wir 1995 das Grundstück kaufen konnten. Am anderen Tag klingelte gleich das Telefon, es meldeten sich einige ernsthafte Investoren, die hier ein Gebäude über sieben Etagen errichten wollten. Und immer wenn ich sie ausgelacht habe, kamen sie mit besseren Angeboten. Bis das Angebot schließlich so gut war, dass man es eigentlich nicht mehr ablehnen konnte. Dann aber kam Karsten um die Ecke und meinte, er fände es okay, wenn ich verkaufen will, aber er möchte gern mitbieten. Er hat sich dann Geld von der Bank geliehen, ich habe ihn gerade getroffen, und er meinte, er sei ein glücklicher Mensch, müsse sich keine Gedanken mehr machen, weil er wüsste, dass er ohnehin bis ans Ende seines Lebens arbeiten müsste.

Eberhard Gugel hat sich vom Musikgeschäft verabschiedet.

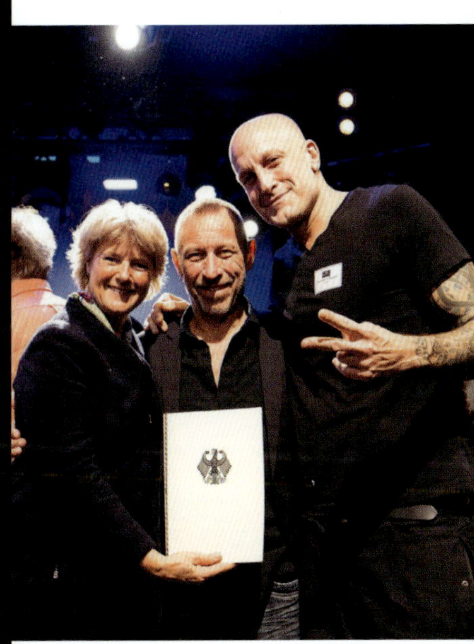

Glückwunsch, LOGO: Die Bundesbeauftragte für Kultur und Medien Monika Grütters überreicht Eberhard Gugel und Booker Chris August für ihre Progammgestaltung den Preis „Applaus".

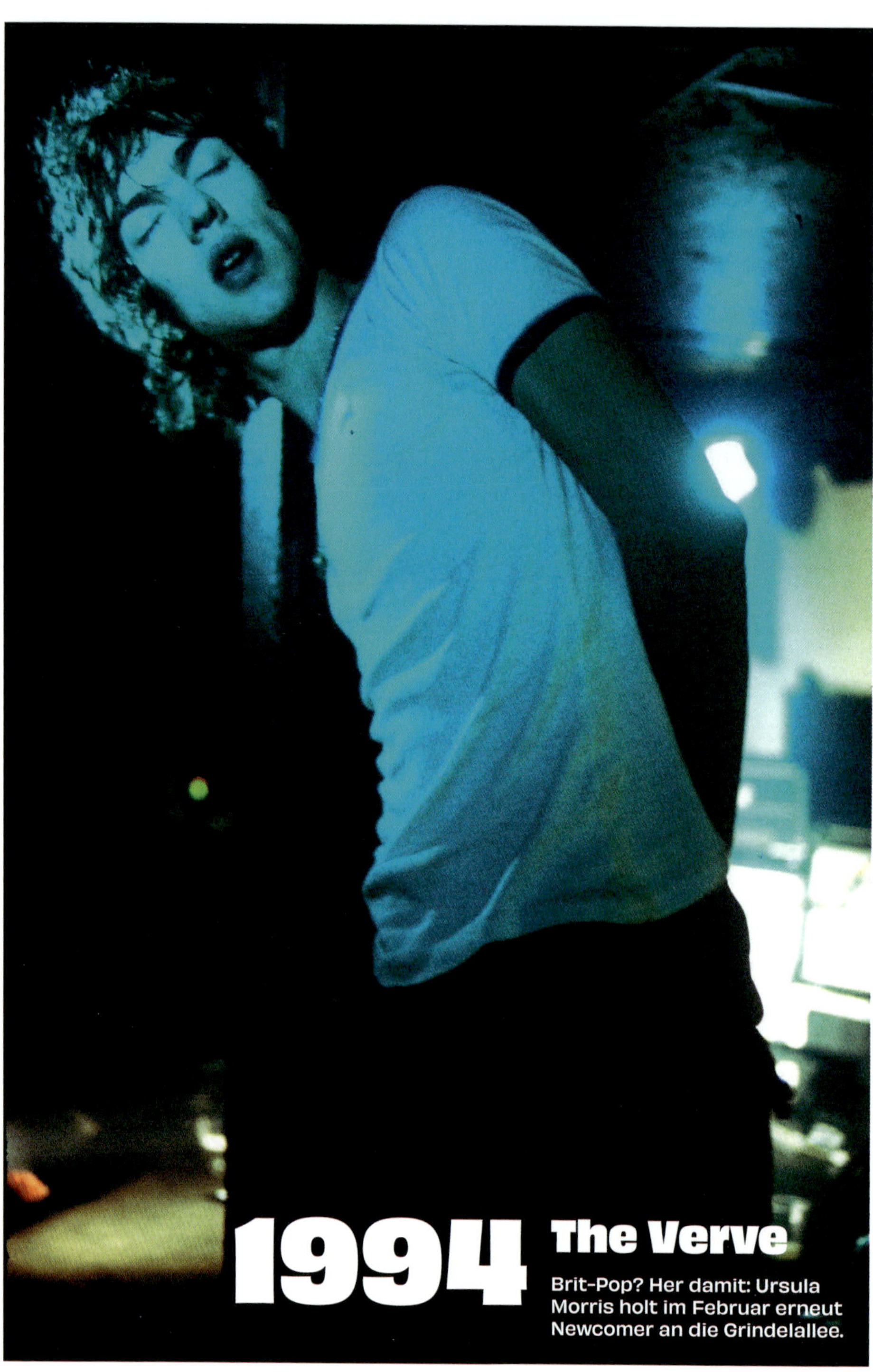

1994 The Verve

Brit-Pop? Her damit: Ursula Morris holt im Februar erneut Newcomer an die Grindelallee.

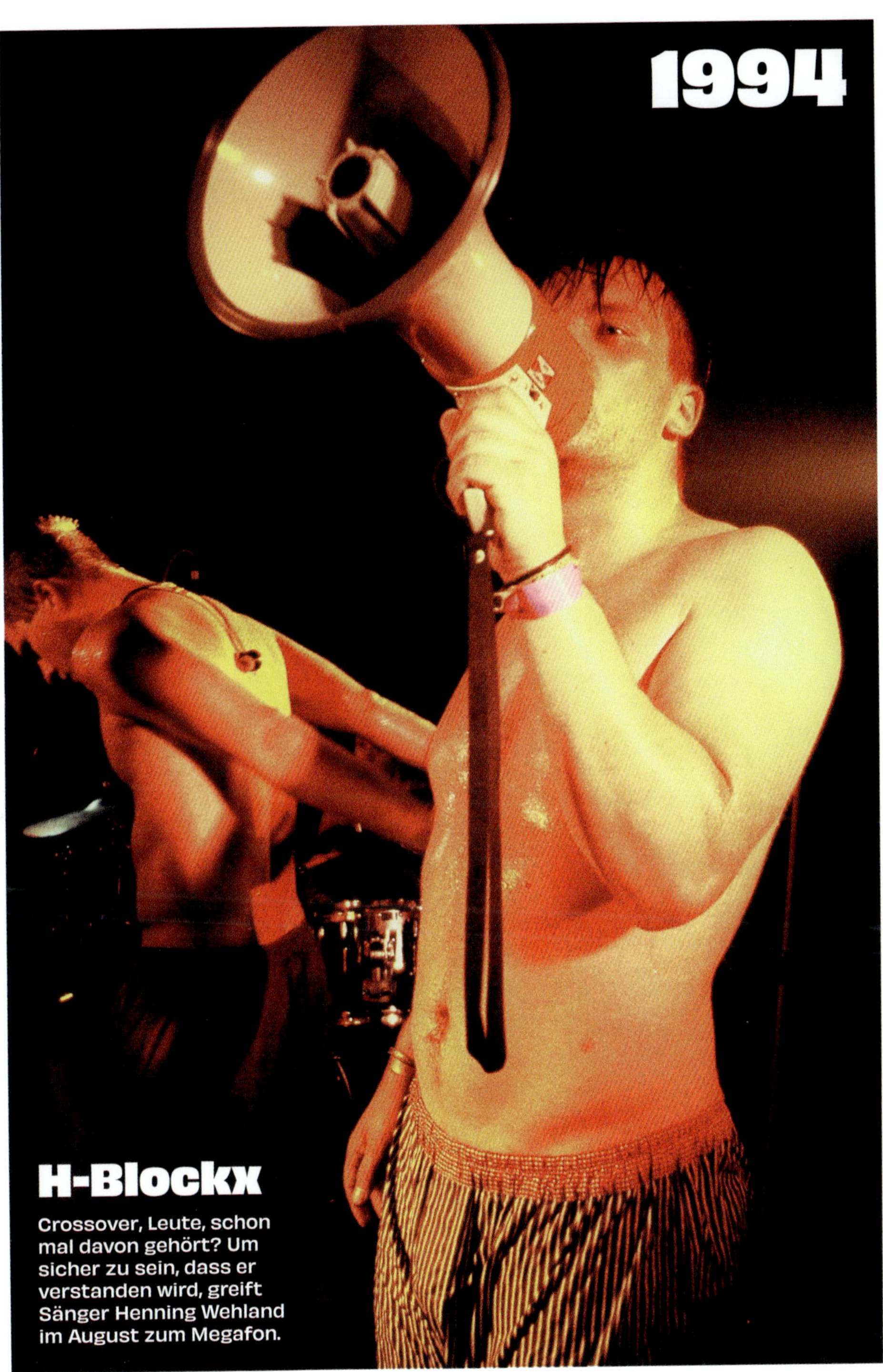

H-Blockx

Crossover, Leute, schon mal davon gehört? Um sicher zu sein, dass er verstanden wird, greift Sänger Henning Wehland im August zum Megafon.

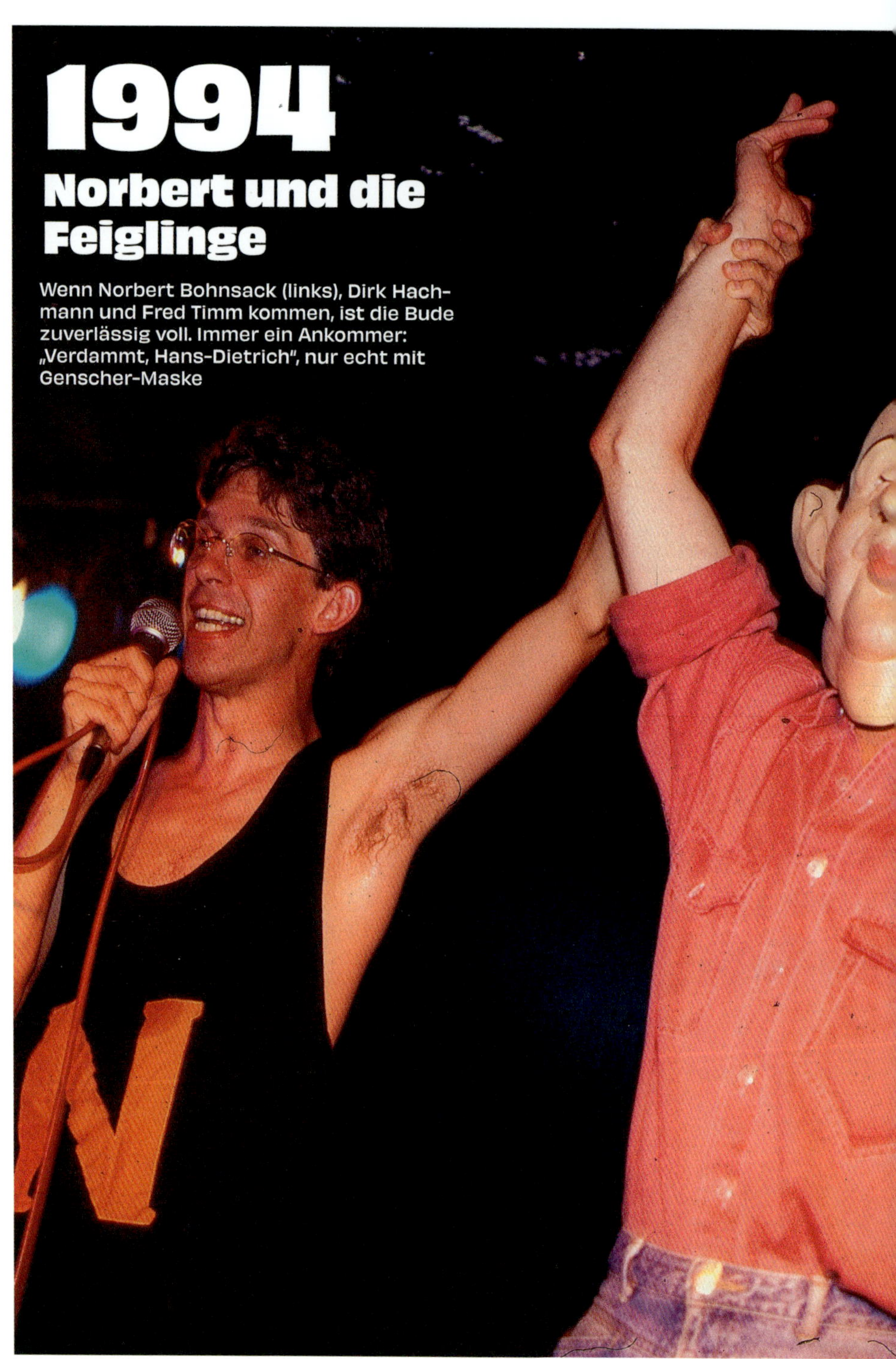

1994

Norbert und die Feiglinge

Wenn Norbert Bohnsack (links), Dirk Hachmann und Fred Timm kommen, ist die Bude zuverlässig voll. Immer ein Ankommer: „Verdammt, Hans-Dietrich", nur echt mit Genscher-Maske

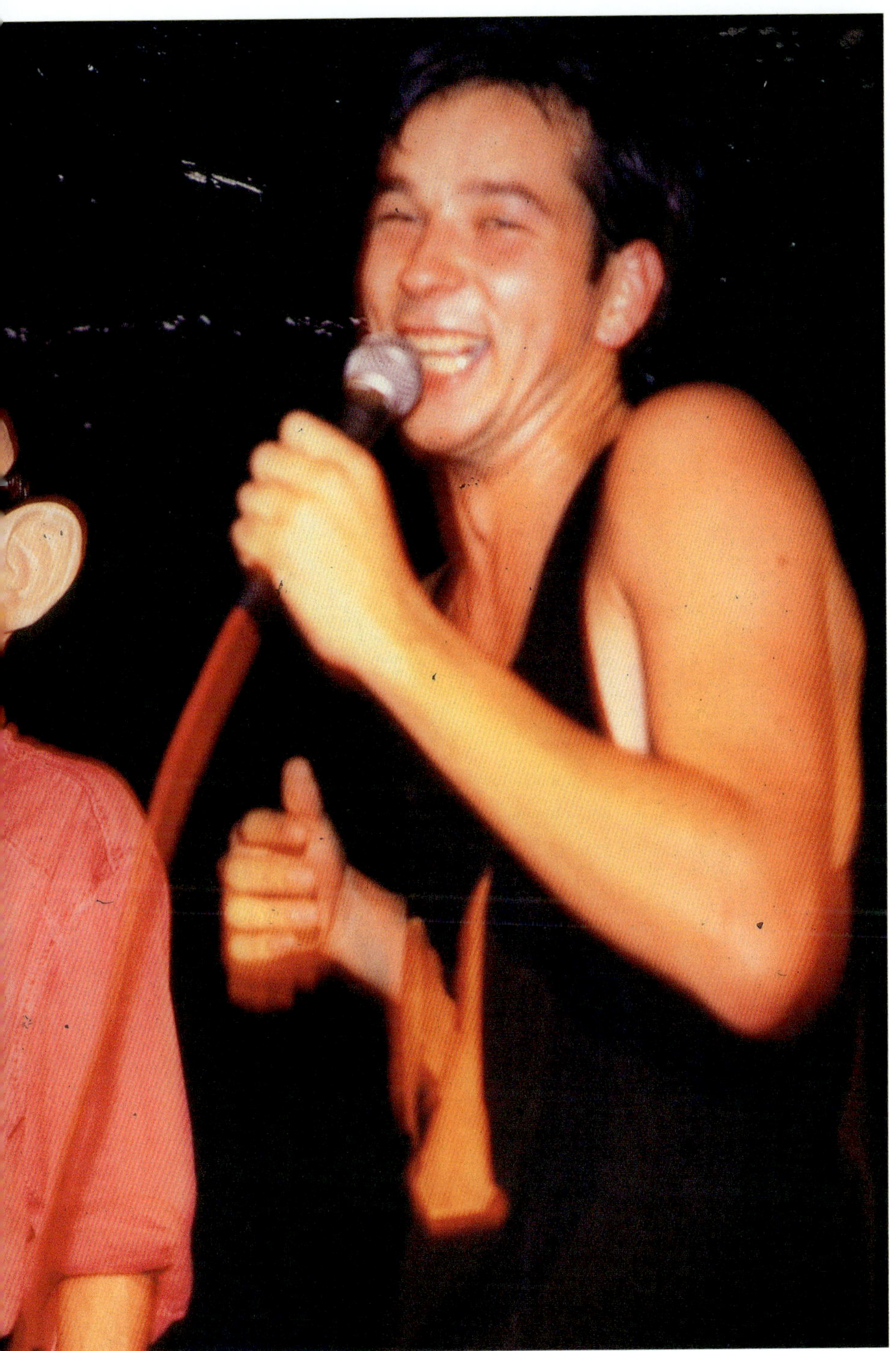

DEZEMBER '94

Vorverkauf bei allen Theaterkassen

Donnerstag	**1.12.**	**OCEAN / US BEST** Rockpop
Freitag	**2.12.**	**Bowie Party Night** mit: **– BOWIE COVER –**
Samstag	**3.12.**	**STEREOLAB / supp. PRAM** Freunde von Pavement, führende Pop-Experimentalisten der Britischen Insel
Sonntag	**4.12.**	**DEE DEE RAMONE** purer Punk'n'Roll **supp. MOPEDS IN NEW DELHI**
Montag	**5.12.**	**- Benefizkonzert - Rock for the poor -** **MOVEMENT** Rock'Blues **THE RIPPS** Frauenband **/ BO.ST** Technorockin 'Rave
Mittwoch	**7.12.**	**GUARDIAN (USA)** Blues/Hardrock Special guest: **saviour machine** Indiependant
Donnerstag	**8.12.**	**HEATHER NOVA (USA)** Ein Lichtblick am Horizont der eingestaubten Rockmusik
Freitag	**9.12.**	**RAMMSTEIN** Tanzmetall
Samstag	**10.12.**	**GROUND ZERO / HUMMING TOP** Zart bis Hart
Sonntag	**11.12.**	**SENSER** Rap - Metall - Pop - Crossover
Montag	**12.12.**	**SWEETWATER STONEHEAD** Ex Sacre Bleu **SLEEPING ROUGH** Hi Hendrix!
Dienstag	**13.12.**	Rock City Präsentiert : NDR Hörproben **BUT ALIVE / VALIUM 10 SURVIVORS**
Mittwoch	**14.12.**	**PIN 3 HOT / NASENEH** Jazz Fusion!
Donnerstag	**15.12.**	**JERRY CAN / BRILLIANT TREES** **DOOMSDAY** Poprock
Freitag	**16.12.**	**CD Präsentation** **"FREUNDSCHAFT MACHT SCHULE"** **AMAZING MAIN / HADDOCK** **YOUTH CRIME / BRAINDEAD** **BÄD INFLUENCE / DEBRIS / PUNCH**

2.	ab 16.00 Uhr **FISCHMOB / CUCUMBER MEN**
hr	**PETERS MAFIA** Adventssingen, Krippenspiel und Blockflöten
2.	**COSMIC YUHURA / K.D. KNIGG'N** Hardcore Schlager
2.	**BALLYHOO** Rockmusik ohne Allüren
2.	**STRAWBERRY BOYS** **FLYING COOKIES** Rock Pop
2.	**RICOCHET** Rock
2.	**EXIT FREE / PUNCH** Indiependent Rock / Crossover **SISYPHEAN TASK** Zeitloser Rock
2.	Einlaß 22.00 Uhr **NORBERT UND DIE FEIGLINGE** fun a-capella
2.	**GLASSHOUSE / SHRECK** **RECKLESS** Pop bis Bryan Adams
2.	**BEAT CRAZY / STARFISH** **CONVENT GARDEN** Christmas Poprock
2.	**SWAMP CIRCUS / SUB CLUB** Rock'n'Roll
2.	**A.O.K.** Kult oder einfach nur Genialität **DOPPELBOCK** Abwechslungsreicher Punkrock
2.	**SHINE / NEVER COMPLETE** Alternativer Hardrock
2.	**HEGGEN** American Funk & Soul **DOC.VOX & THE LAME DUCKS** Pop-Rock
12.	Sylvester Party? **VISITORS HIT LIST FOR'95**

ngen vorbehalten, siehe Tagespresse oder Stadtsender –

Sound ist kein Zufall

LOGO

GRINDELALLEE 5
20146 HAMBURG
TEL. 410 56 58

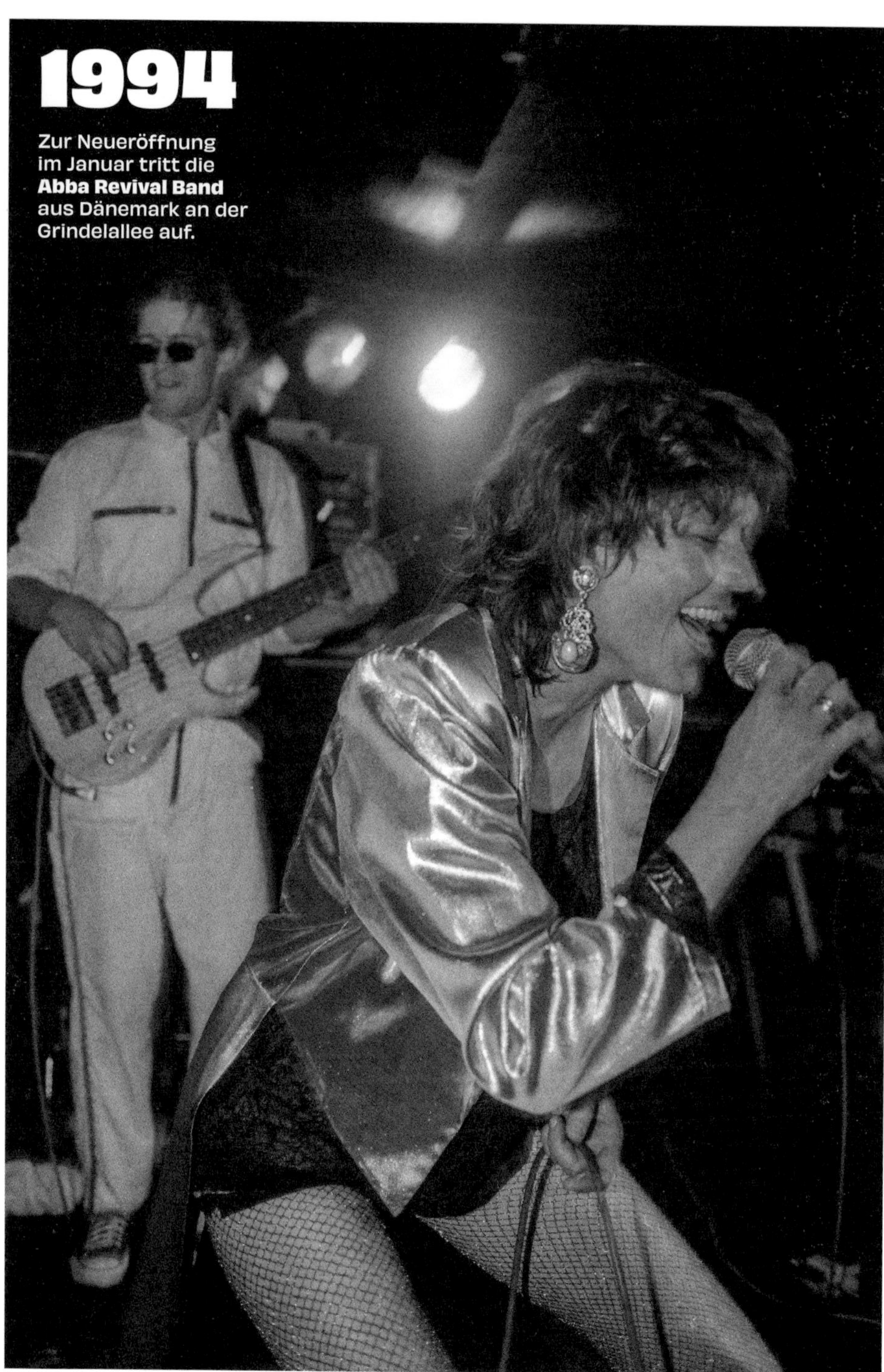

1994

Zur Neueröffnung im Januar tritt die **Abba Revival Band** aus Dänemark an der Grindelallee auf.

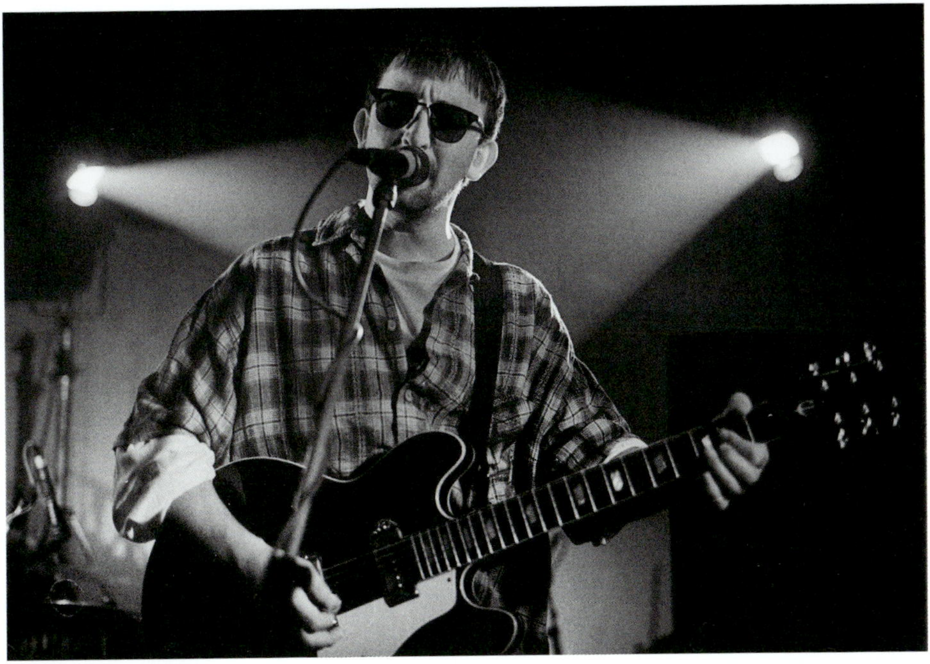

1994

Noch zwei Jahre bis zum größten Hit: **The Lightning Seeds** im November

Im Oktober: Postrock zwischen Kraut und Ambient von **Stereolab**

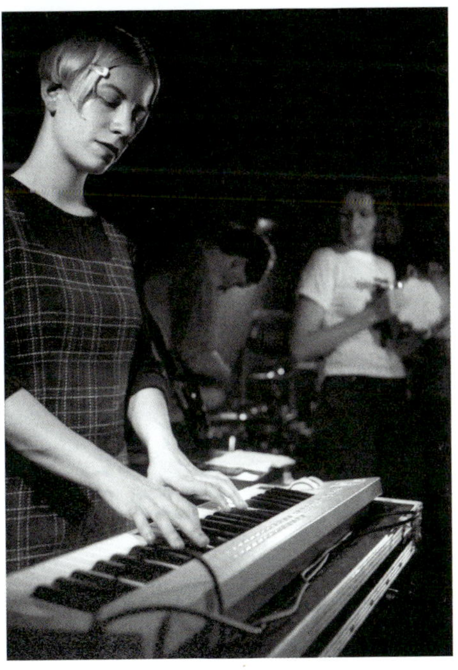

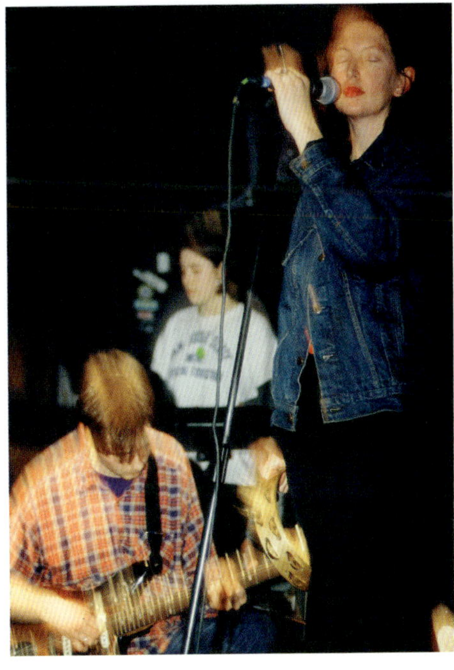

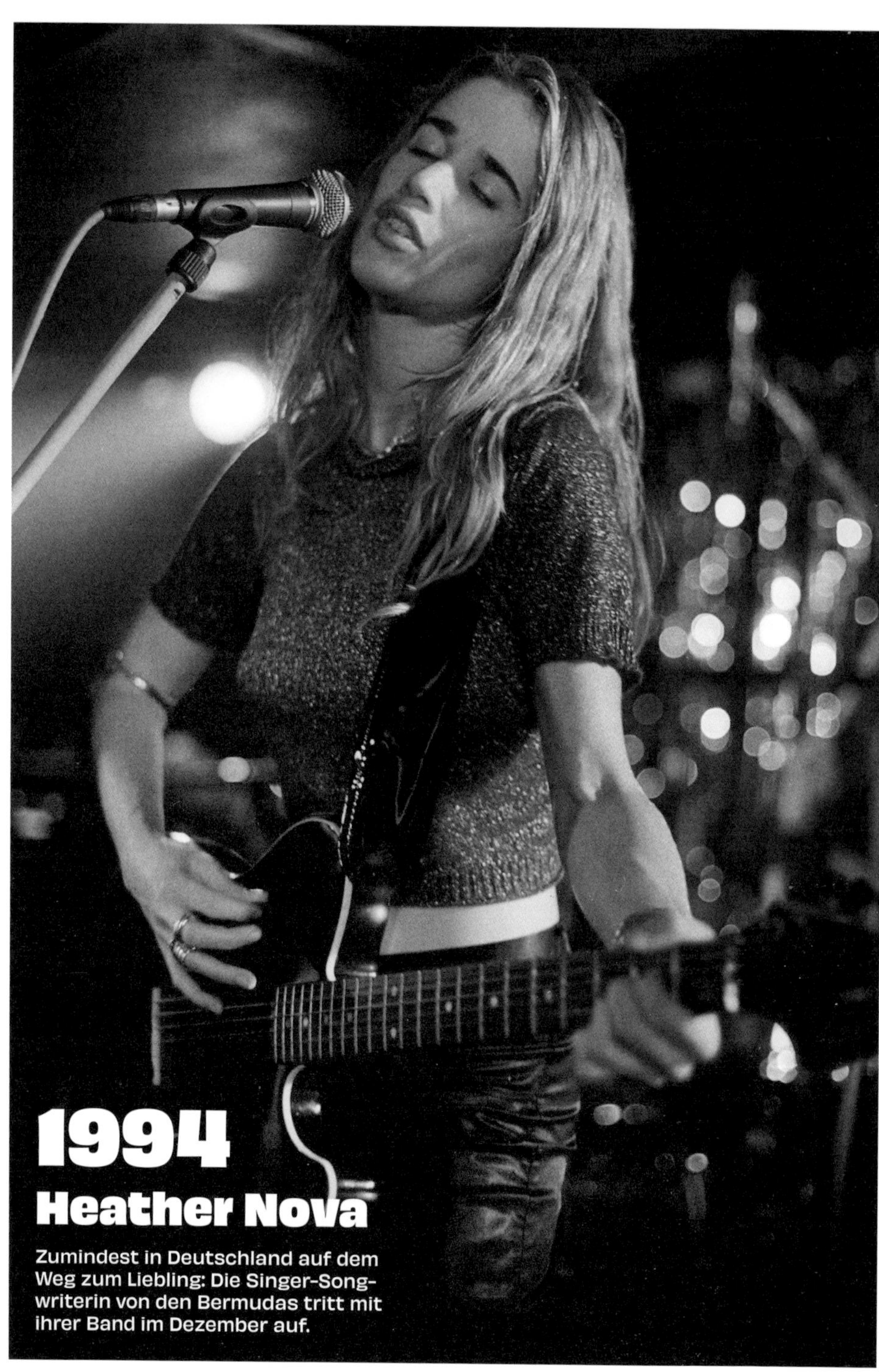

1994

Heather Nova

Zumindest in Deutschland auf dem Weg zum Liebling: Die Singer-Songwriterin von den Bermudas tritt mit ihrer Band im Dezember auf.

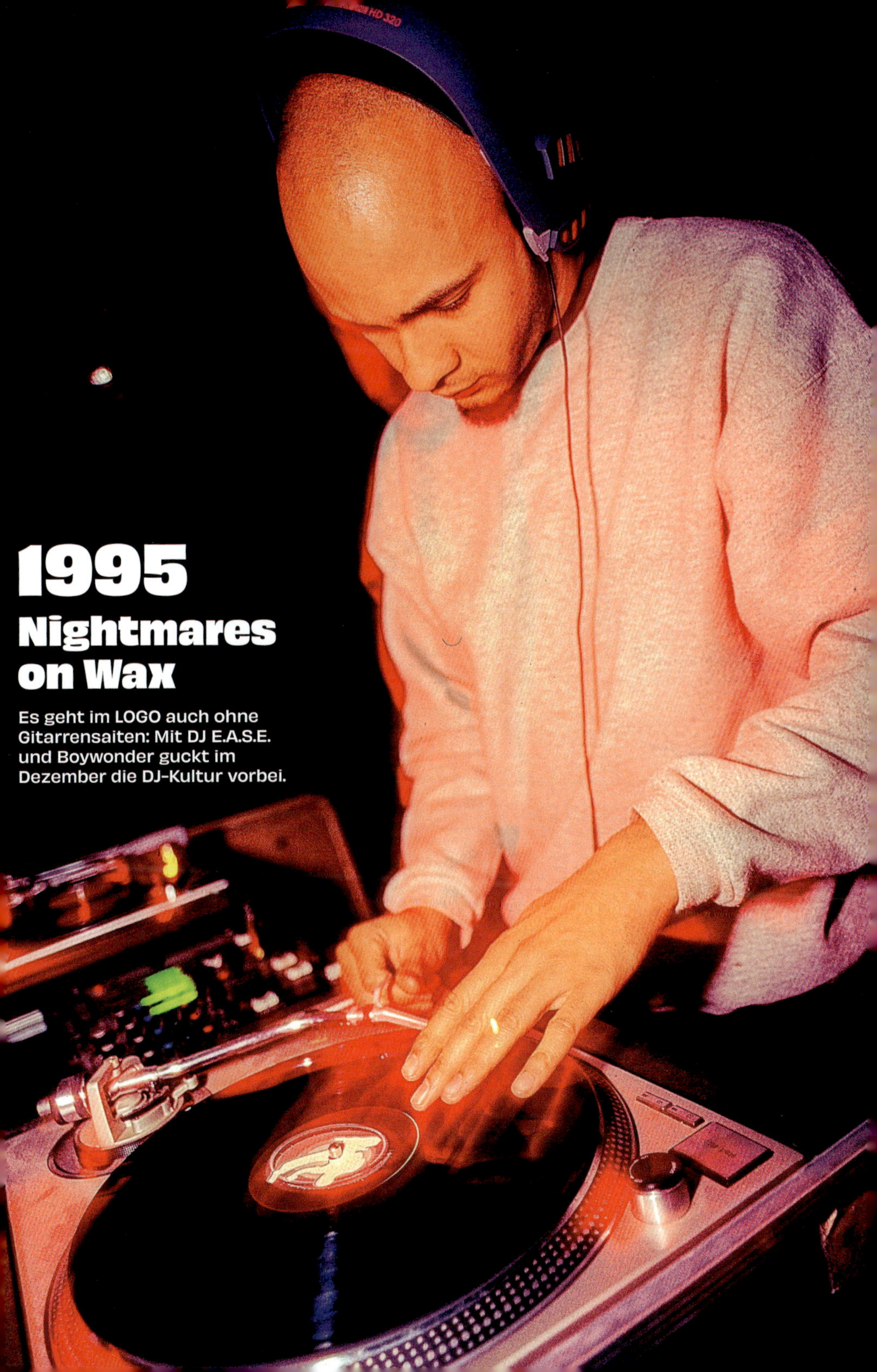

1995
Nightmares on Wax

Es geht im LOGO auch ohne Gitarrensaiten: Mit DJ E.A.S.E. und Boywonder guckt im Dezember die DJ-Kultur vorbei.

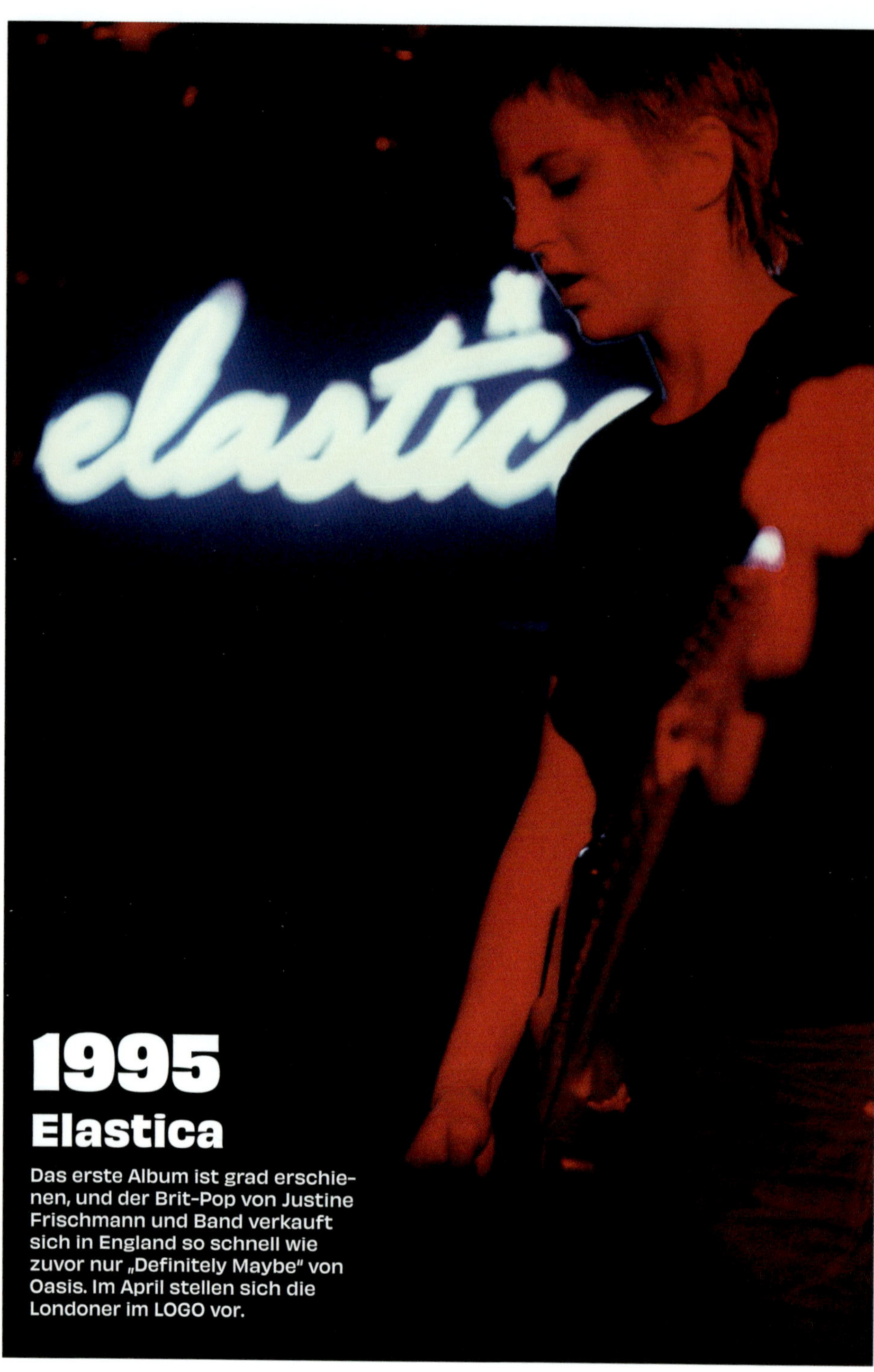

1995

Elastica

Das erste Album ist grad erschienen, und der Brit-Pop von Justine Frischmann und Band verkauft sich in England so schnell wie zuvor nur „Definitely Maybe" von Oasis. Im April stellen sich die Londoner im LOGO vor.

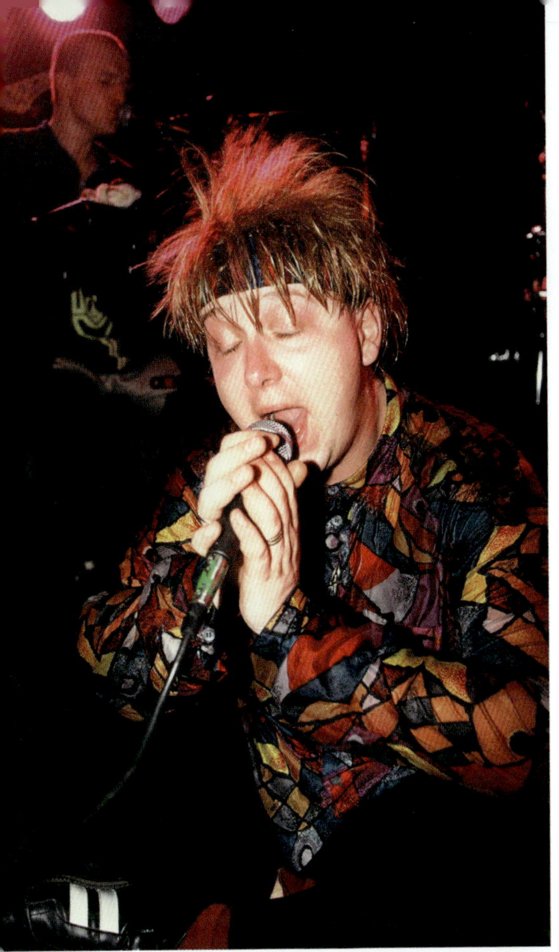

Die Prinzen

Aus dem Leipziger Thomanerchor auf die Bühne des LOGO: Der Tenor Sebastian Krumbiegel zeigt sich im Mai als bunte Rampensau.

1995

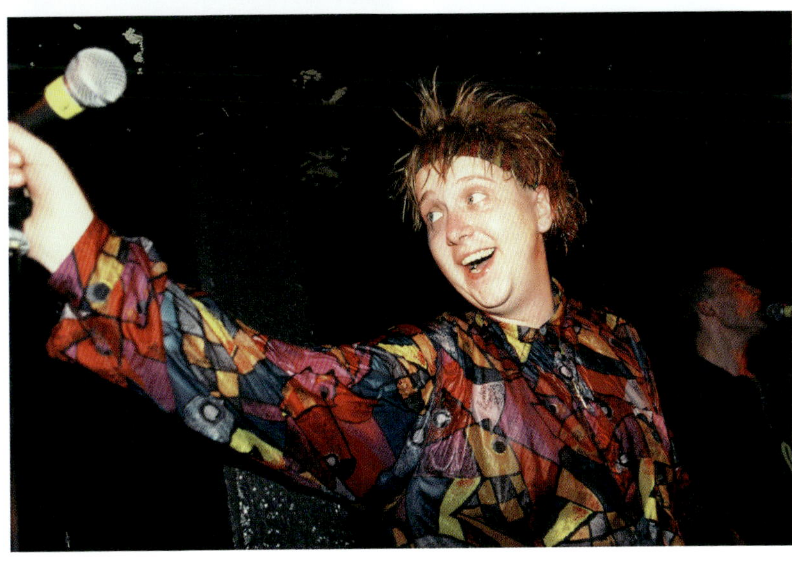

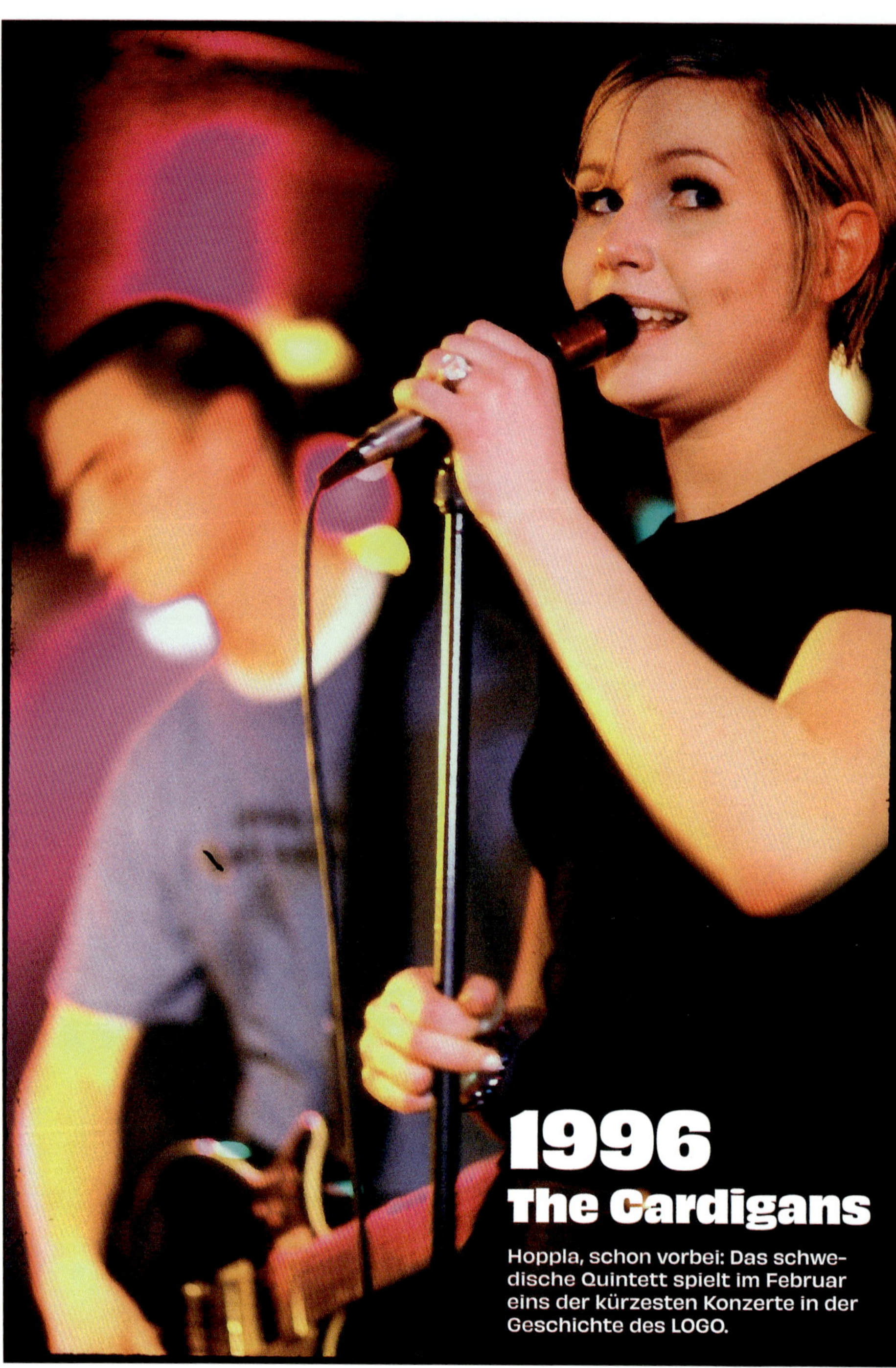

1996
The Cardigans

Hoppla, schon vorbei: Das schwedische Quintett spielt im Februar eins der kürzesten Konzerte in der Geschichte des LOGO.

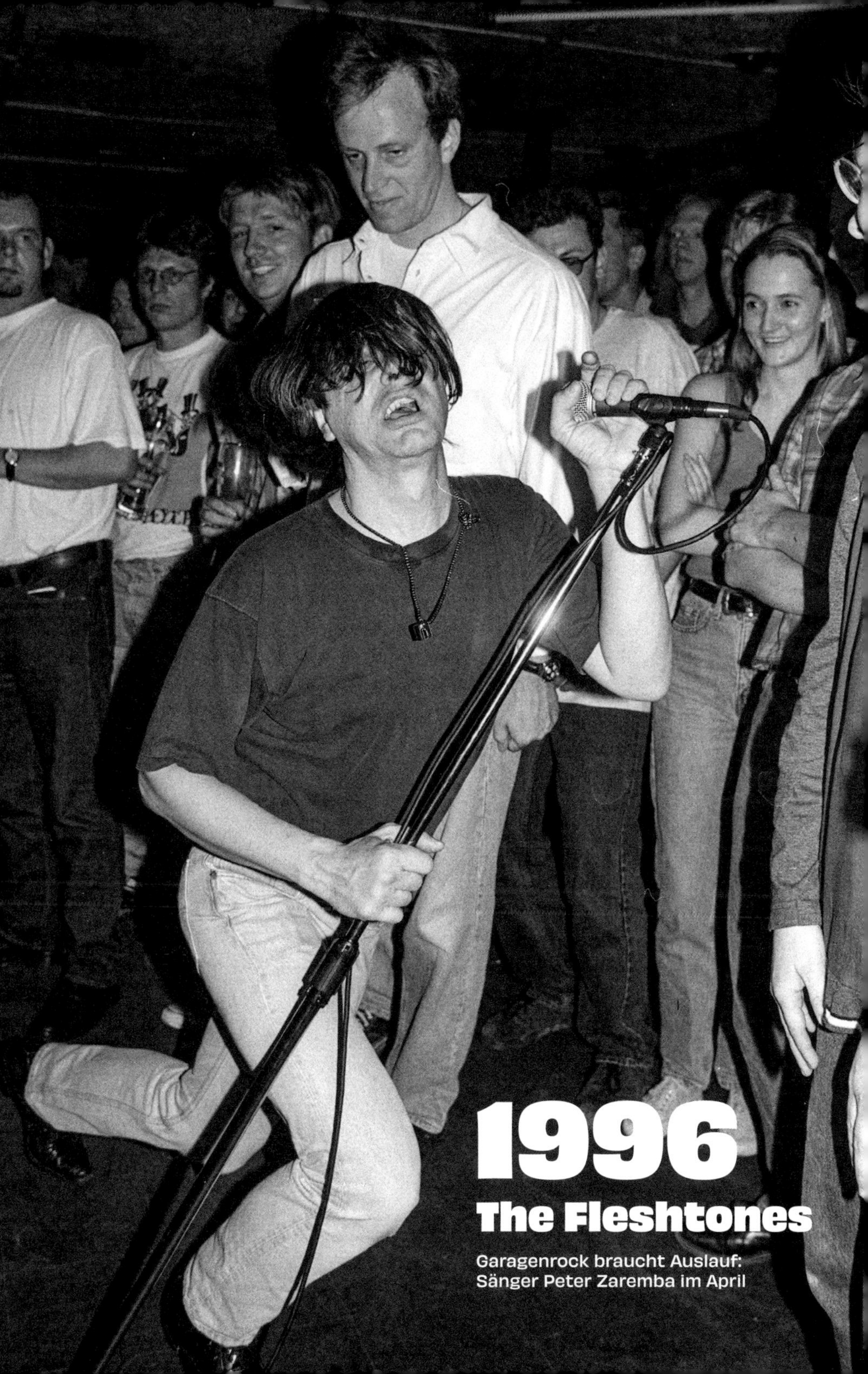

1996

The Fleshtones

Garagenrock braucht Auslauf: Sänger Peter Zaremba im April

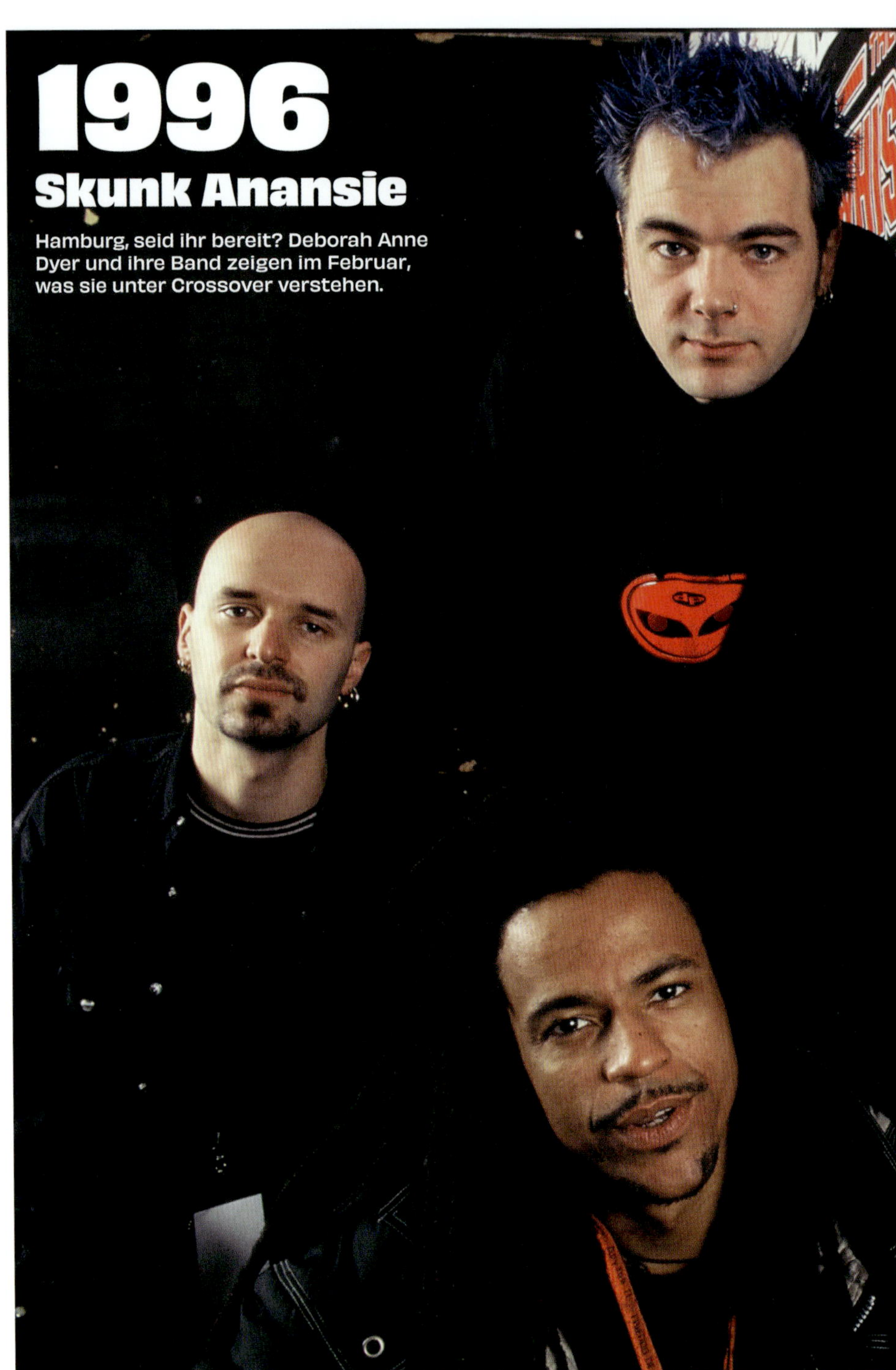

1996
Skunk Anansie

Hamburg, seid ihr bereit? Deborah Anne Dyer und ihre Band zeigen im Februar, was sie unter Crossover verstehen.

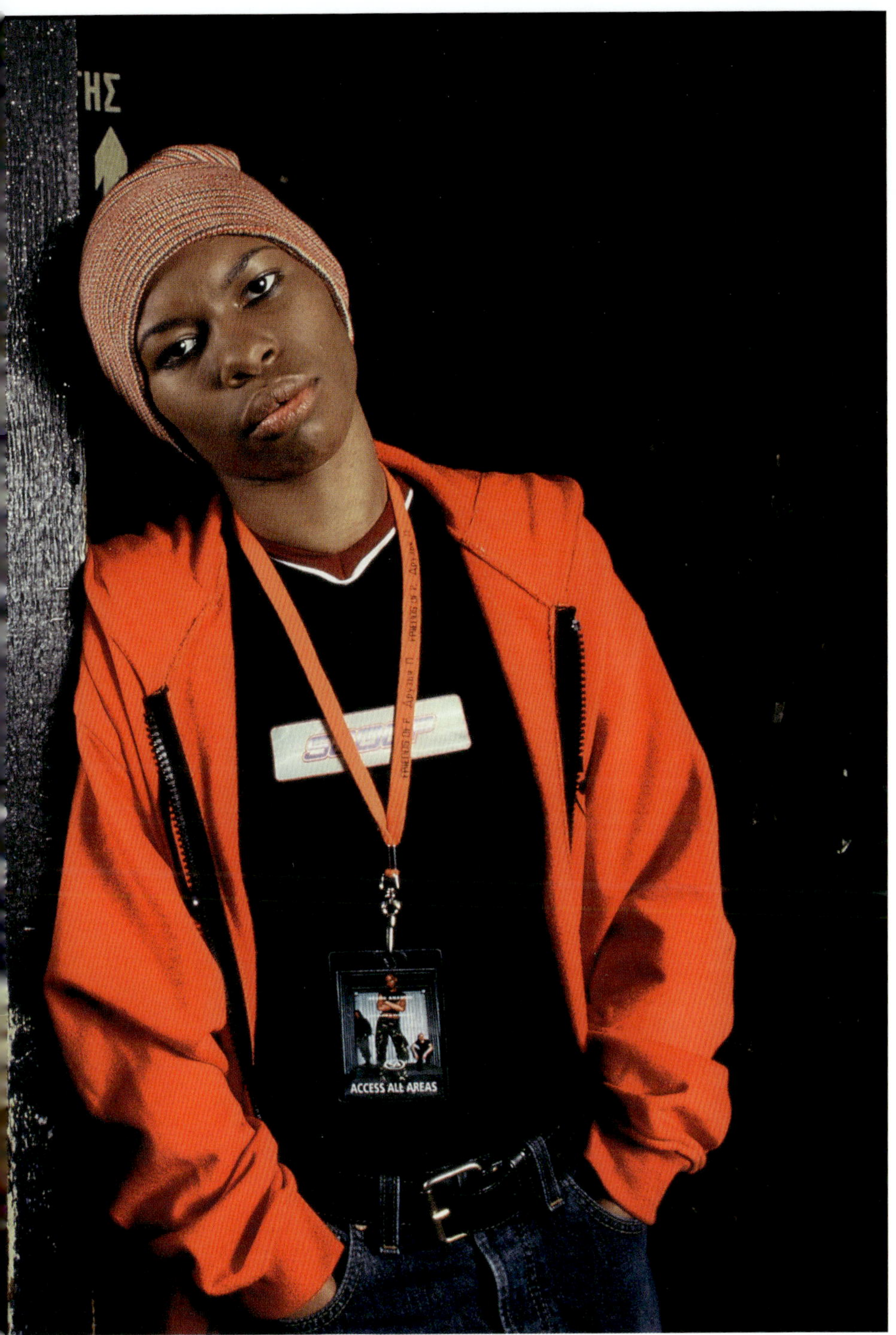
ΤΗΣ
ACCESS ALL AREAS

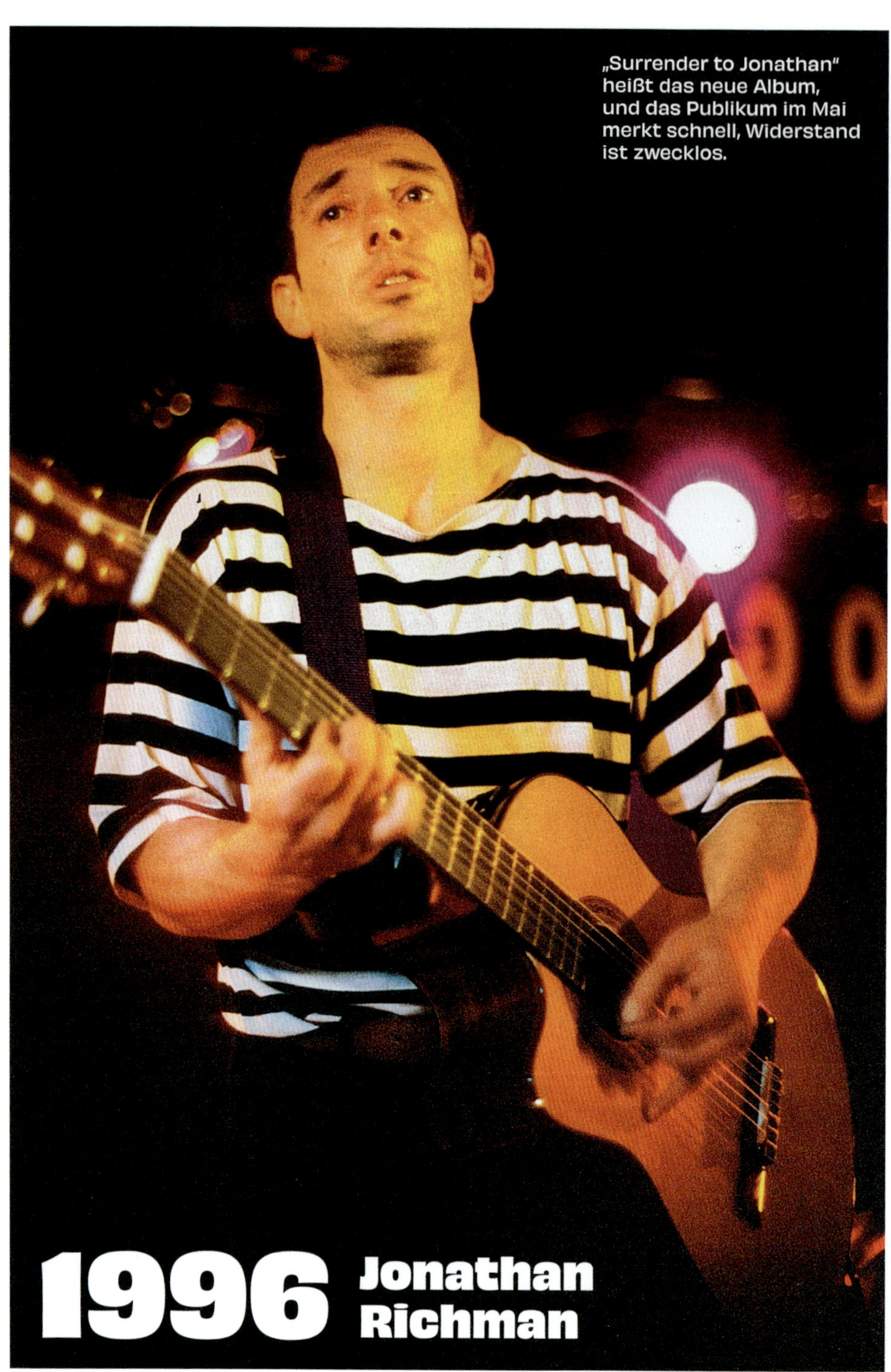

„Surrender to Jonathan" heißt das neue Album, und das Publikum im Mai merkt schnell, Widerstand ist zwecklos.

1996 Jonathan Richman

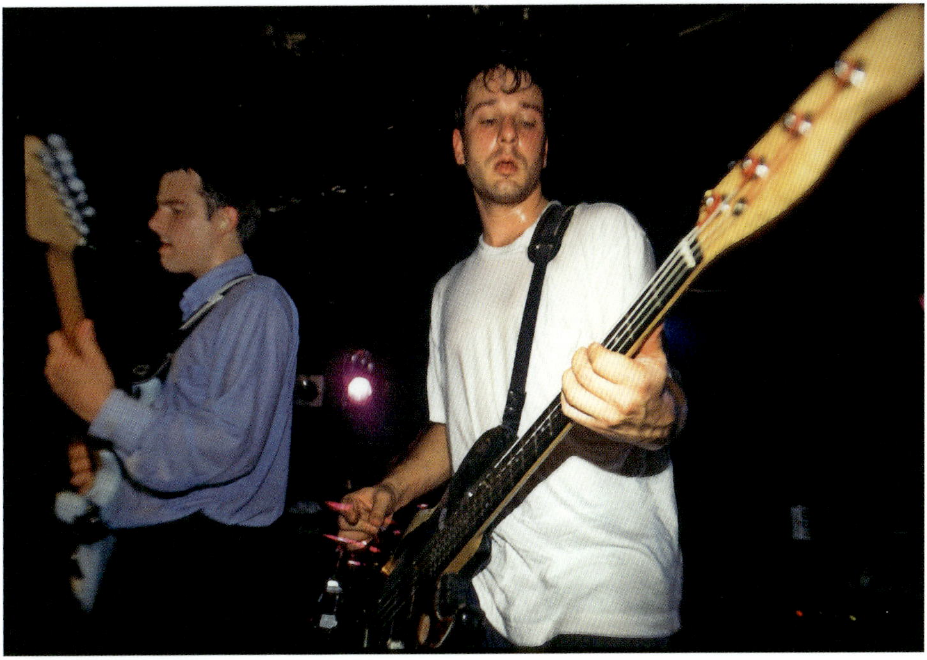

1996 College Rock mit **Weezer** aus Los Angeles im September. Die Fans feiern den Hit „Buddy Holly".

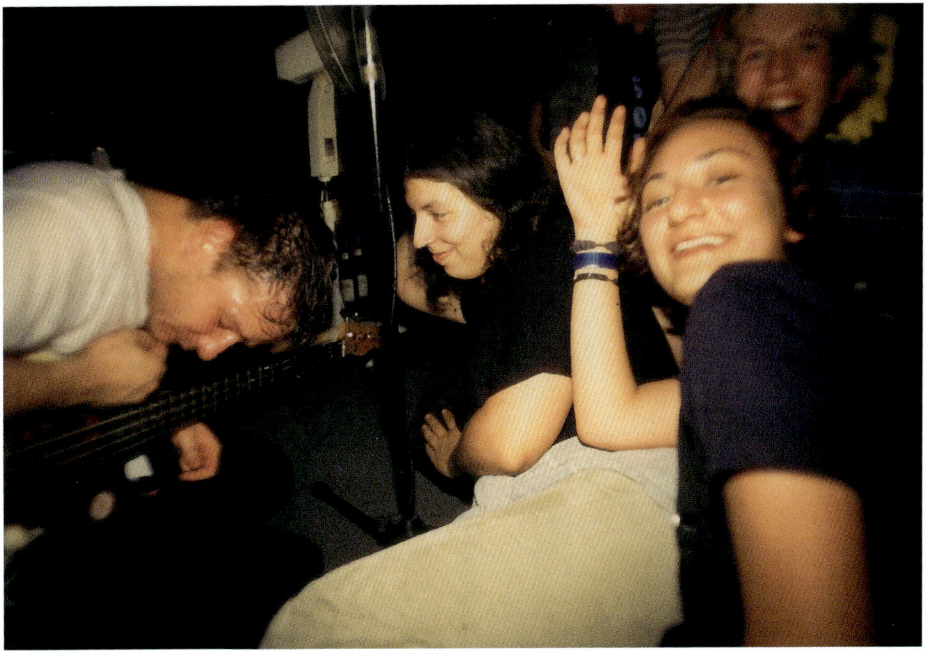

LOGO

OKTOBER 1997

Mi.	1.	**Holler & H.C.R.** *xmanntiefgitarren6triebhamburgcity12zylinderrockgaragenbassband*
Do.	2.	**Die Rockmanen** *fantasievoller, humorvoller, tanzbarer Deutschrock*
Fr.	3.	**Orange** *die Stimme von Pico*
Sa.	4.	**Mouse On Mars** sup. **Holosud** *Electro-Dub – Mehr Spaß, weniger Kunst*
So.	5.	**Boots + Braces** *Punk* sup. **Smegma & Wilde Jungs**
Mo.	6.	**The Great Big Sea (CAN)** *Bringt Folk+Rock eindrucksvoll auf den Punkt*
Di.	7.	**Die Elenden Schwetzer & Guests** *Popmusik & Entertainment*
Do.	9.	**Kick La Luna** *5jähriges Jubiläum! – Ethno-Funk*
Fr.	10.	**Trieb** *Gitarrenmusik mit Hip- und Triphop-Elementen* **Vivid** *präsentiert von:* ENERGY
Sa.	11.	**Head Over Heals** **Doc Vox & The Lame Ducks**
So.	12.	**Velvet Jones** *„Indie rock hasn't sounded this interesting for a while"*
Di.	14.	**Armageddon Dildos** *Eine wahre Schlacht zwischen Sounds härtesten Kalibers und wunderschönen Pop- und Dance-Melodien* sup. **Testify**
Mi.	15.	**Vocal Line** *Zwischenprüfung des 4ten Semesters*
Do.	16.	**311 (USA)** *Hiphopraggahardcoremix*
Fr.	17.	**Deftones** *aktueller Crossover*
Sa.	18.	**Royal Hunt (DK)** *progressiver Rock* sup. **House Of Shakira (S)** *melodic rock*
So.	19.	ok:jur *präs.:* **Sleater Kinney (USA)** *true independant riot girl fashion* sup. **Helium & bis** *more ladies!*
Mo.	20.	**Madonna Hip Hop Massaker** *Radical Romance*
Di.	21.	**C.P. & Guests** *Rock*
Mi.	22.	**Alex Oriental Experience** *Jubiläums-Tour*
Do.	23.	**Die Schroeders** *präsentiert von:* **Oxmox &** ndr
Fr.	24.	**Jump & Kissin' Time** *Van Halen meets Kiss*
Sa.	25.	**Message** sup. **Debris** *age rock of legends!*
So.	26.	**Decay & Support** *CD-Präsentation*
Mo.	27.	**Luna (GB/USA)** *aus der großen weiten Welt von Velvet Underground + Galaxy 500*
Di.	28.	**Arsonic & Guests** *Hardrock*
Do.	30.	**Rising Down & Bäd Influence & Ain't No Use** *Metal, der die Bandbreite von Slayer bis Paradise Lost abdeckt*
Fr.	31.	**Ben Harper (USA)** *zwischen Dylan, und Hendrix – Meister der Weissenborn-Gitarre*

– Änderungen vorbehalten, siehe Tagespresse oder Stadtsender –

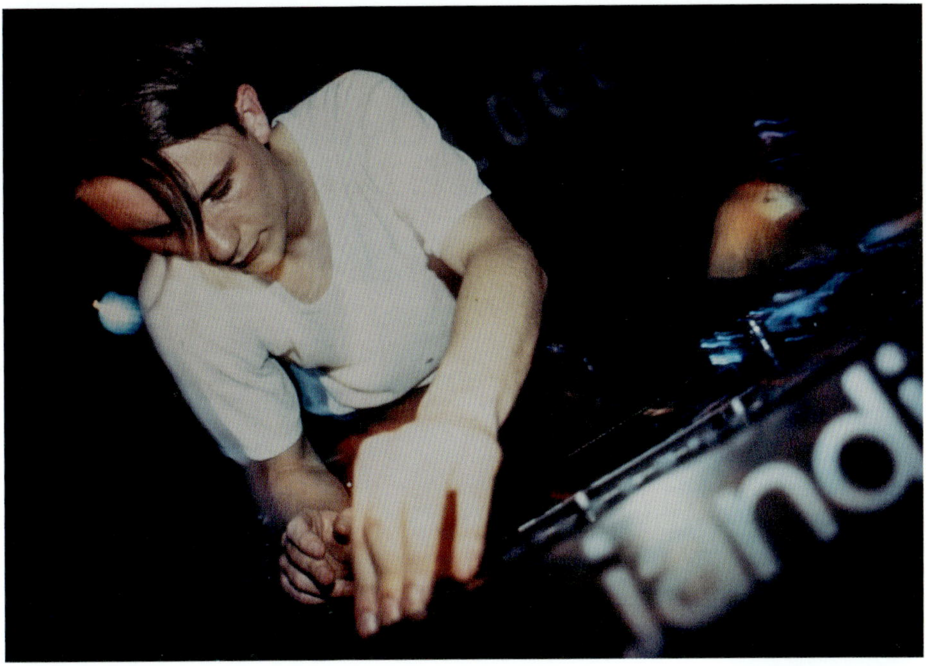

Mouse on Mars im Oktober mit dem neuen Album „Autoditacker"

Newcomer aus Kalifornien: **Ben Harper** am letzten Tag des Monats

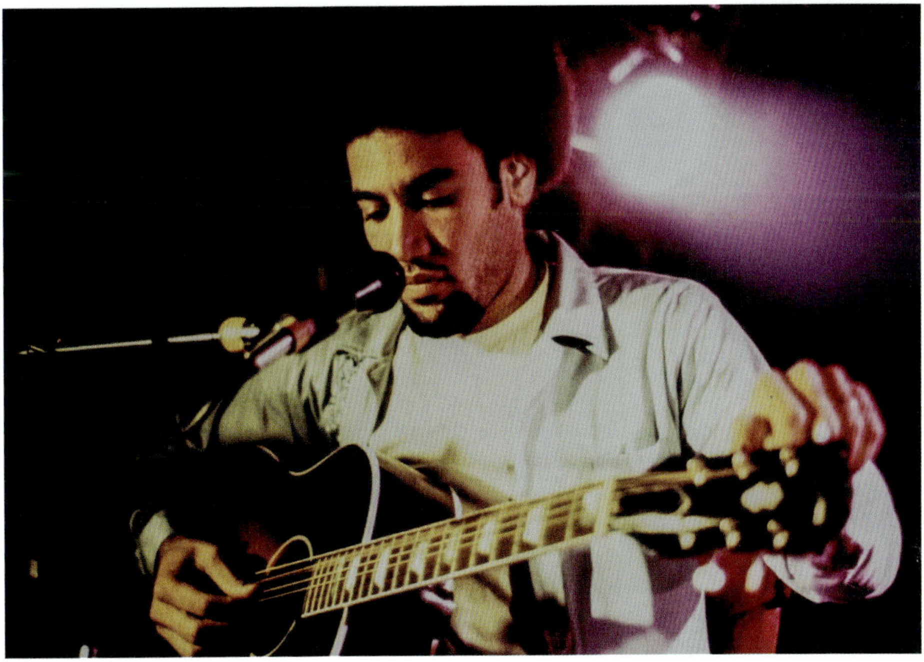

1997

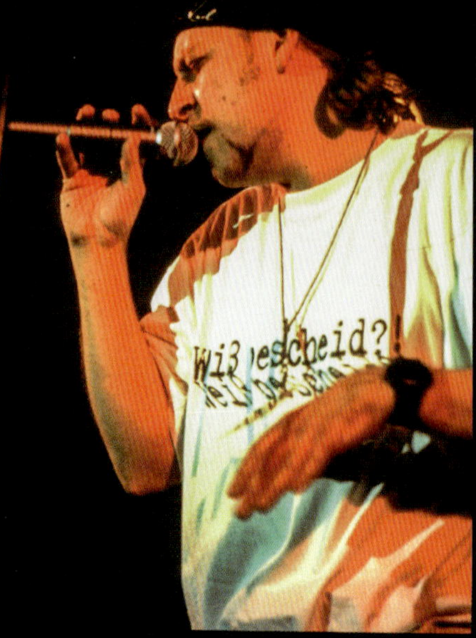

Lotto King Karl

Nach dem Auftritt des Barden aus Barmbek im September weiß auch das Publikum Bescheid.

Sleater-Kinney

Ein bisschen Aufstand: Das Trio aus Olympia in den USA zeigt im Oktober, was Riot Girls wollen.

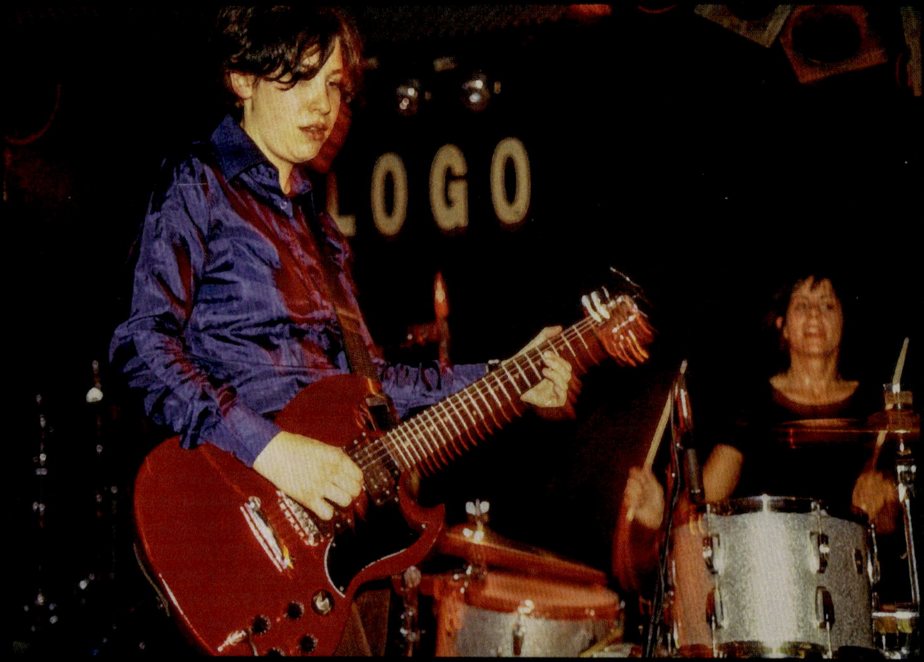

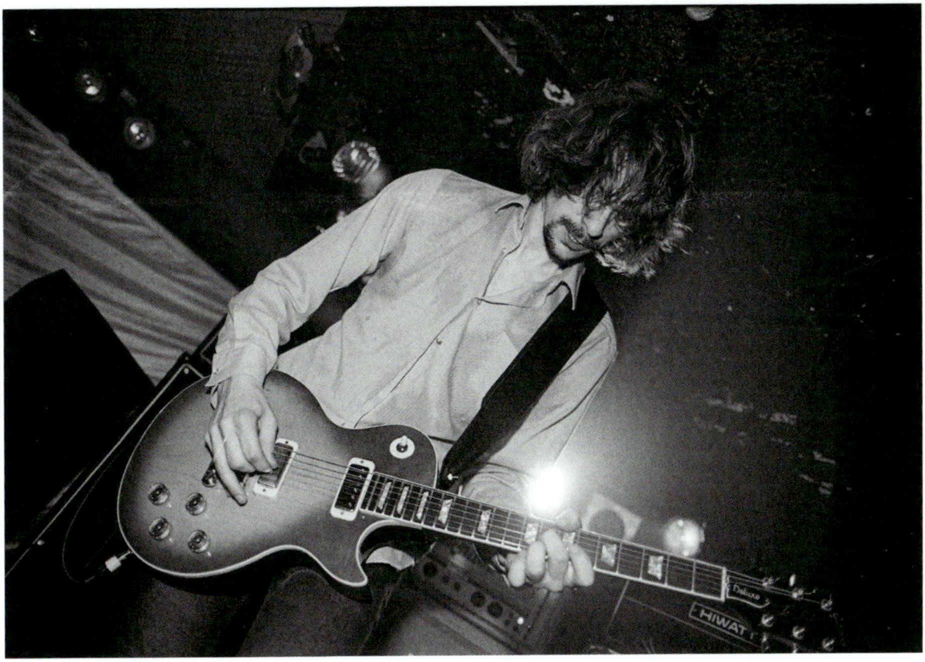

Motorpsycho

Hans Magnus Ryan und seine Band treiben im September den Metal ins Psychedelische.

1997

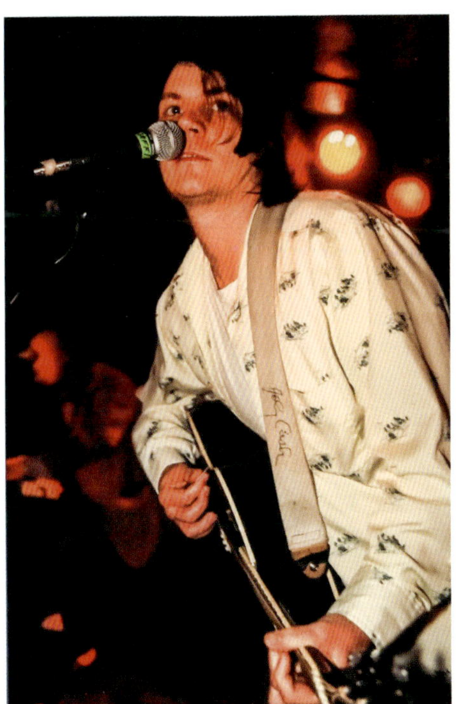

Wilco

Country, aber nicht nur: Jeff Tweedys Band hat auch noch andere Stile im Angebot.

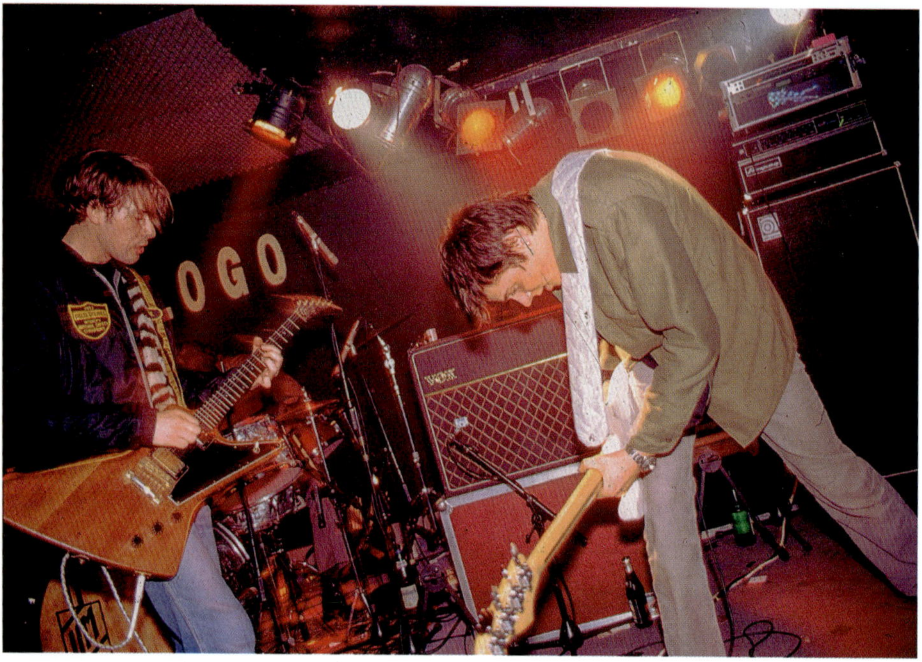

Die Schotten von **Travis** im Februar kurz vor ihrem Durchbruch

1998

Stones-T-Shirt? Cool. Singer-Songwriter **Elliott Smith** im November

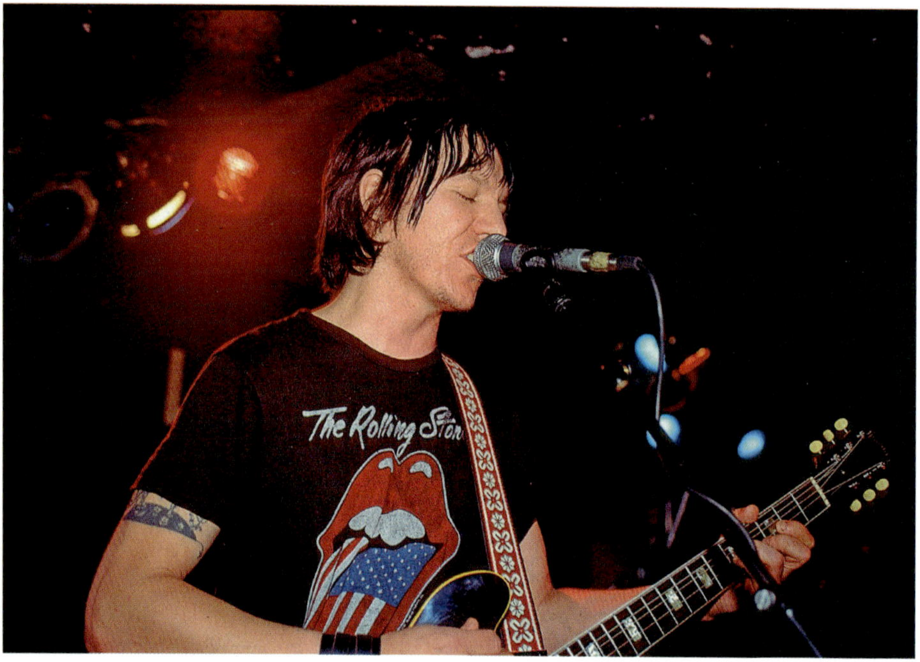

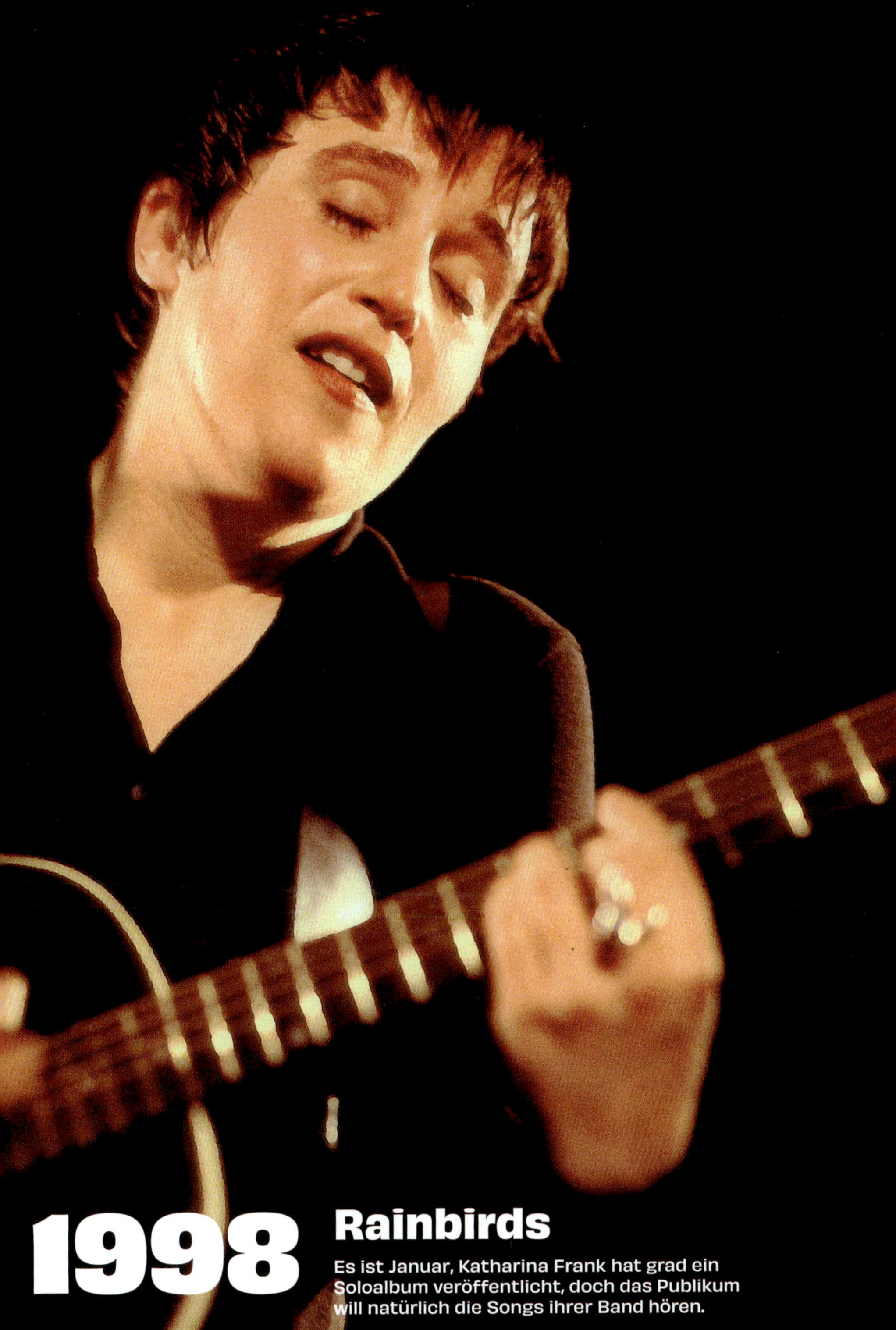

1998 Rainbirds

Es ist Januar, Katharina Frank hat grad ein Soloalbum veröffentlicht, doch das Publikum will natürlich die Songs ihrer Band hören.

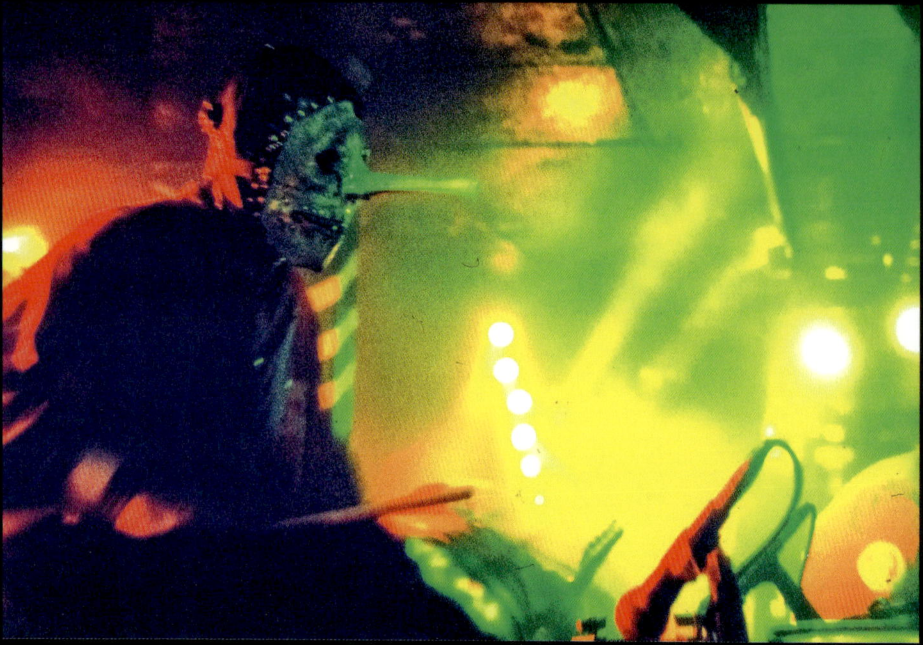

1999 Auch vier Tage vor Weihnachten verstehen die Metaller von **Slipknot** keinen Spaß.

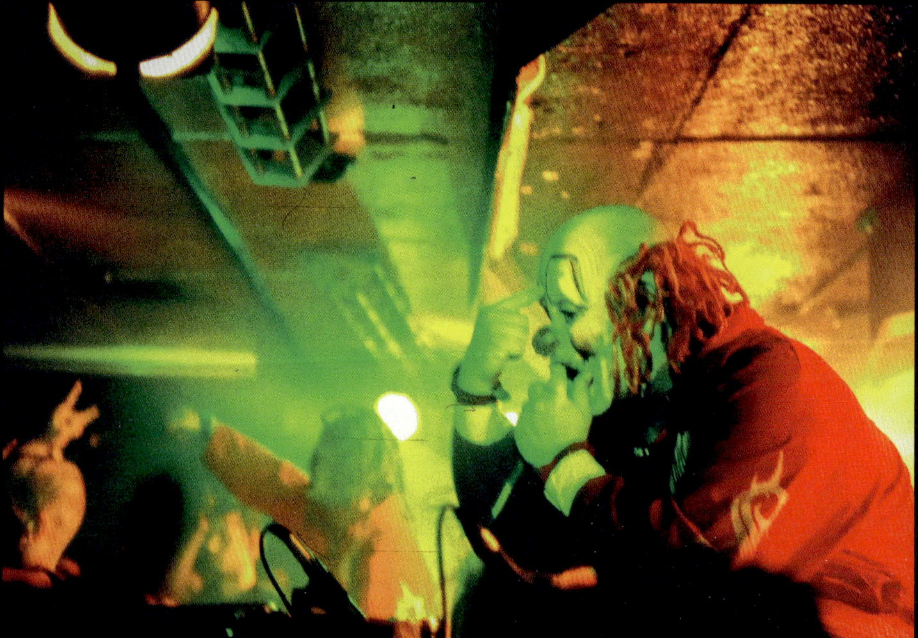

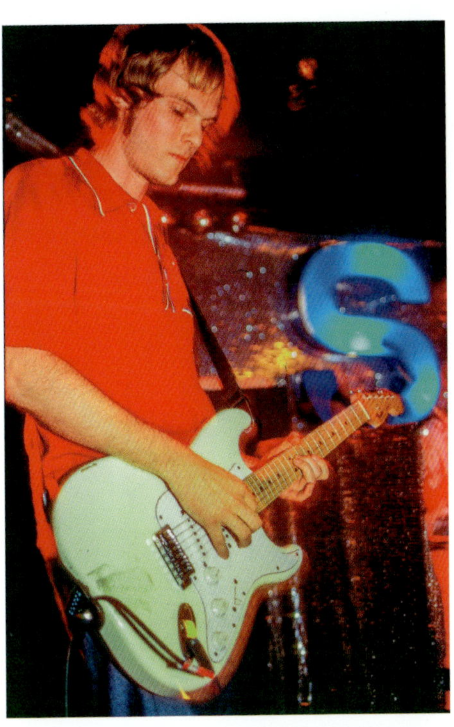

Sportfreunde Stiller

Vieles neu bei den Poprockern aus München: Das Debütalbum ist Mitte Mai drei Wochen alt, ihren Namen haben sie erweitert, weil es auch eine Hamburger Band mit dem Namen „Stiller" gibt

2000

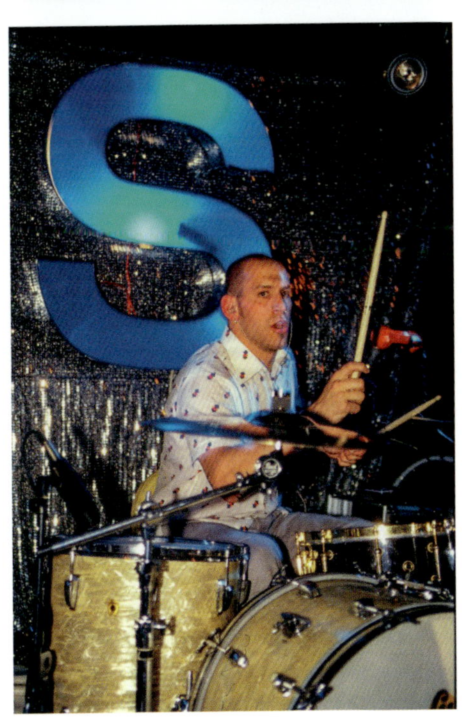

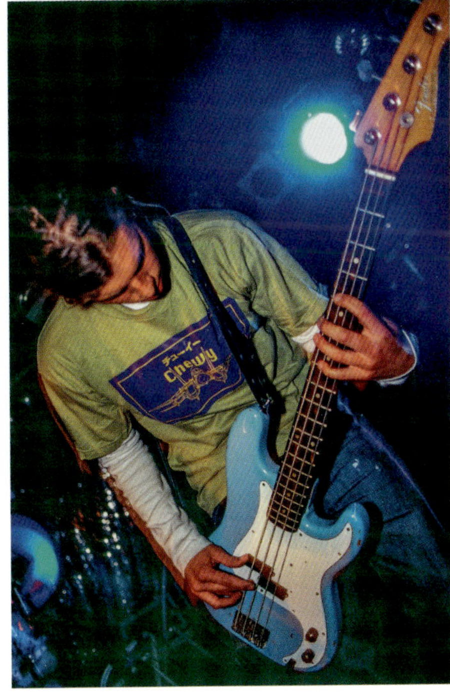

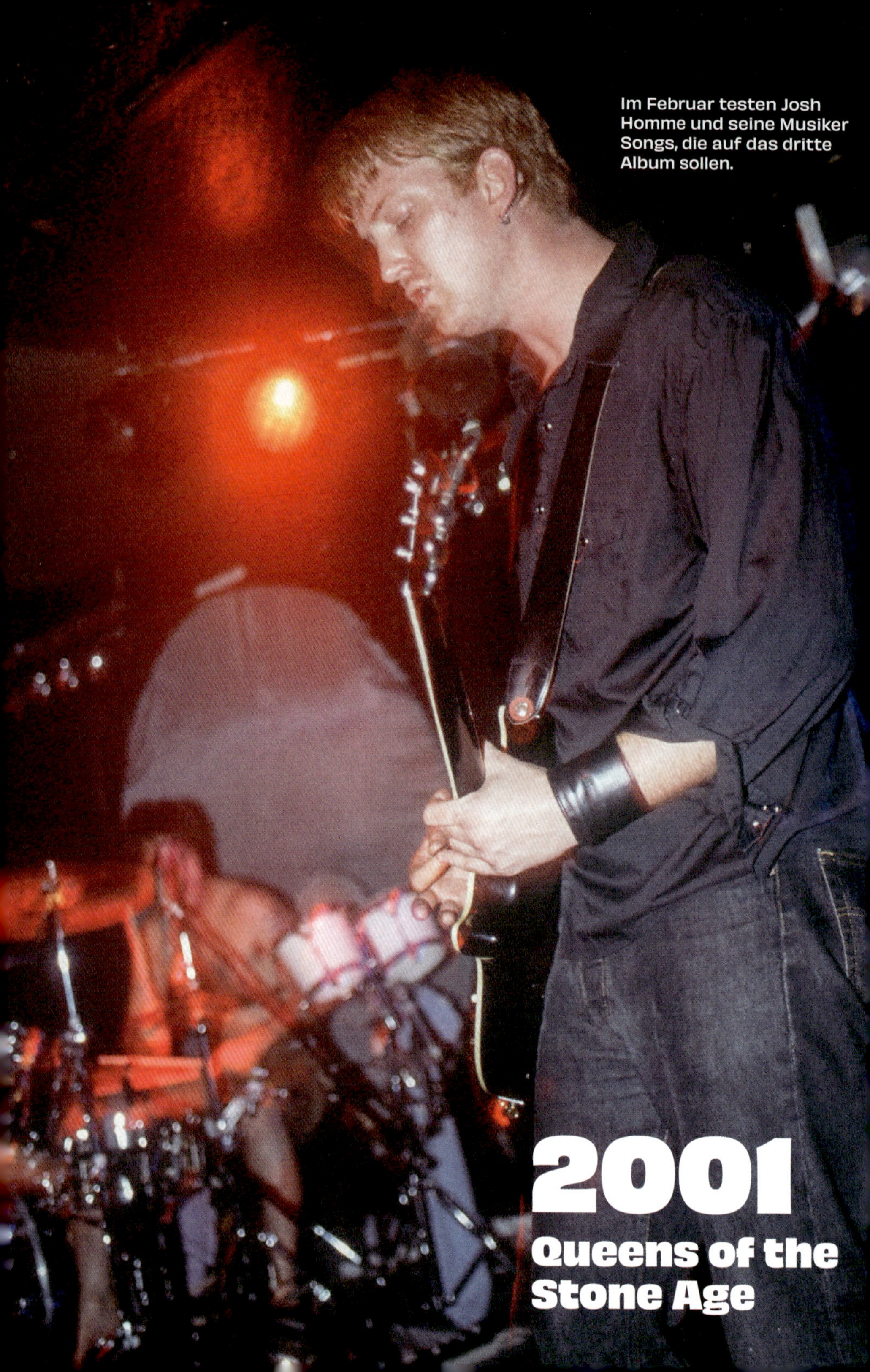

Im Februar testen Josh Homme und seine Musiker Songs, die auf das dritte Album sollen.

2001
Queens of the Stone Age

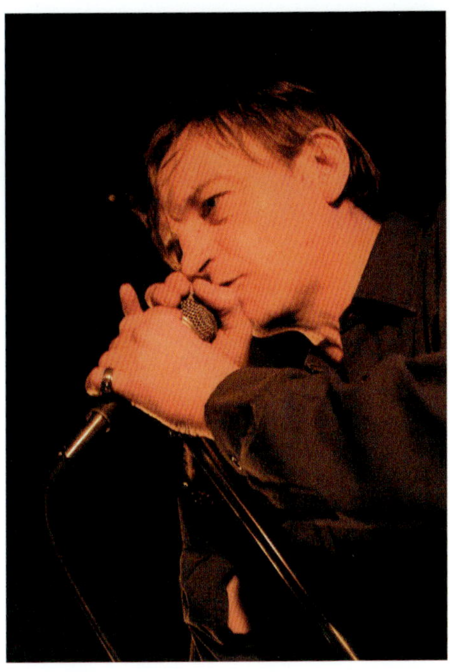

Bloß nicht freundlich: Mark E. Smith lässt **The Fall** im Oktober schrammeln.

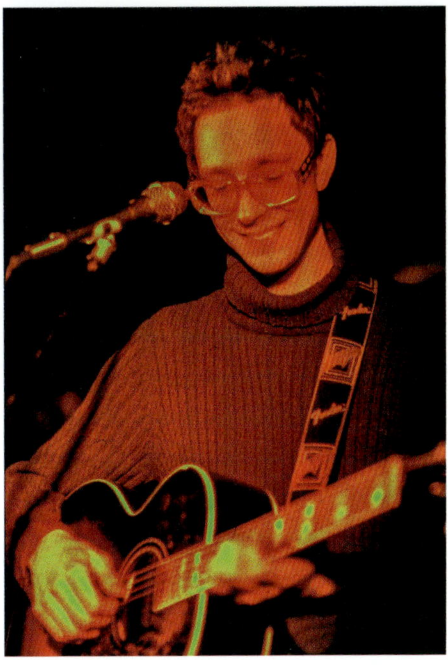

Erlend Oye und die **Kings of Convenience** verkünden im April: „Quiet Is the New Loud".

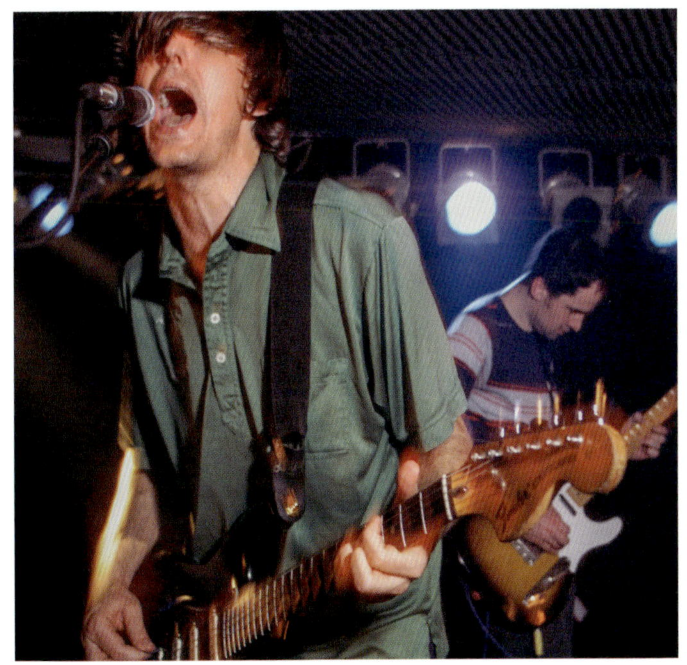

2001

Zehn Jahre Pavement waren erst mal genug, **Stephen Malkmus** macht im April Musik unter seinem Namen.

2002–2020

Jetzt kann man LOGO auch lernen

Inhaber: Eberhard Gugel
Booking: Tosh Rörbäk (bis 2007), Matze Bauer, Chris August
Etwa 200 Konzerte pro Jahr, geöffnet nur an Konzerttagen

Eberhard systematisiert alles. Die Bands sind jetzt prozentual an den Einnahmen beteiligt. +++ Mit „Emergenza", „Ohrenschmaus" oder „MoPop" finden regelmäßig Nachwuchsabende statt. +++ Tosh wird neuer Booker und kümmert sich um Alternative Rock. +++ Die Toiletten werden saniert, für die Musiker gibt es jetzt eine Dusche. +++ Ab 2004 entsteht mit dem „Veranstaltungskaufmann" ein neuer Lehrberuf – der Club bildet nun auch aus. +++ Im Sommer steigen Rock-Revivals – jedes Jahr spielen bis zu dreißig Tribute-Bands. +++ Die Öl-Heizung wird durch eine moderne Umluftheizung ersetzt. Ab 2006 wird der monatliche Postversand der Programmflyer eingestellt. +++ Chris übernimmt ab 2007 das Booking, anfangs zusammen mit Matze Bauer. Die neue LOGO-Farbe ist Schwarz. +++ Die Kredite für die Übernahme des Clubs im Jahr 1994 sind weitestgehend getilgt. Es bleibt erstmals etwas Geld übrig, um neue Mischpulte zu kaufen – mit 32 Kanälen für die „Front of House" und „24 in 8" für die Bühnen-Monitore. +++ Der letzte Modernisierungsschritt erfolgt 2015. Mithilfe eines Bundesförderprogramms wird nun ein digitales Mischpult angeschafft. +++ 2019 erhält das LOGO für sein Programm von der Bundesbeauftragten für Kultur und Medien den Preis „Applaus". +++ Nach der Show der Post-Hardcore-Band Our Mirage wird das LOGO wegen der Pandemie am 13.3.2020 geschlossen.

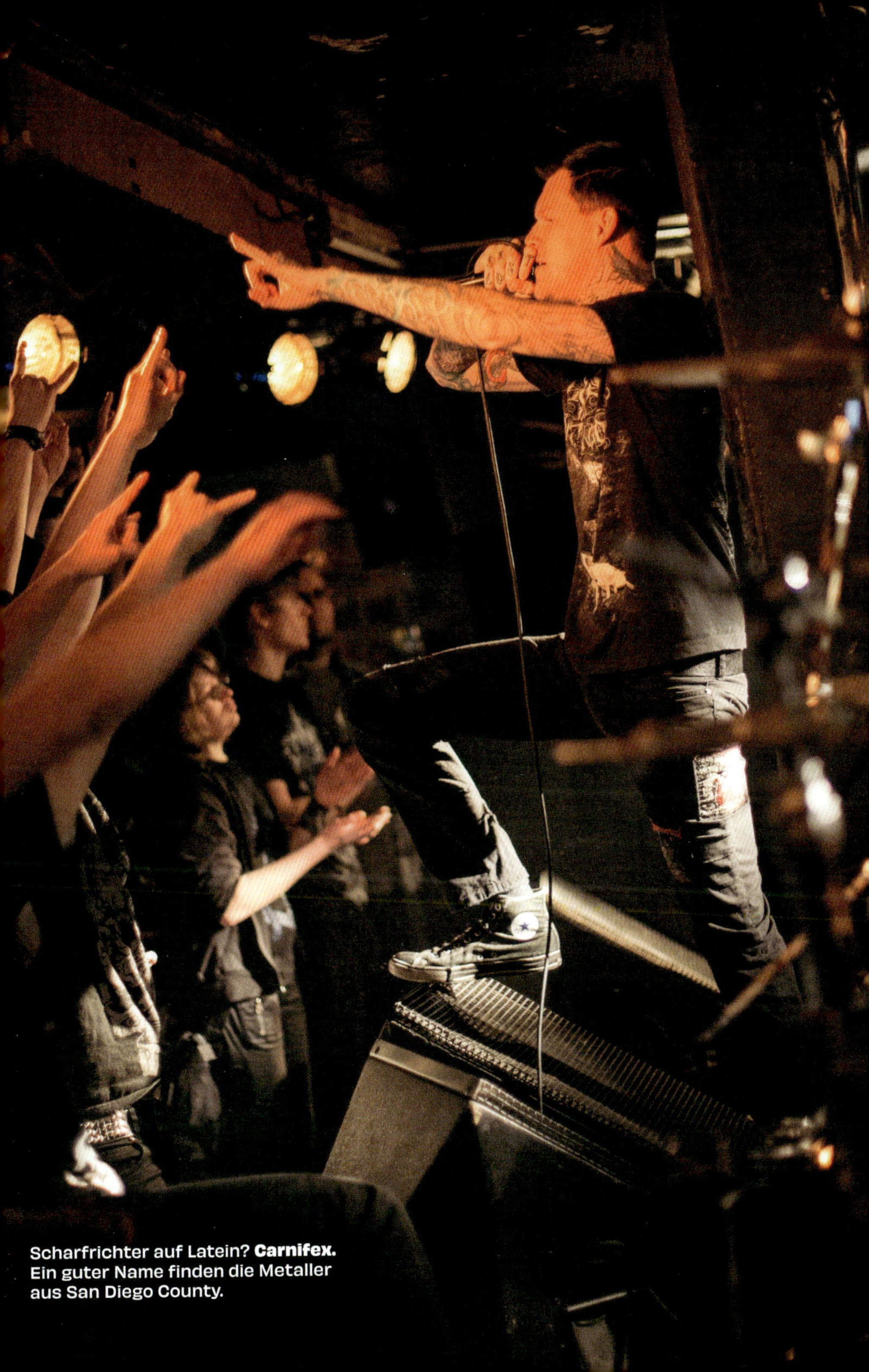

Scharfrichter auf Latein? **Carnifex.** Ein guter Name finden die Metaller aus San Diego County.

The White Stripes

Die Scheidung zwei Jahre zuvor? Meg und Jack White fegen im Februar alle Probleme mit ihrem Garagenrock weg.

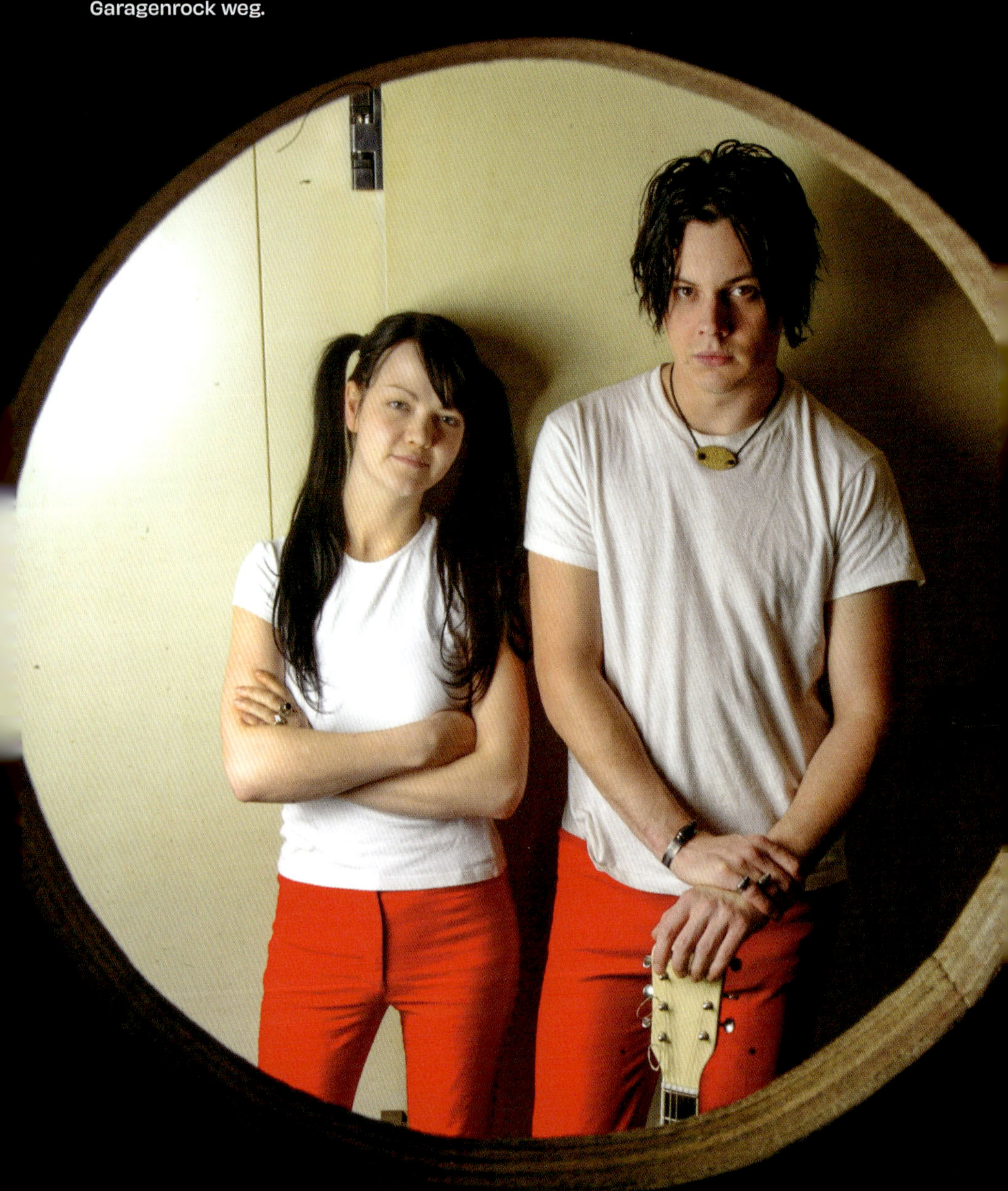

2002

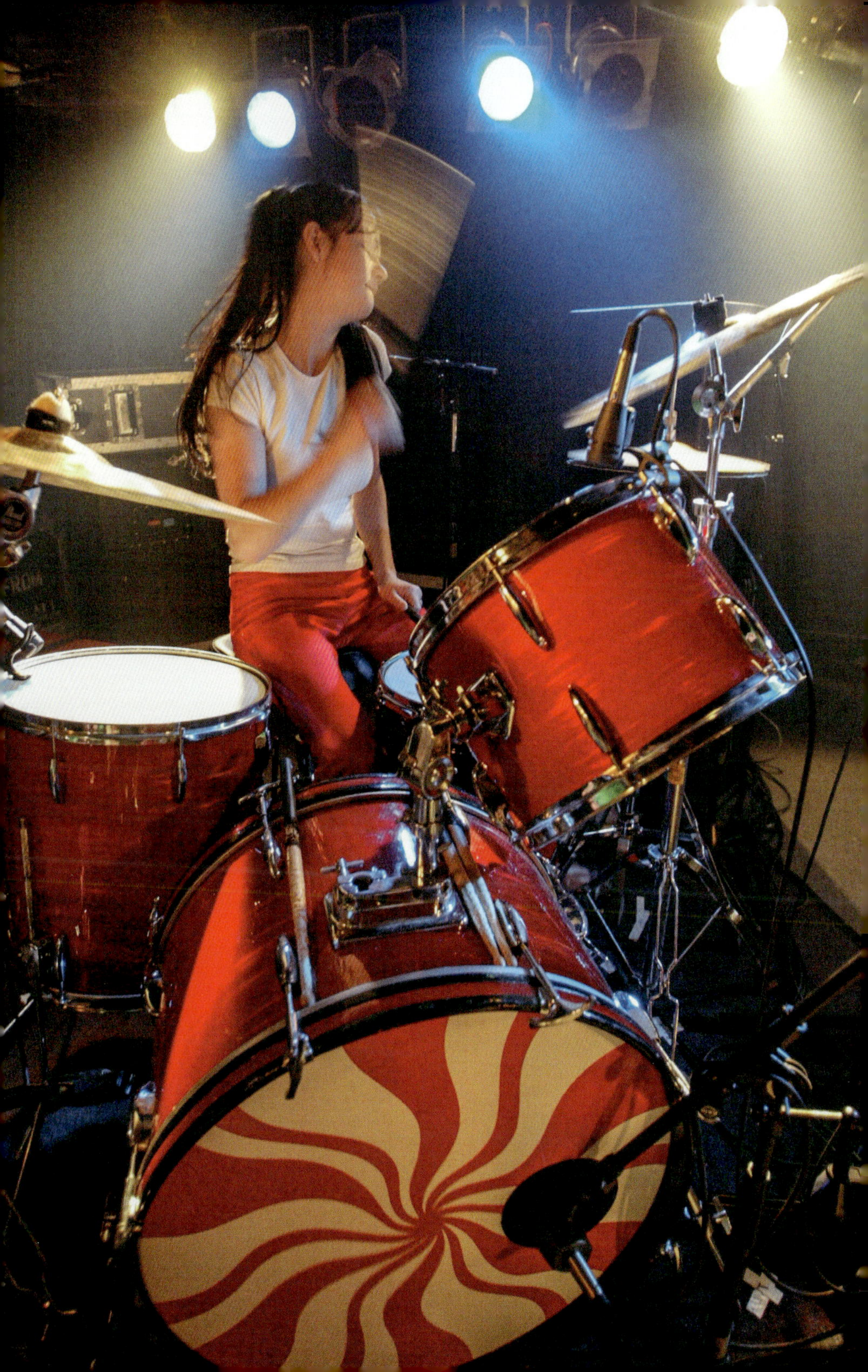

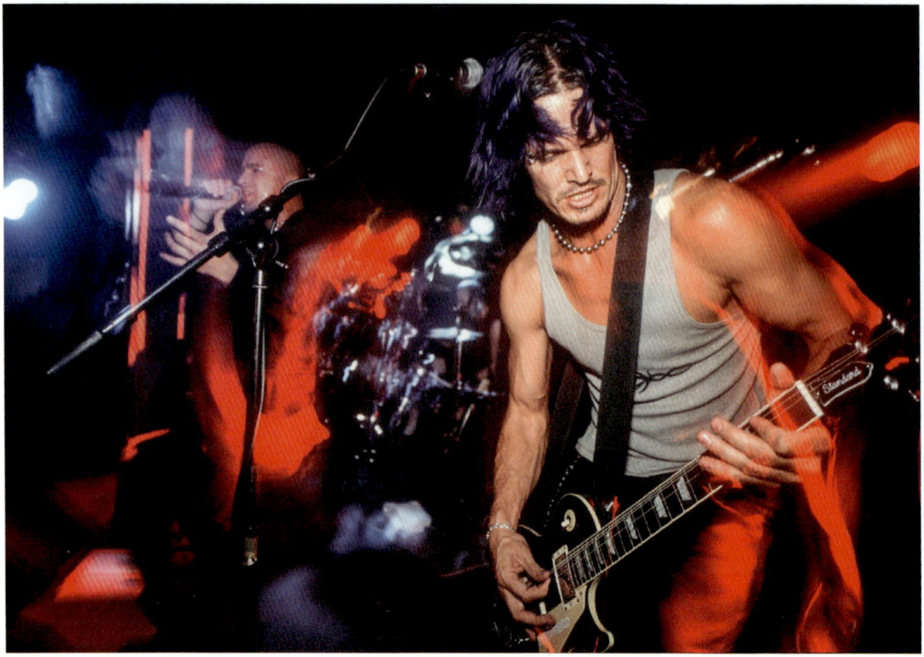

Disturbed

Übermorgen wird's was geben: Das Quartett aus Chicago spielt im September Nu Metal zwei Tage vor Erscheinen seines zweiten Albums.

Nada Surf

Auf Urlaub: Als Matthew Caws mit seiner Band im November in Hamburg spielt, arbeitet er noch in einem Plattenladen in Brooklyn.

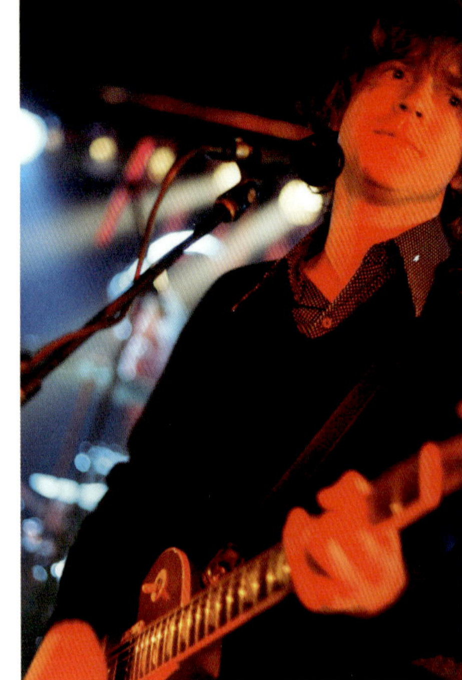

2002

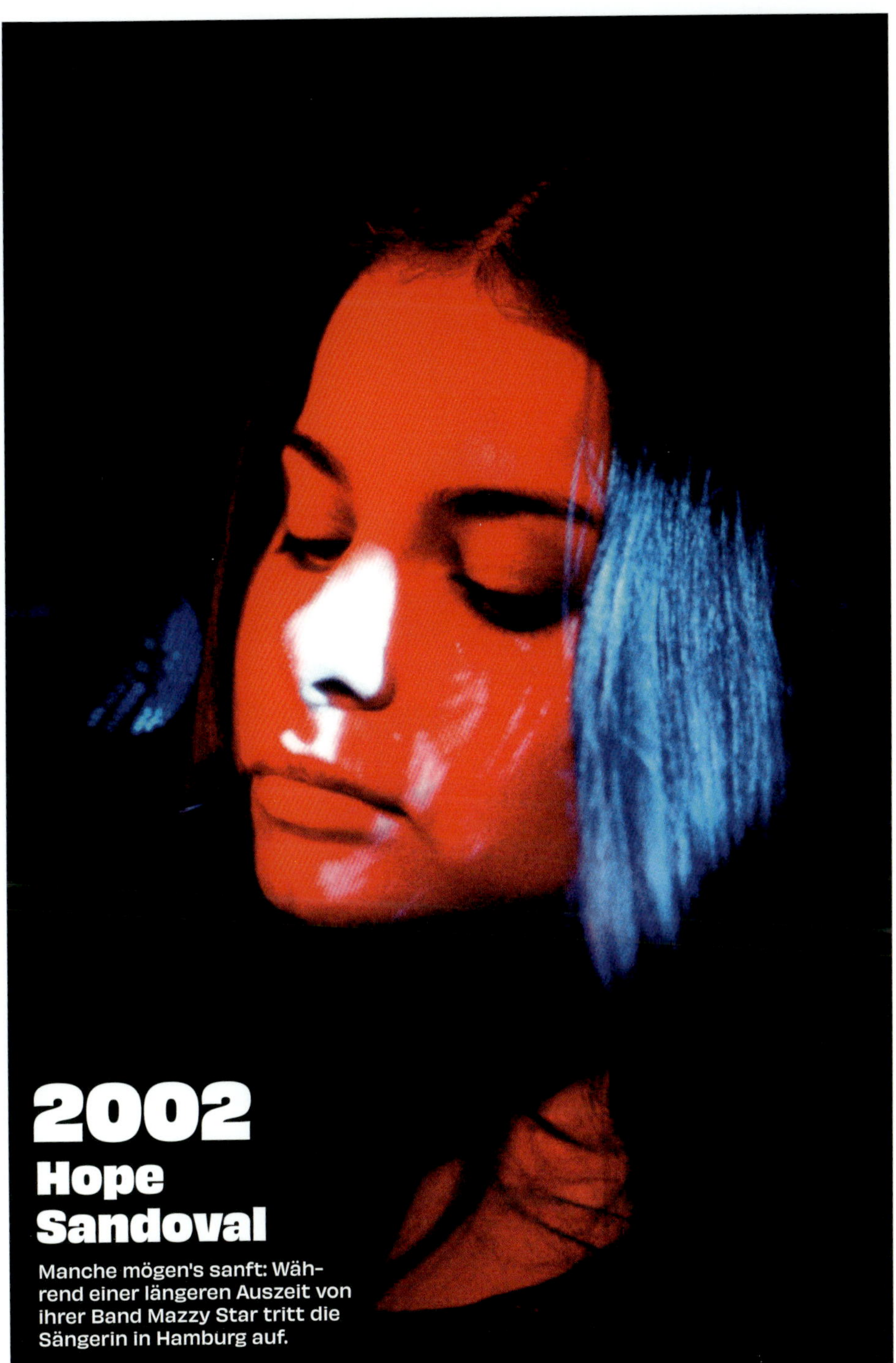

2002
Hope Sandoval

Manche mögen's sanft: Während einer längeren Auszeit von ihrer Band Mazzy Star tritt die Sängerin in Hamburg auf.

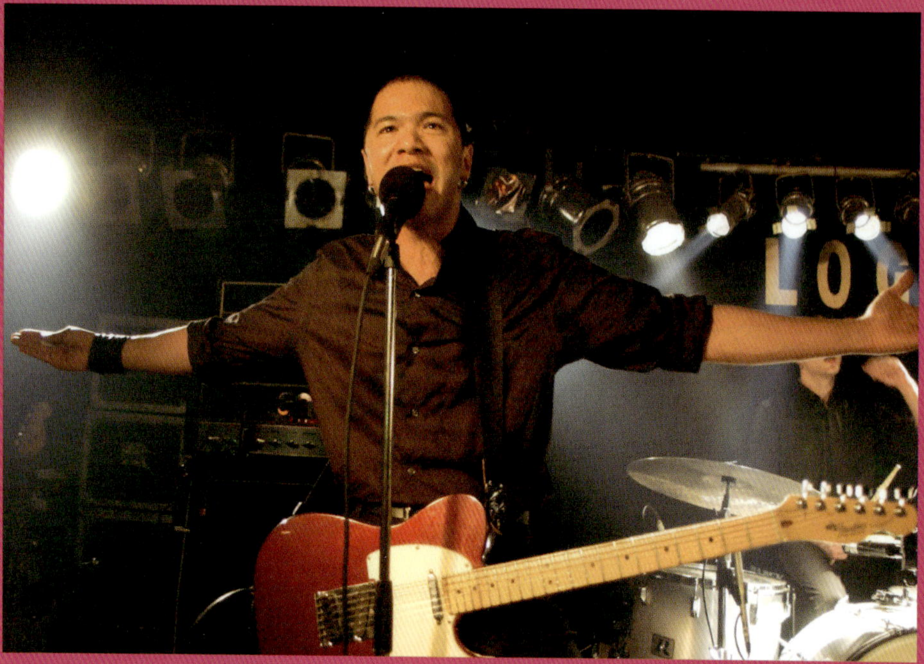

Danko Jones

Bitte mitmachen! Die Band stimmt Anfang Juni auf ihr erstes Album ein, das Ende des Monats erscheint.

2002

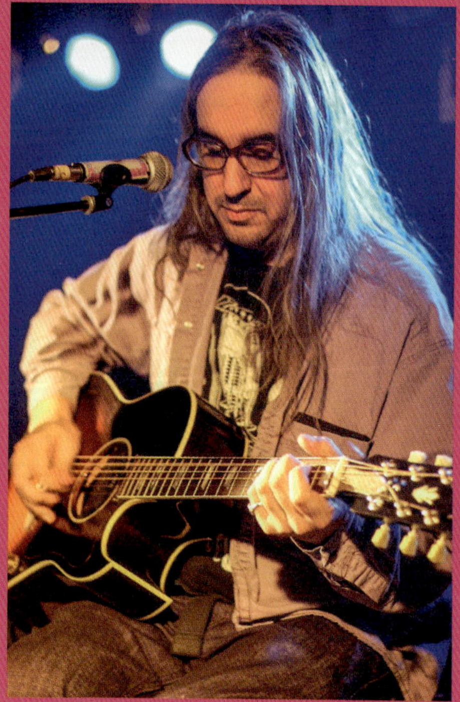

J Mascis

Der Chef von Dinosaur jr. zeigt im Dezember, wie sehr er es auch akustisch liebt.

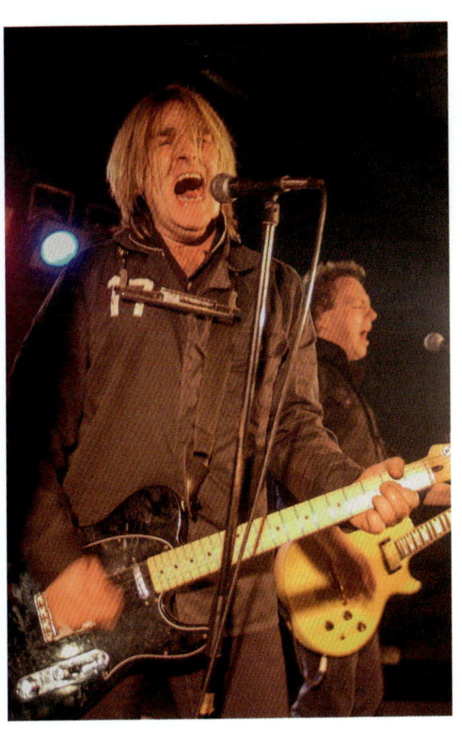

The Alarm

Mach's noch einmal, Mike Peters: Im Februar rockt der Walise mit seiner wiederbelebten Band.

2003

Emil Bulls

Alternative Metal von ehemaligen Klosterschülern aus München im April

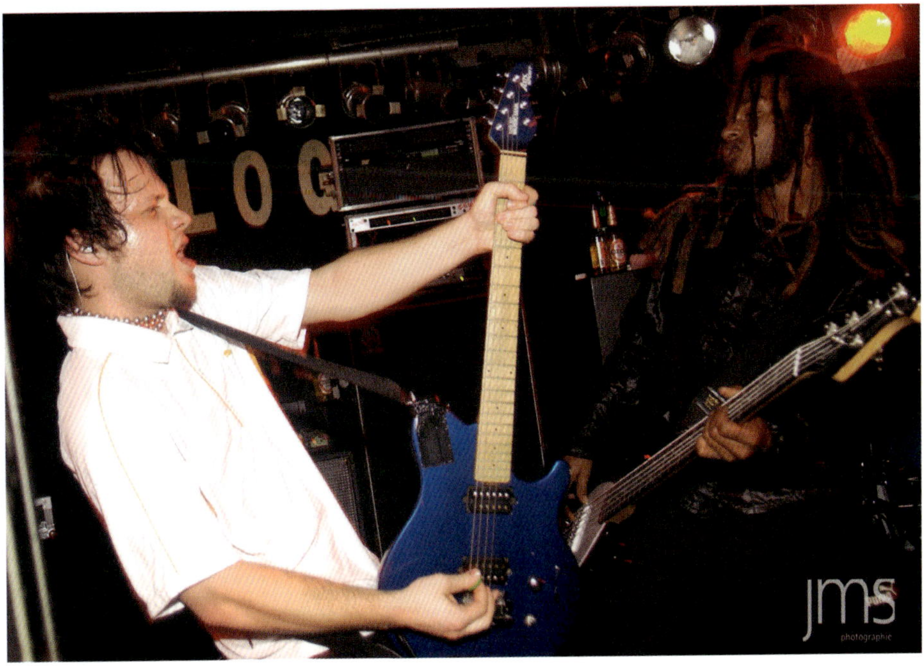

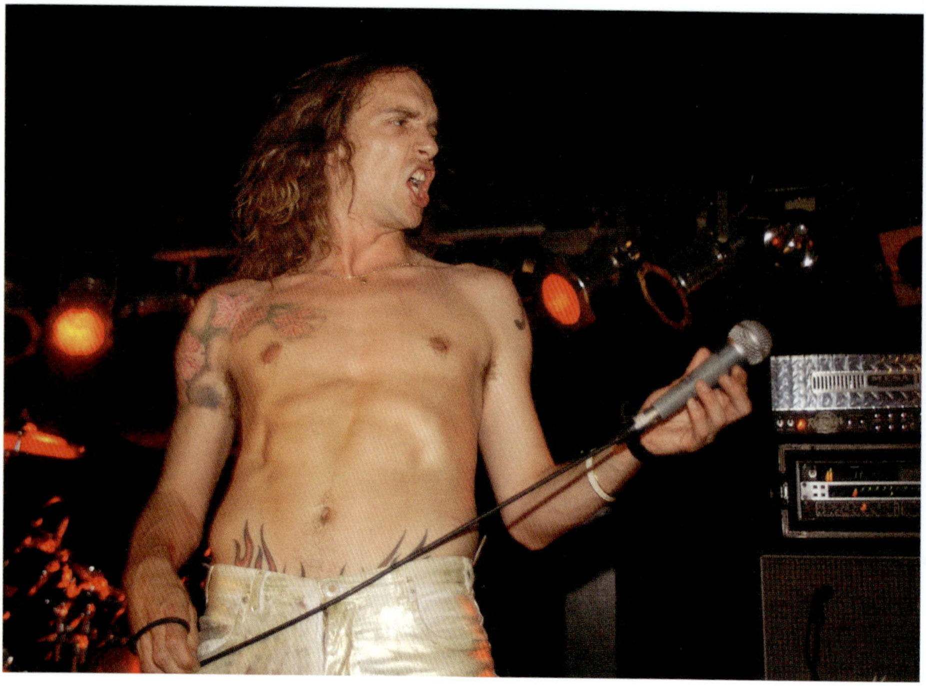

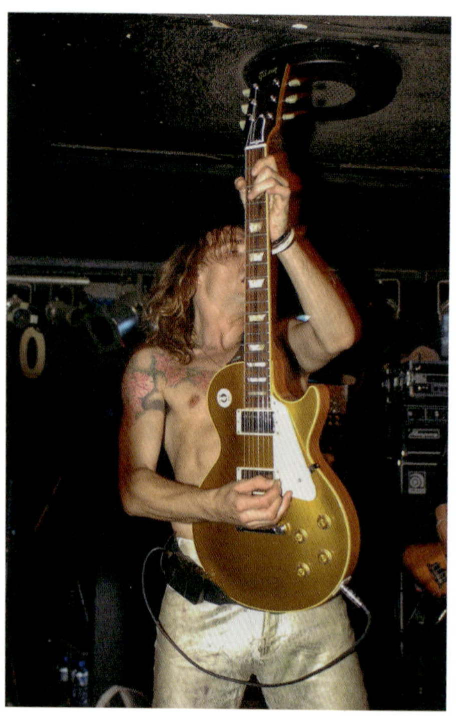

2003

The Darkness

„Permission to Land" heißt das Debütalbum der Metal-Poser, sie landen im August kurz nach der Veröffentlichung.

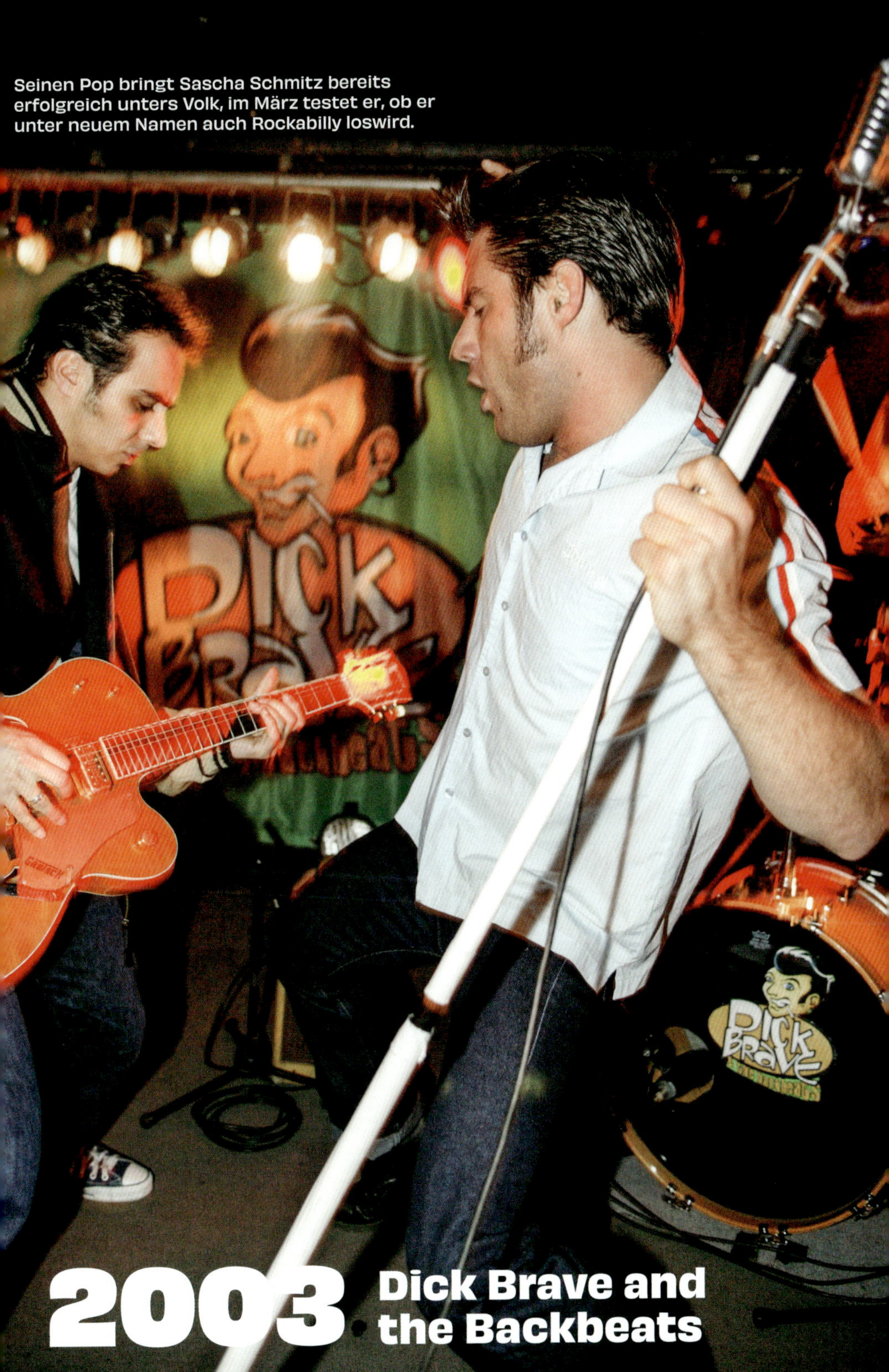

Seinen Pop bringt Sascha Schmitz bereits erfolgreich unters Volk, im März testet er, ob er unter neuem Namen auch Rockabilly loswird.

2003 Dick Brave and the Backbeats

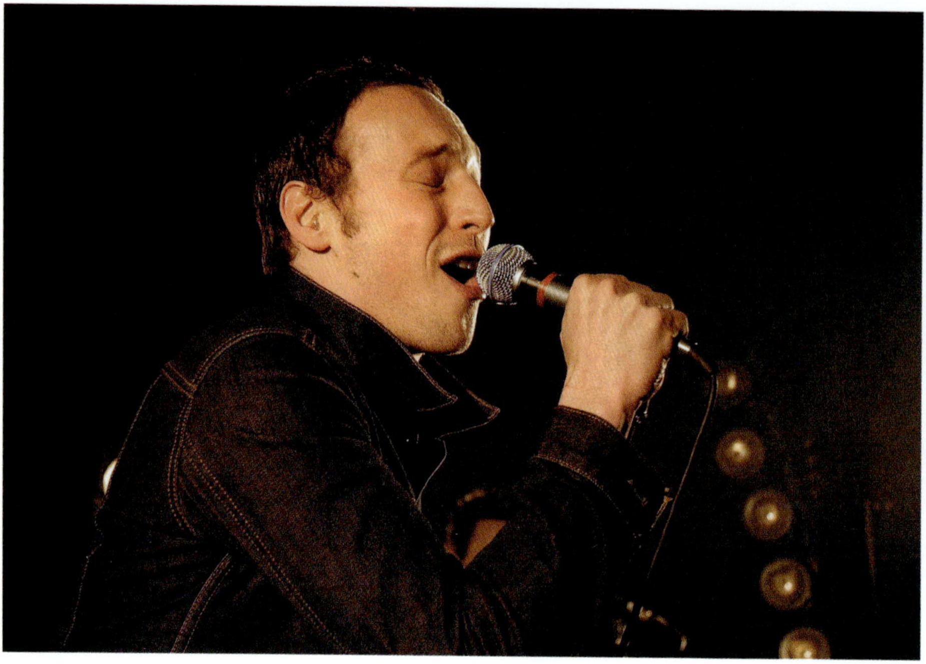

Beatsteaks

Januar: Die Berliner lieben den Punk poppig. Armin Teutoburg-Weiß geht voran.

2004

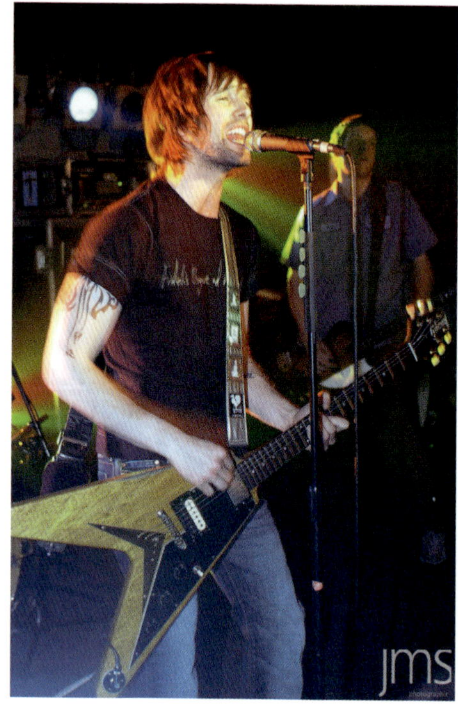

Ash

Als Tim Wheeler im März mit den Powerpoppern auftritt, erinnert die Gitarre noch an seine alte Leidenschaft Hardrock.

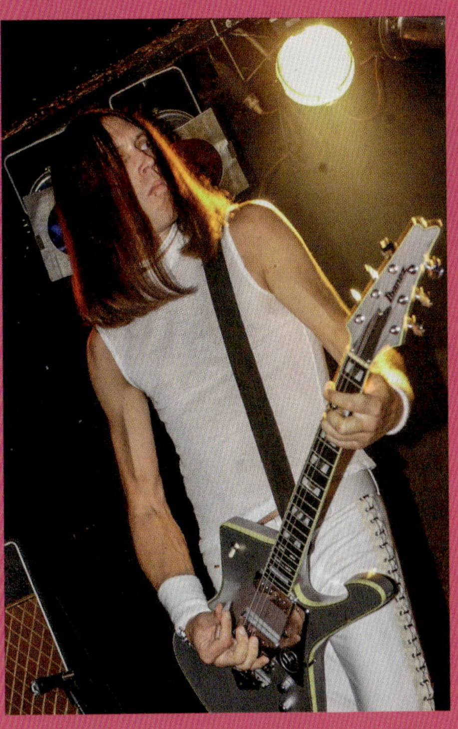

Urge Overkill

1996 hatte die Band sich nach zehn Jahren aufgelöst, die Comeback-Tour führt sie im August ins LOGO.

2004

Mark Lanegan

Viele Freunde hatten dem ehemaligen Sänger der Screaming Trees beim Alternative Rock von „Bubblegum" geholfen, in Hamburg muss er im August das Album ohne sie vorstellen.

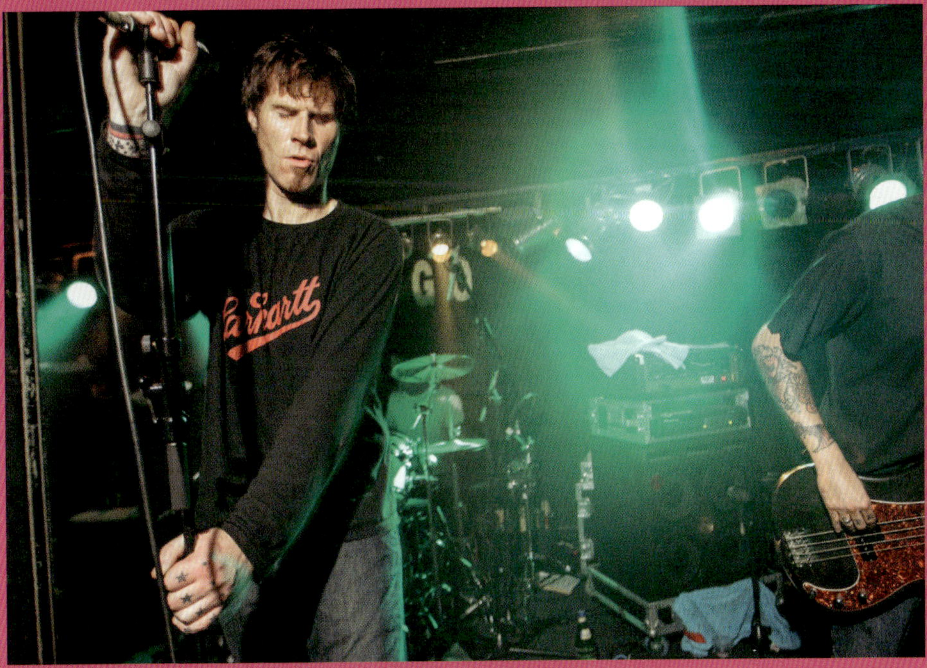

2004

Silbermond

Gerade hat die Band aus Bautzen das erste Album „Verschwende deine Zeit“ aufgenommen. Im September singt Stefanie Kloß die Songs in Hamburg.

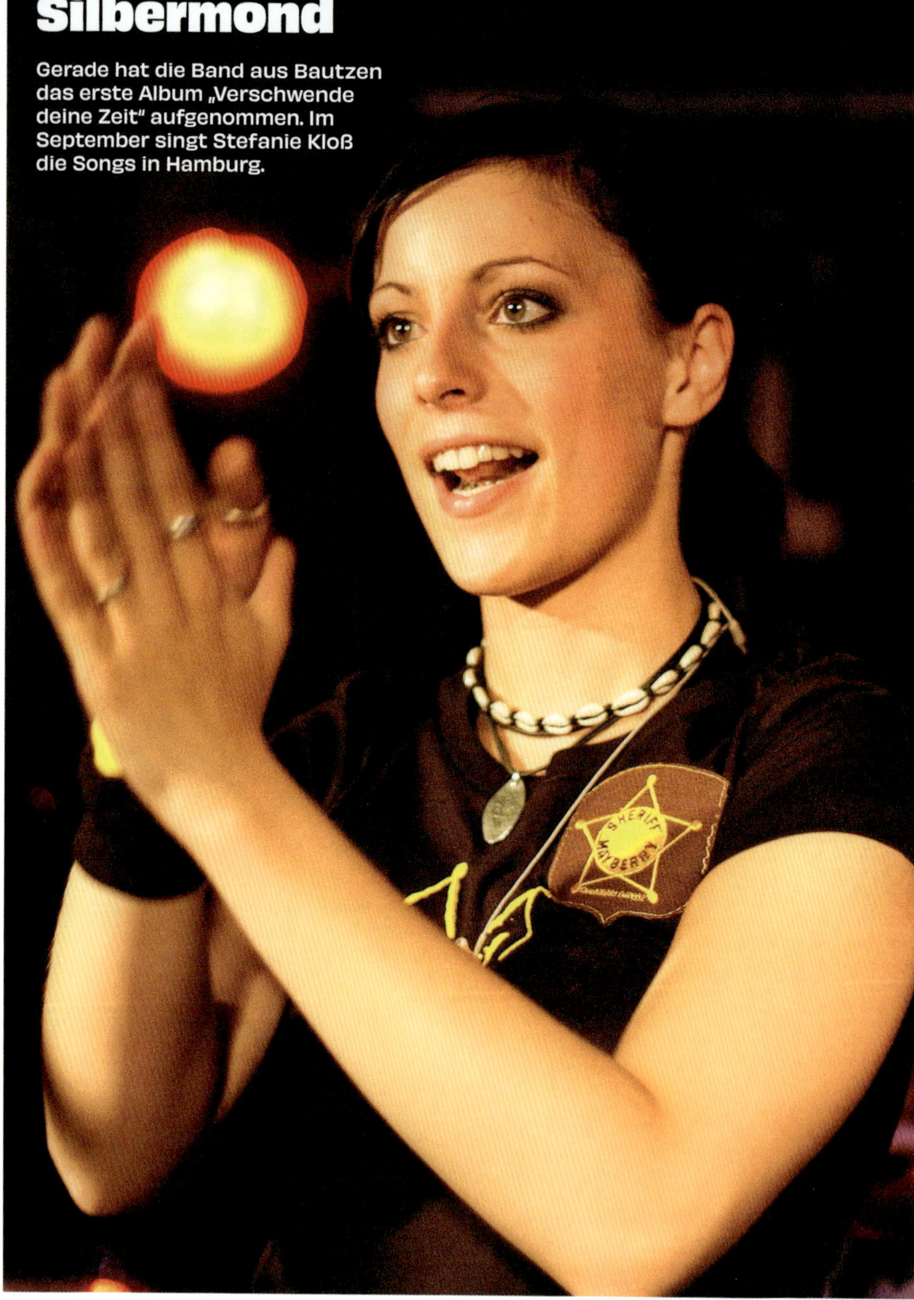

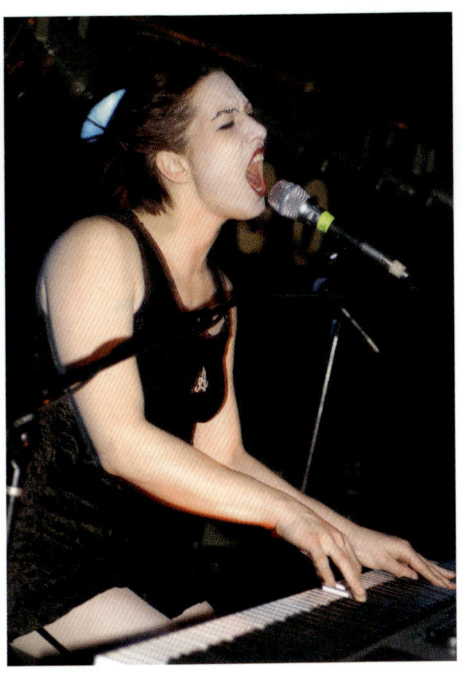

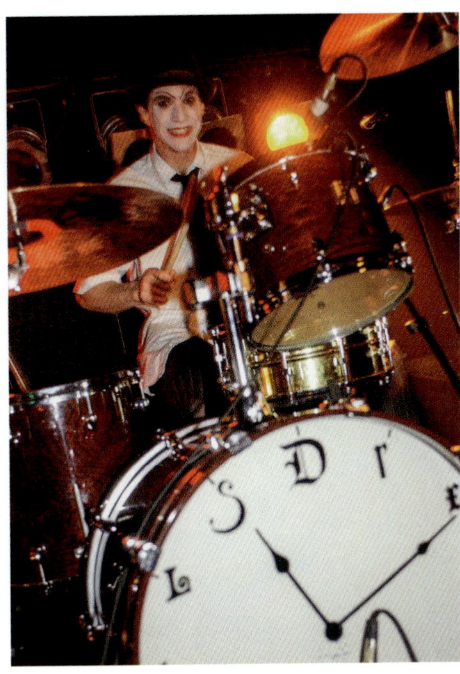

2005

Viel Pop und ein bisschen Cabaret im März: **The Dresden Dolls**

Na, wer raucht denn da, als im Dezember der norwegische Singer-Songwriter **Thomas Dybdahl** spielt?

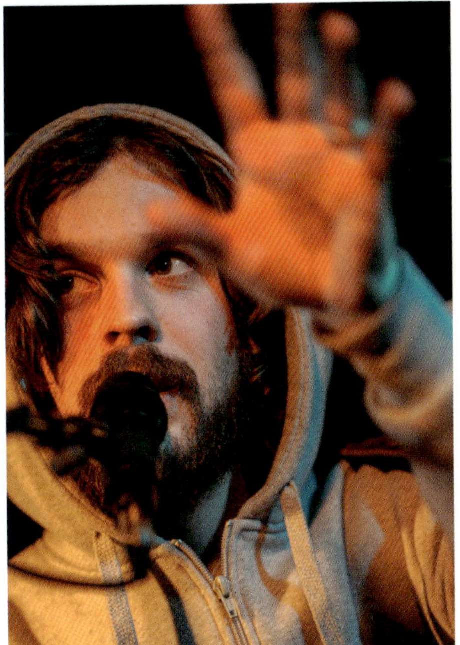

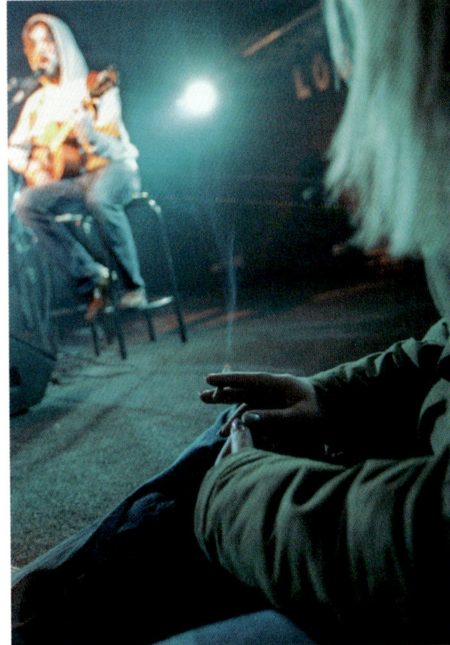

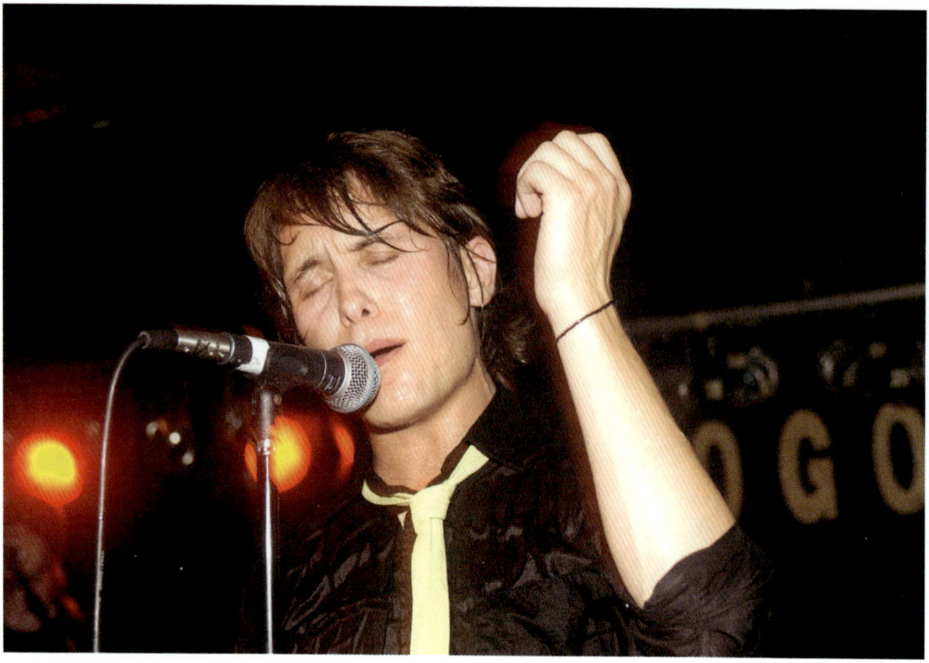

2005

Ausgesorgt hat **Mark Owen** als Mitglied von Take That, im Juli stellt er seine dritte Solo-LP vor.

Neu aus UK: die Brit-Popper **Kaiser Chiefs** im Mai

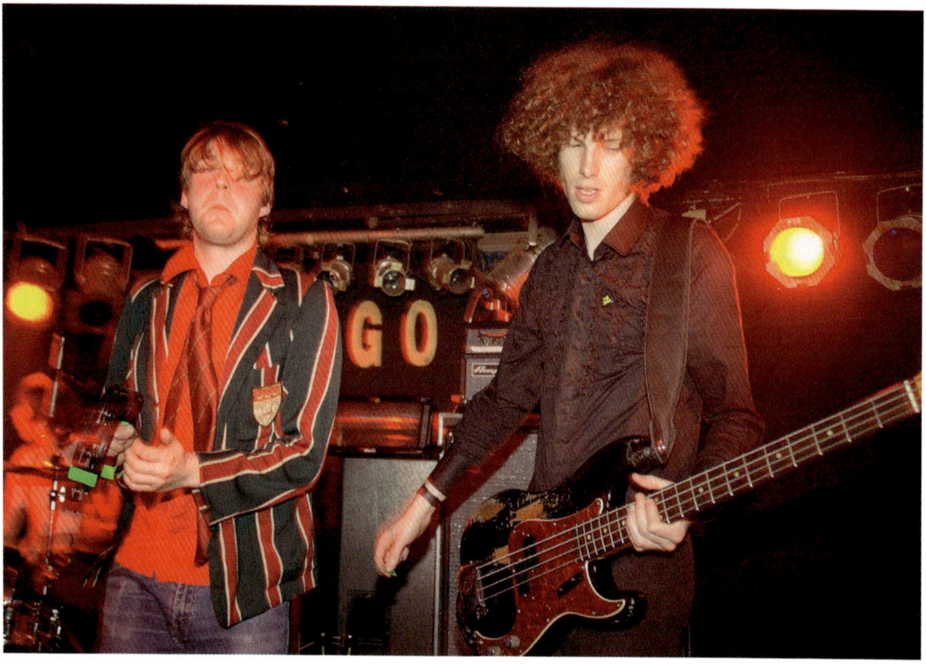

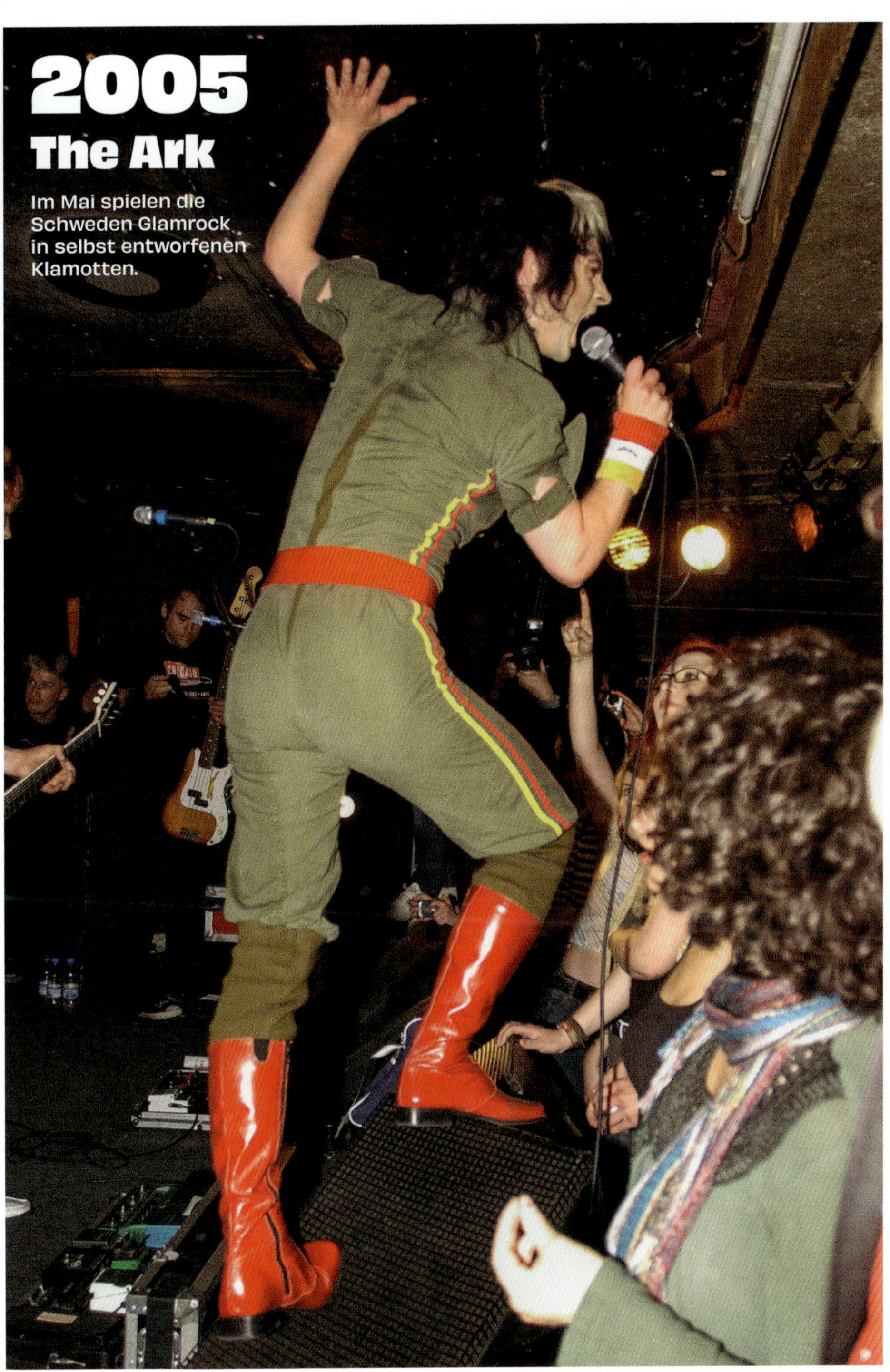

2005
The Ark

Im Mai spielen die Schweden Glamrock in selbst entworfenen Klamotten.

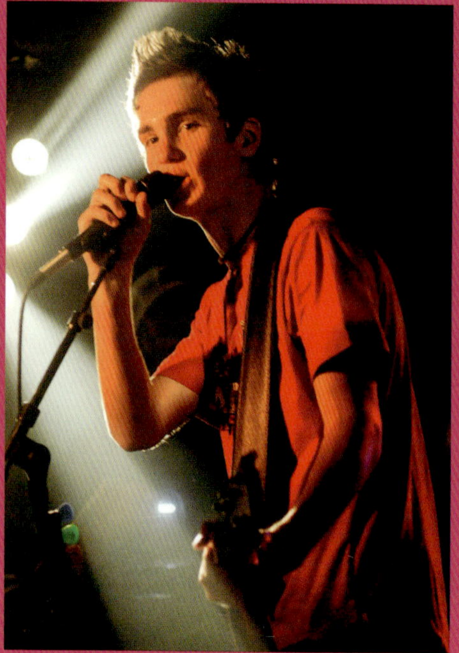

2006

Killerpilze

Sind sie Tokio Hotel in Böse? Als im Juni das Trio aus Dillingen an der Donau in Hamburg auftritt, herrscht auf der Grindelallee früh Teenie-Alarm.

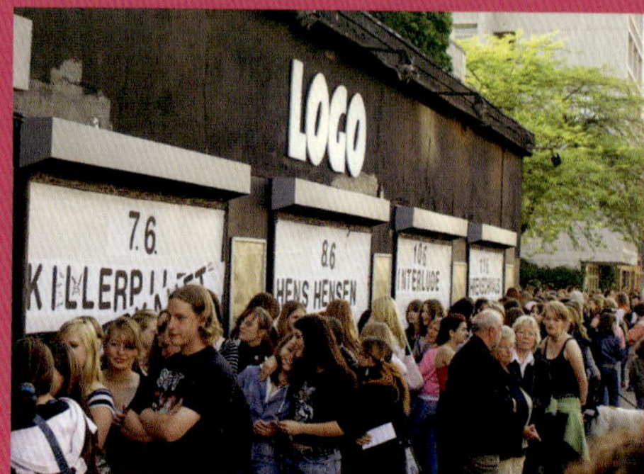

2008

Kill Hannah bringen im Oktober Alternative Rock aus Chicago.

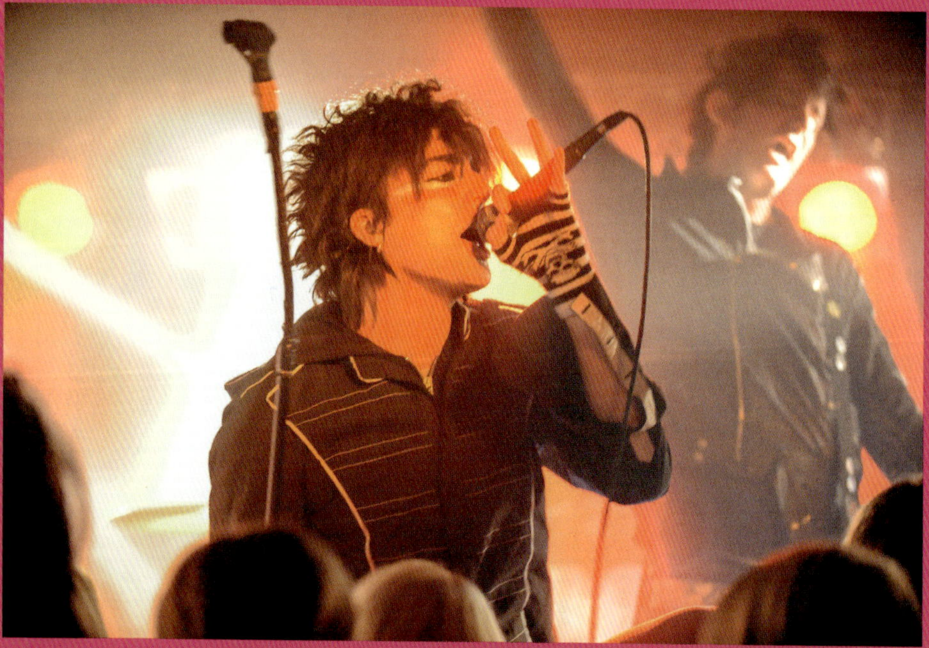

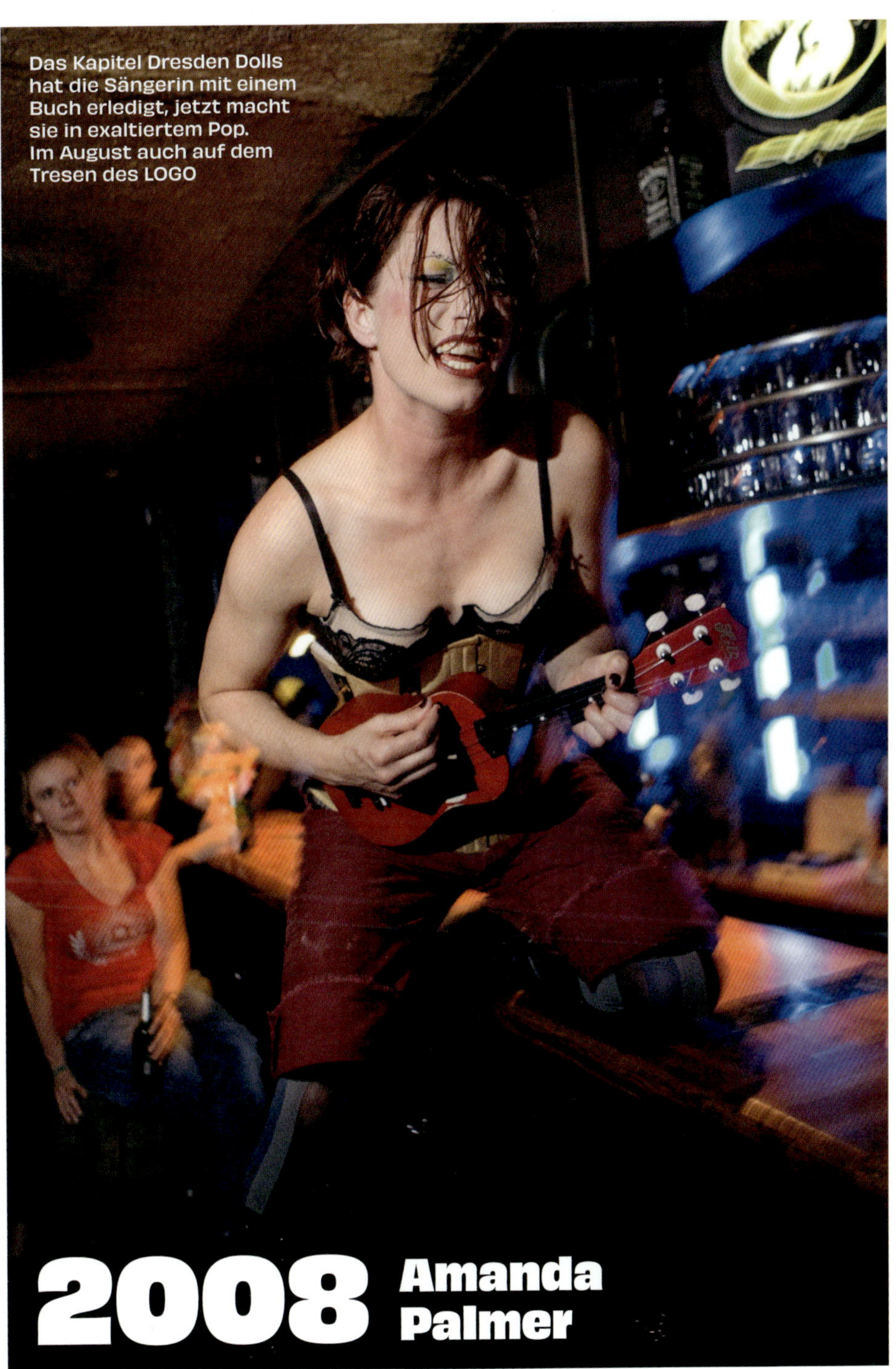
Das Kapitel Dresden Dolls hat die Sängerin mit einem Buch erledigt, jetzt macht sie in exaltiertem Pop. Im August auch auf dem Tresen des LOGO

2008 Amanda Palmer

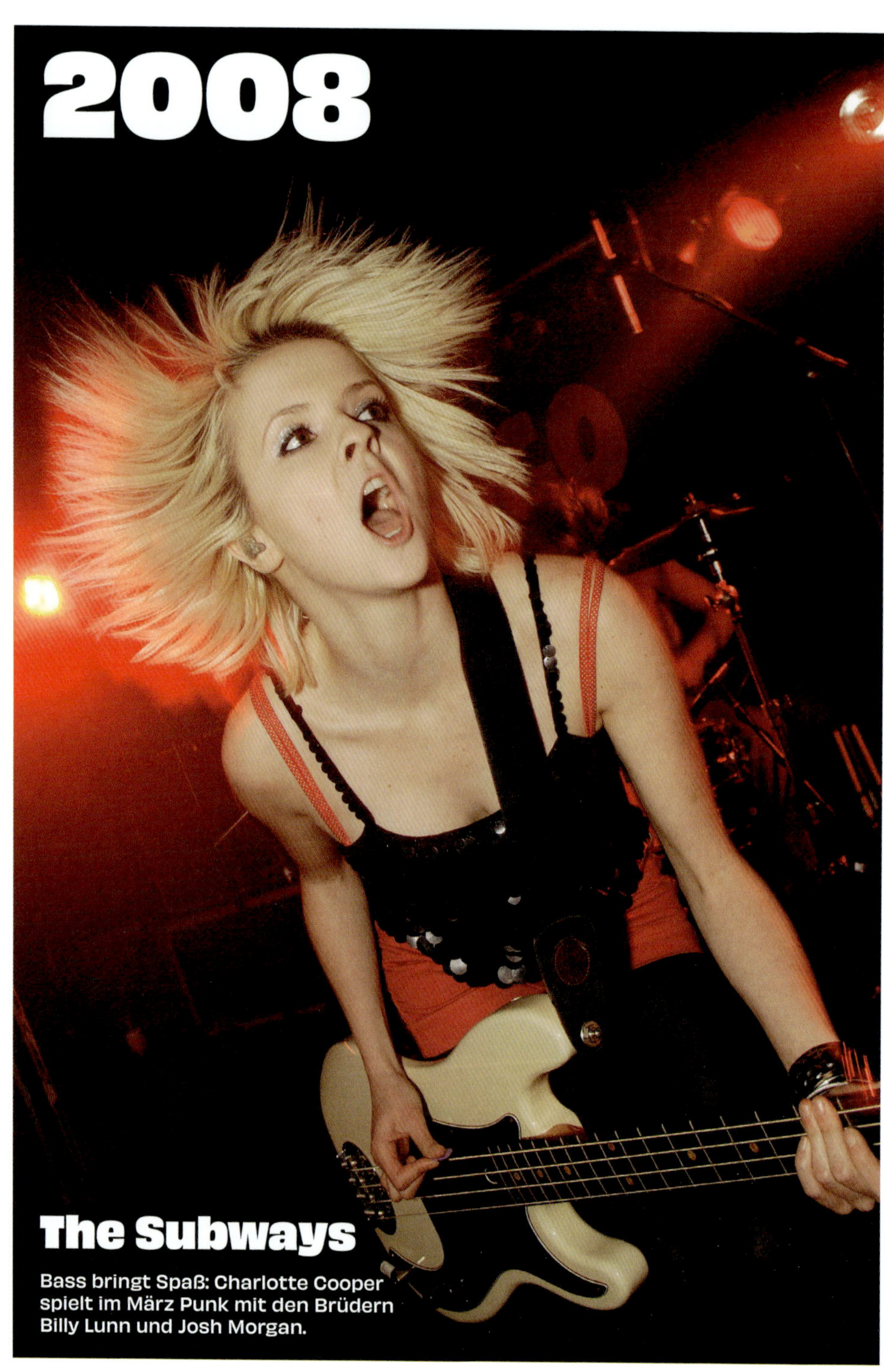

2008

The Subways

Bass bringt Spaß: Charlotte Cooper spielt im März Punk mit den Brüdern Billy Lunn und Josh Morgan.

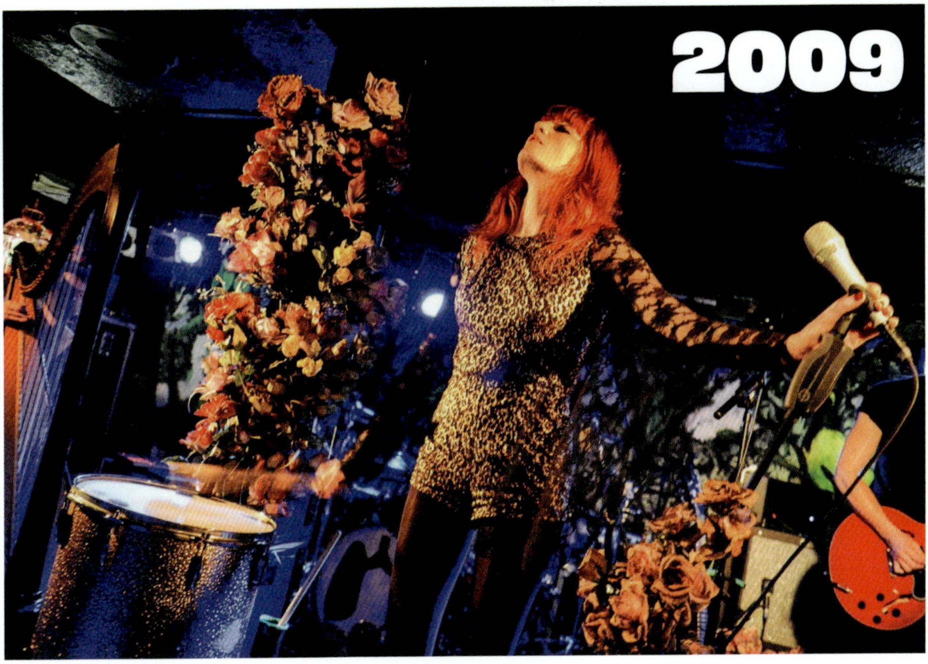

2009

Good evening, Hamburg! **Florence + the Machine** mit Indie-Pop bei ihrem Antrittsbesuch im Oktober.

Mario Duplantier prügelt im August die französische Metalband **Gojira** nach vorn.

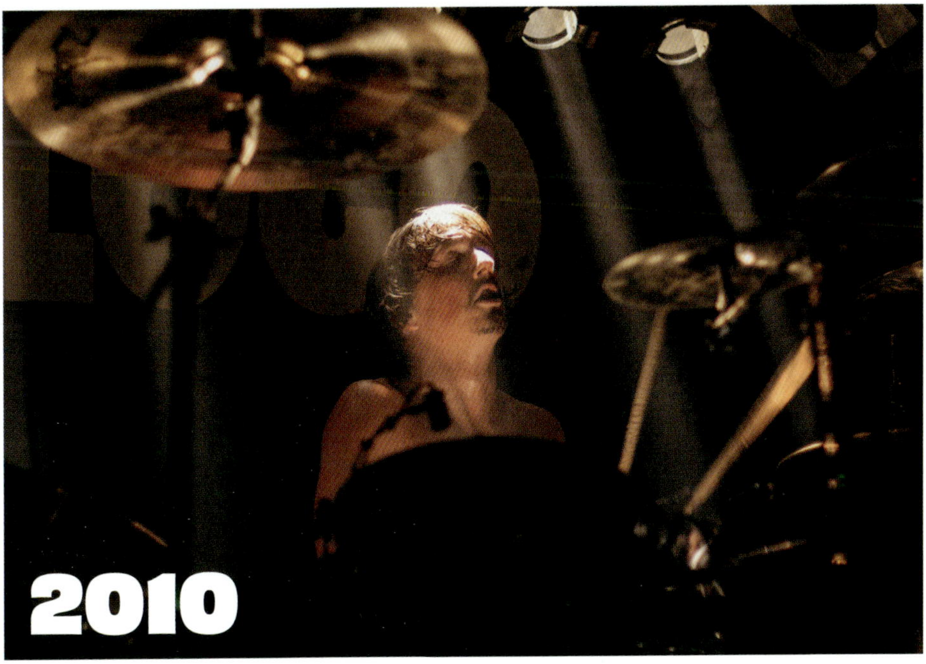

2010

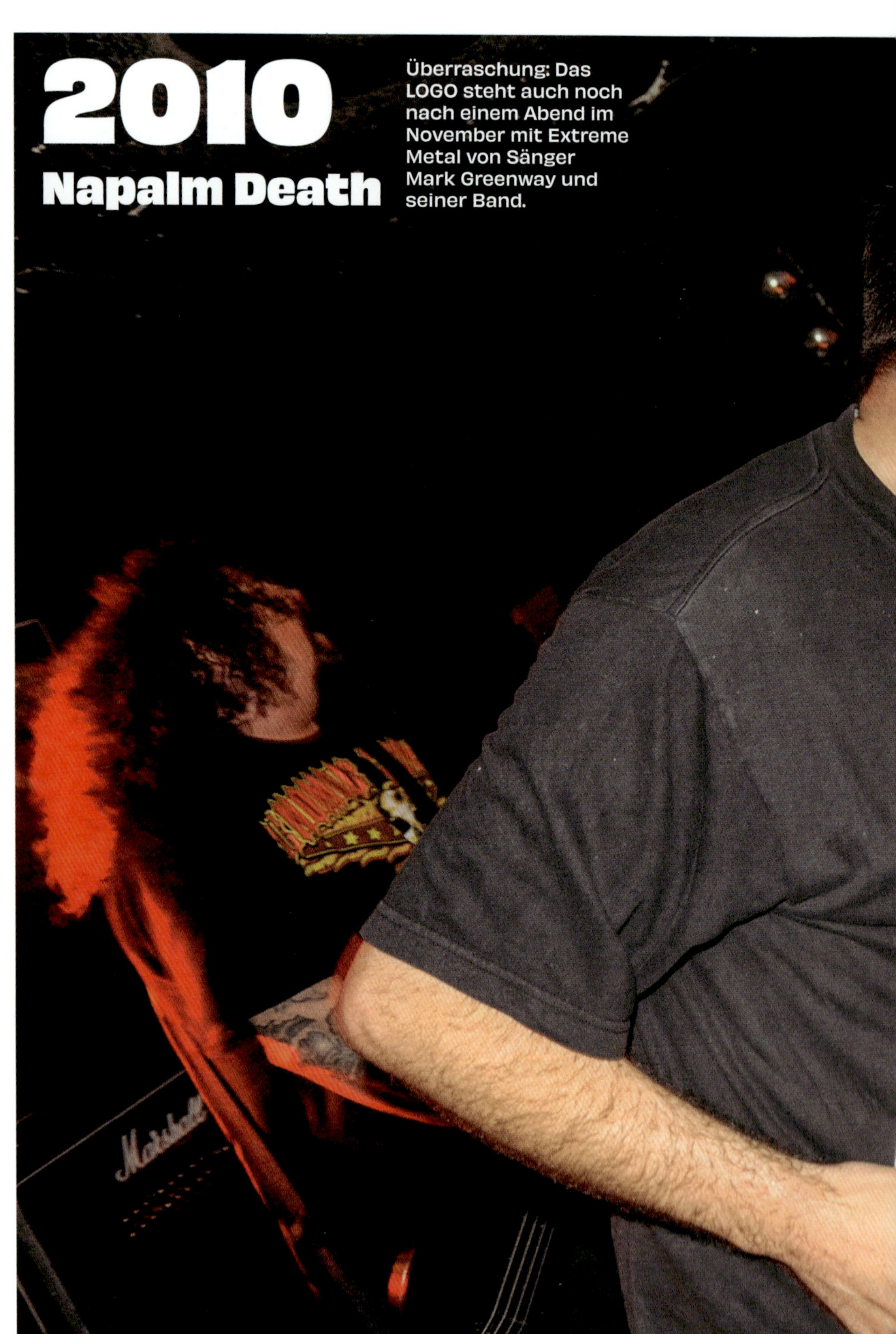

2010
Napalm Death

Überraschung: Das LOGO steht auch noch nach einem Abend im November mit Extreme Metal von Sänger Mark Greenway und seiner Band.

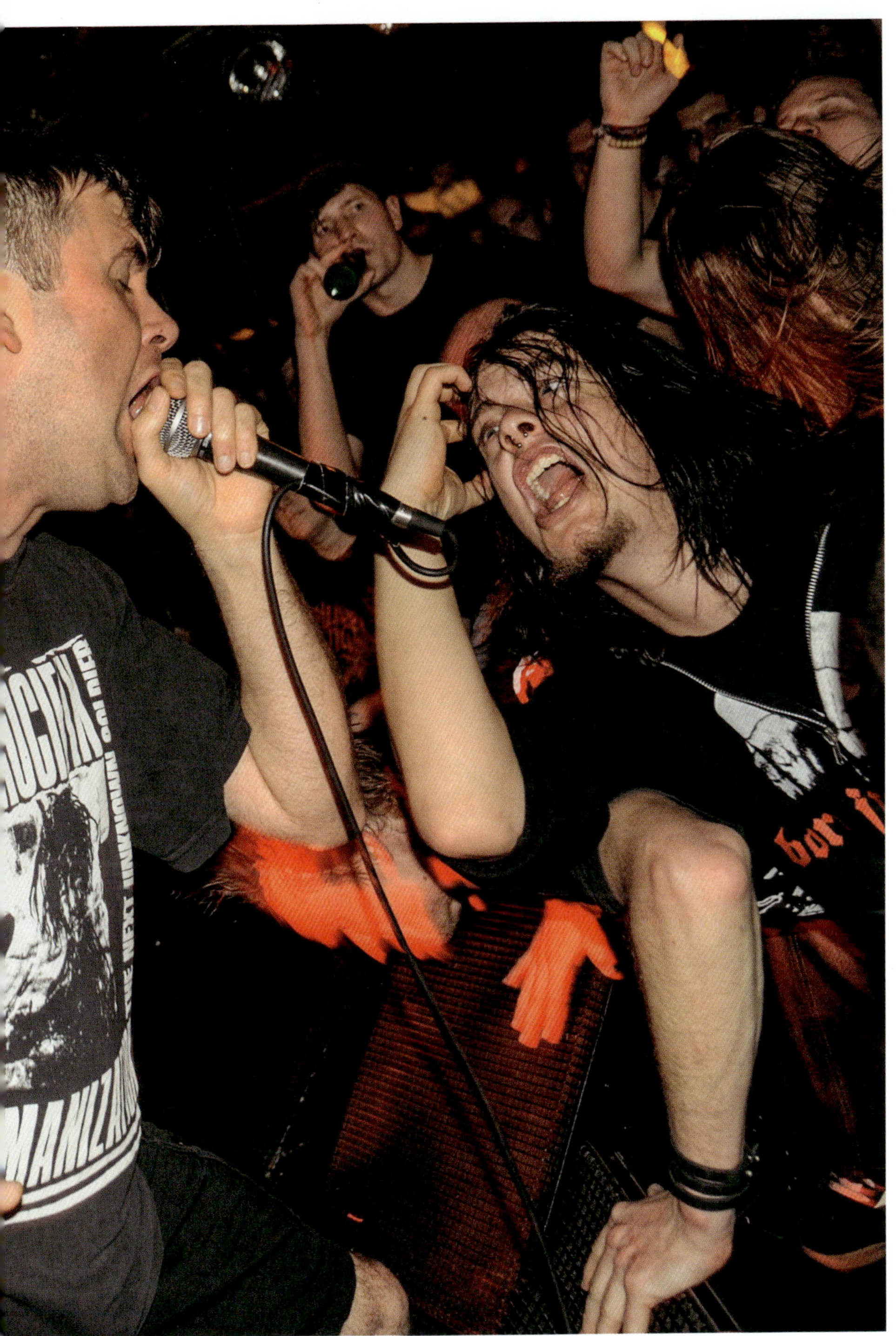

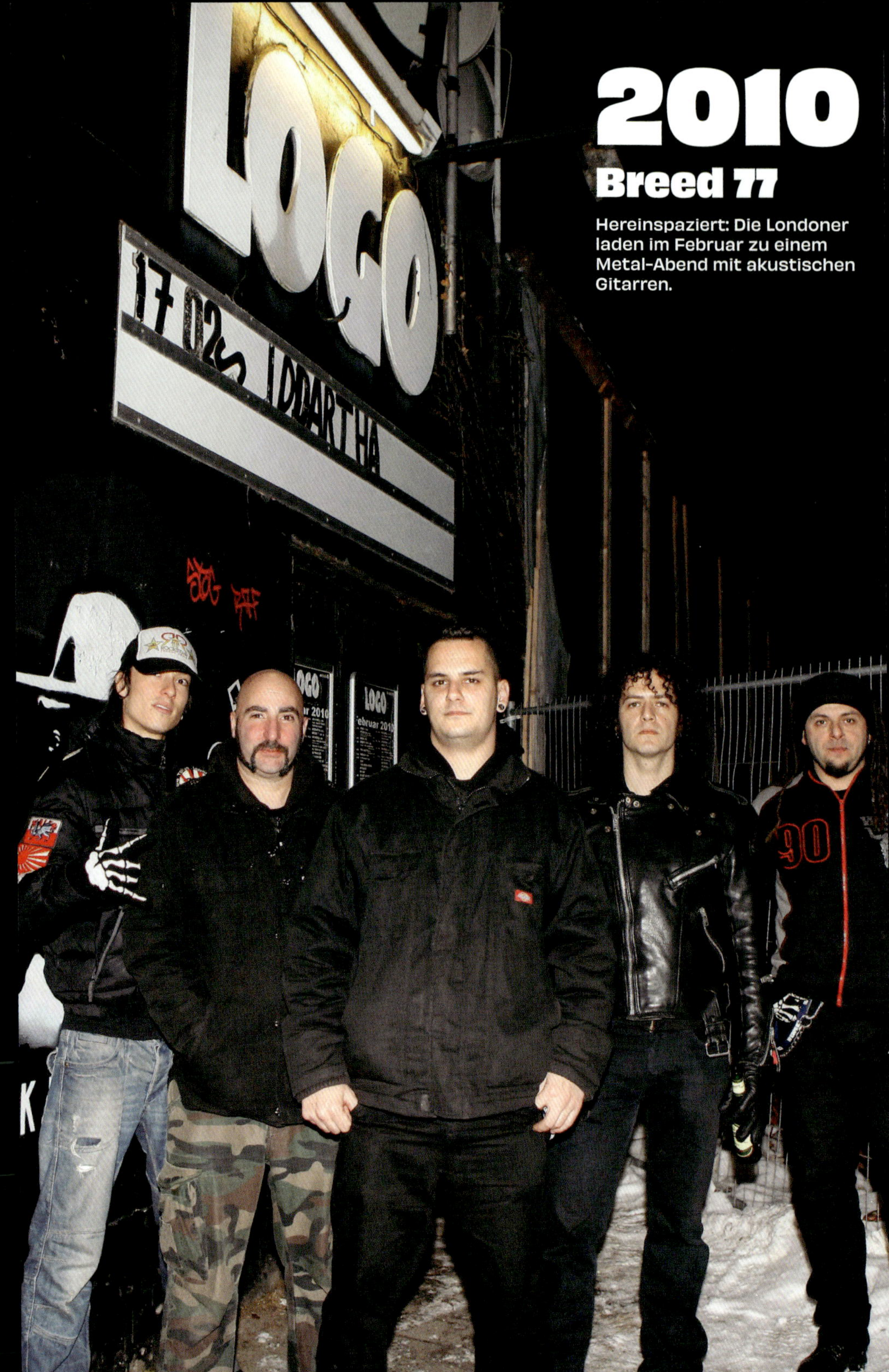

2010

Breed 77

Hereinspaziert: Die Londoner laden im Februar zu einem Metal-Abend mit akustischen Gitarren.

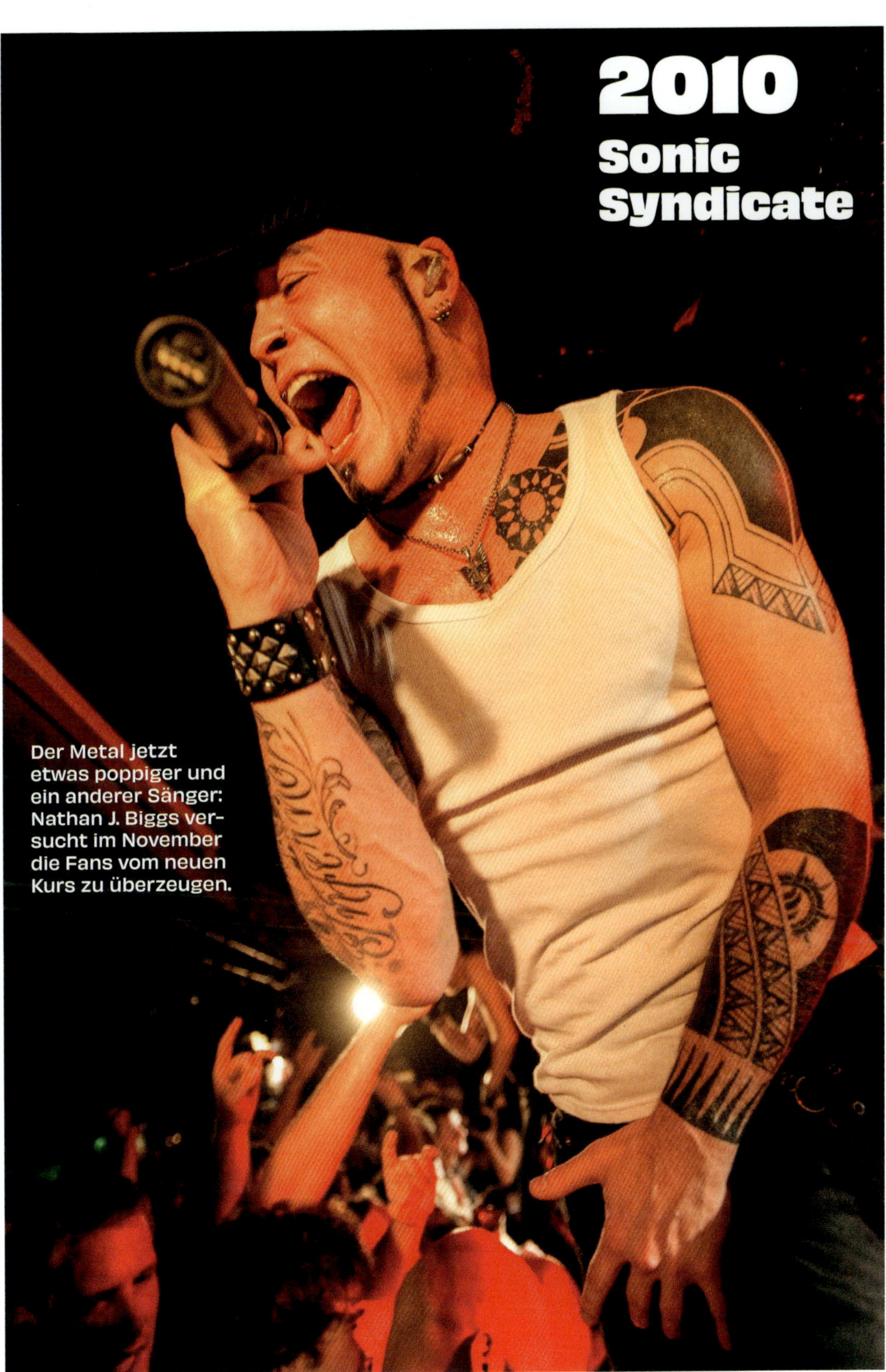

2010
Sonic Syndicate

Der Metal jetzt etwas poppiger und ein anderer Sänger: Nathan J. Biggs versucht im November die Fans vom neuen Kurs zu überzeugen.

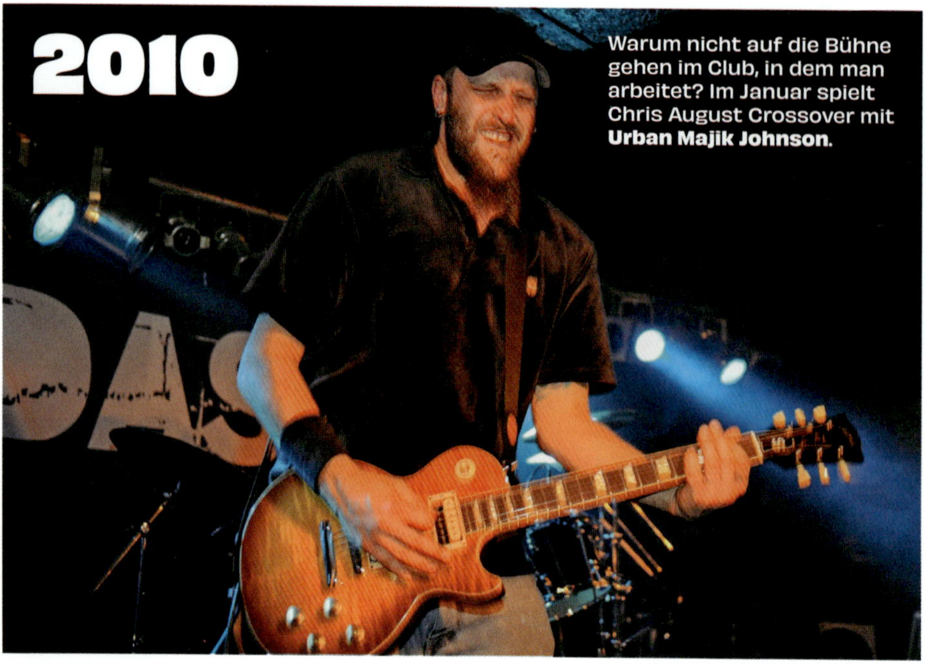

2010

Warum nicht auf die Bühne gehen im Club, in dem man arbeitet? Im Januar spielt Chris August Crossover mit **Urban Majik Johnson**.

2011

Rock und Pop: Bloß nicht zu ernst nehmen, findet der King of Heimorgel **Mambo Kurt** auch in diesem Dezember.

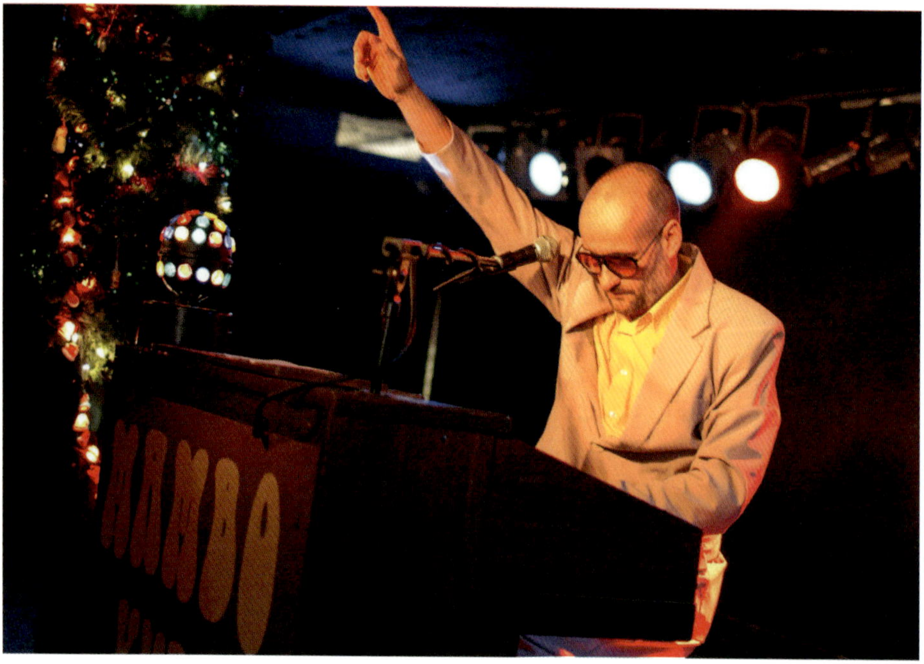

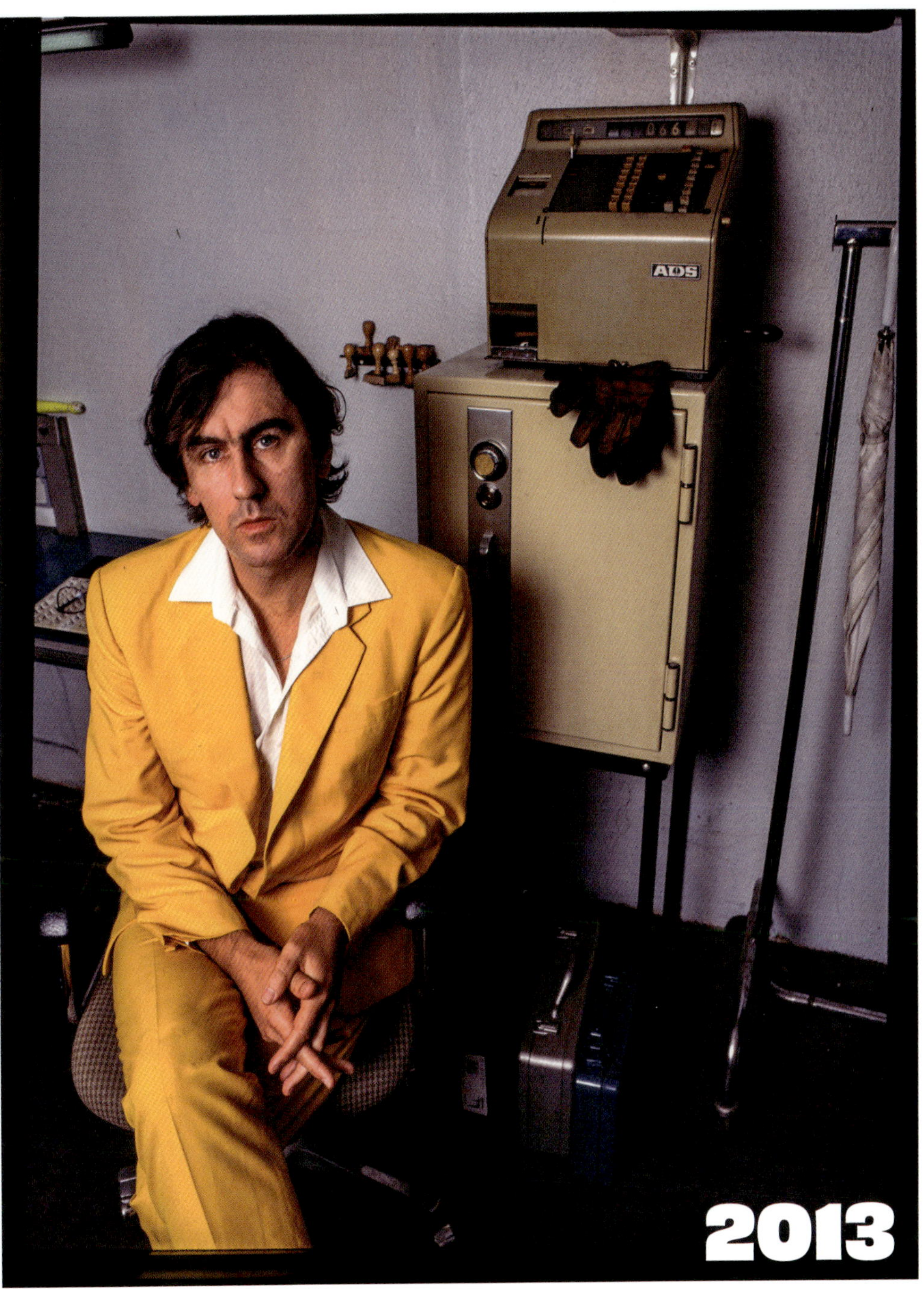

Robert Forster macht nach dem Ende der Go-Betweens auch solo eine gute Figur. Im Juli sitzt er vor dem alten Safe des LOGO.

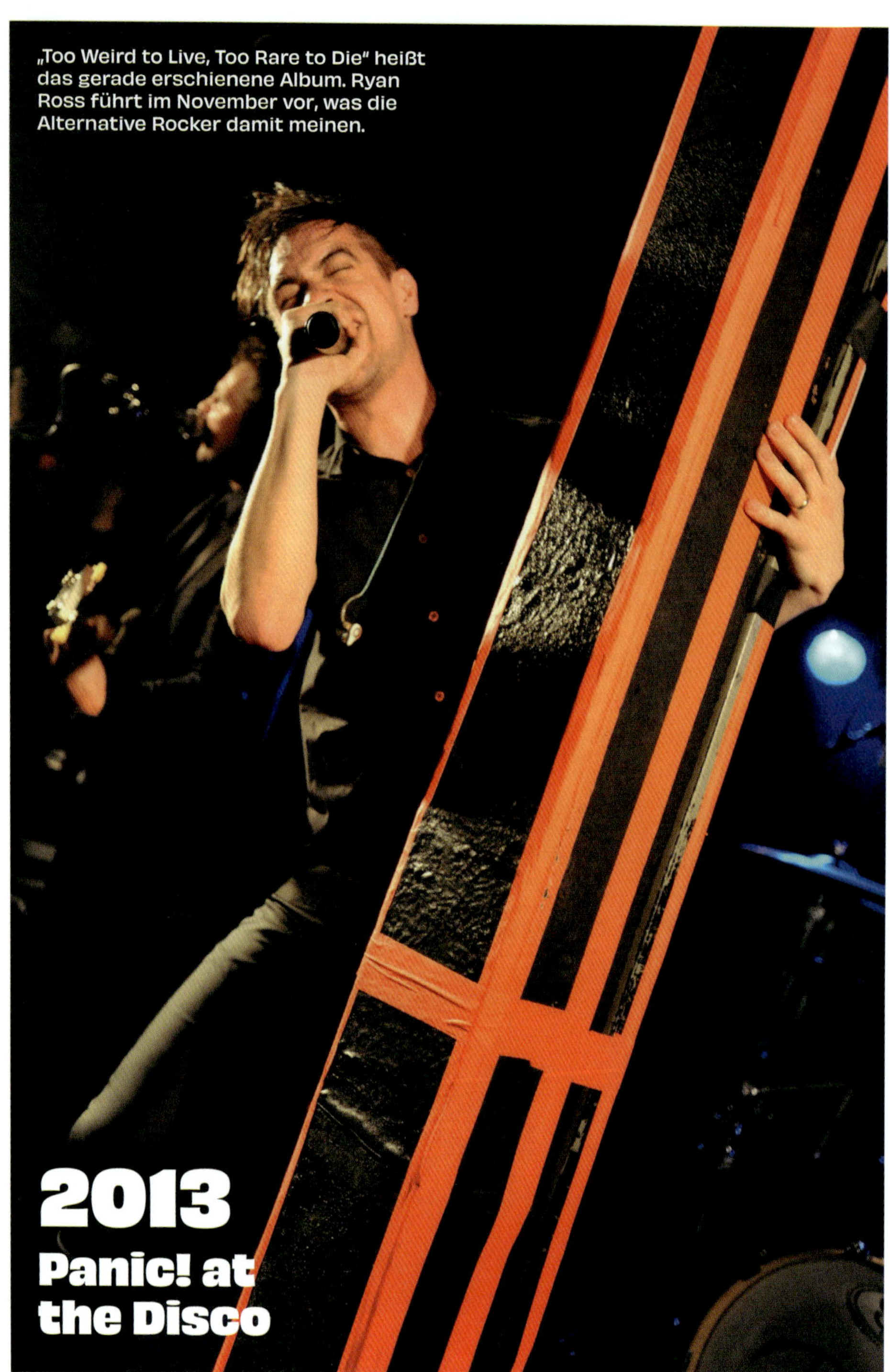

„Too Weird to Live, Too Rare to Die" heißt das gerade erschienene Album. Ryan Ross führt im November vor, was die Alternative Rocker damit meinen.

2013
Panic! at the Disco

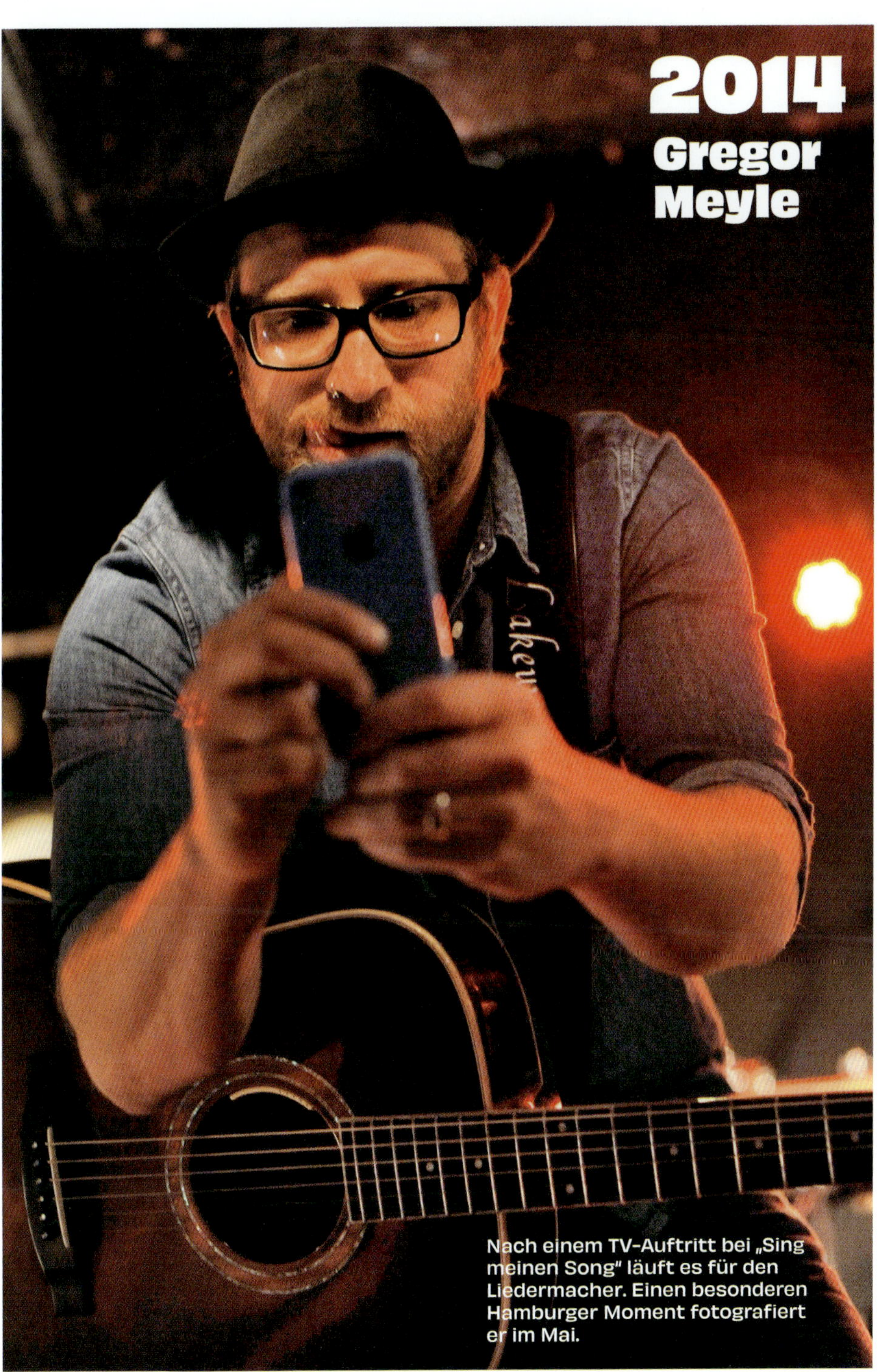

2014 Gregor Meyle

Nach einem TV-Auftritt bei „Sing meinen Song" läuft es für den Liedermacher. Einen besonderen Hamburger Moment fotografiert er im Mai.

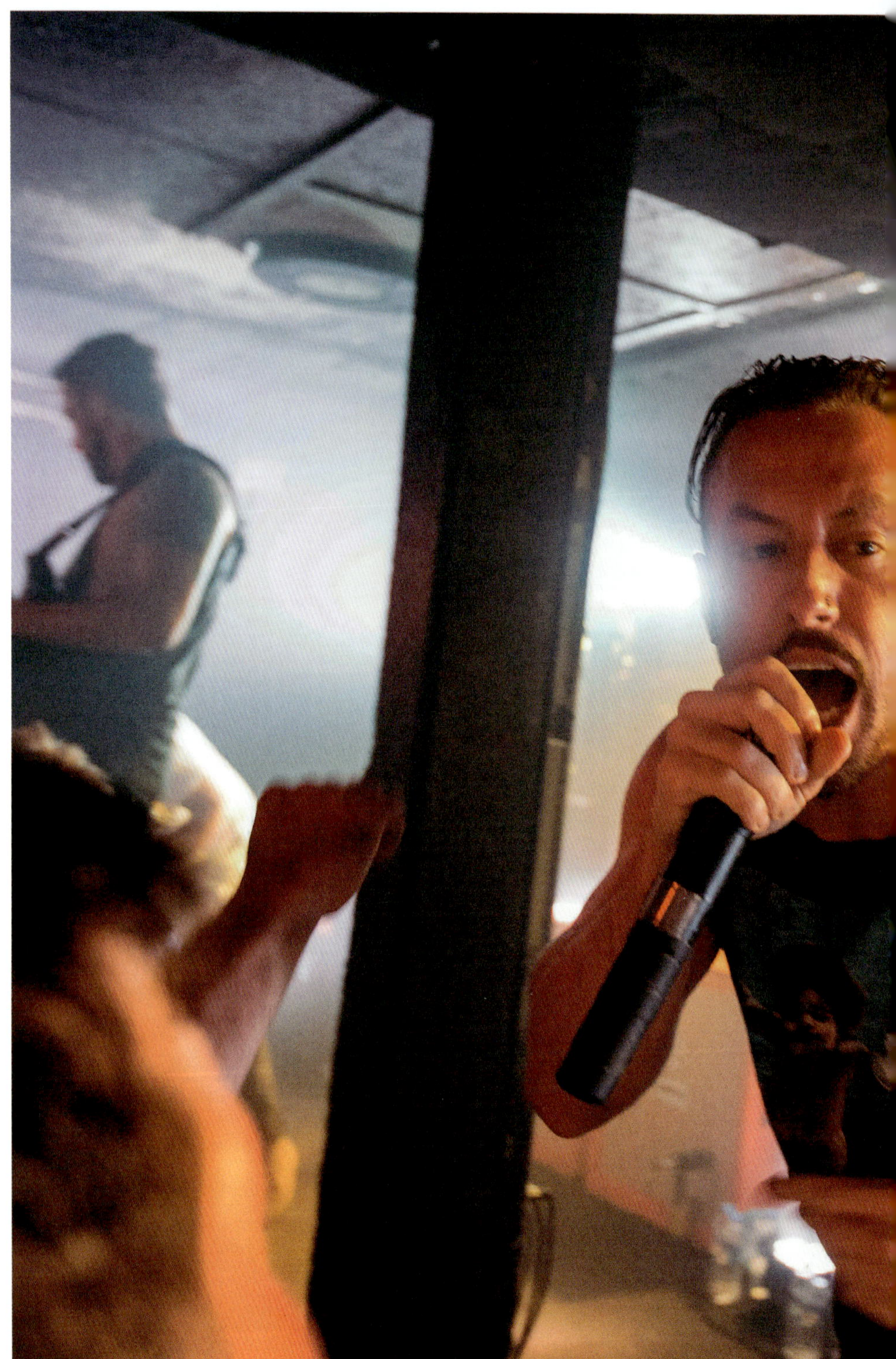

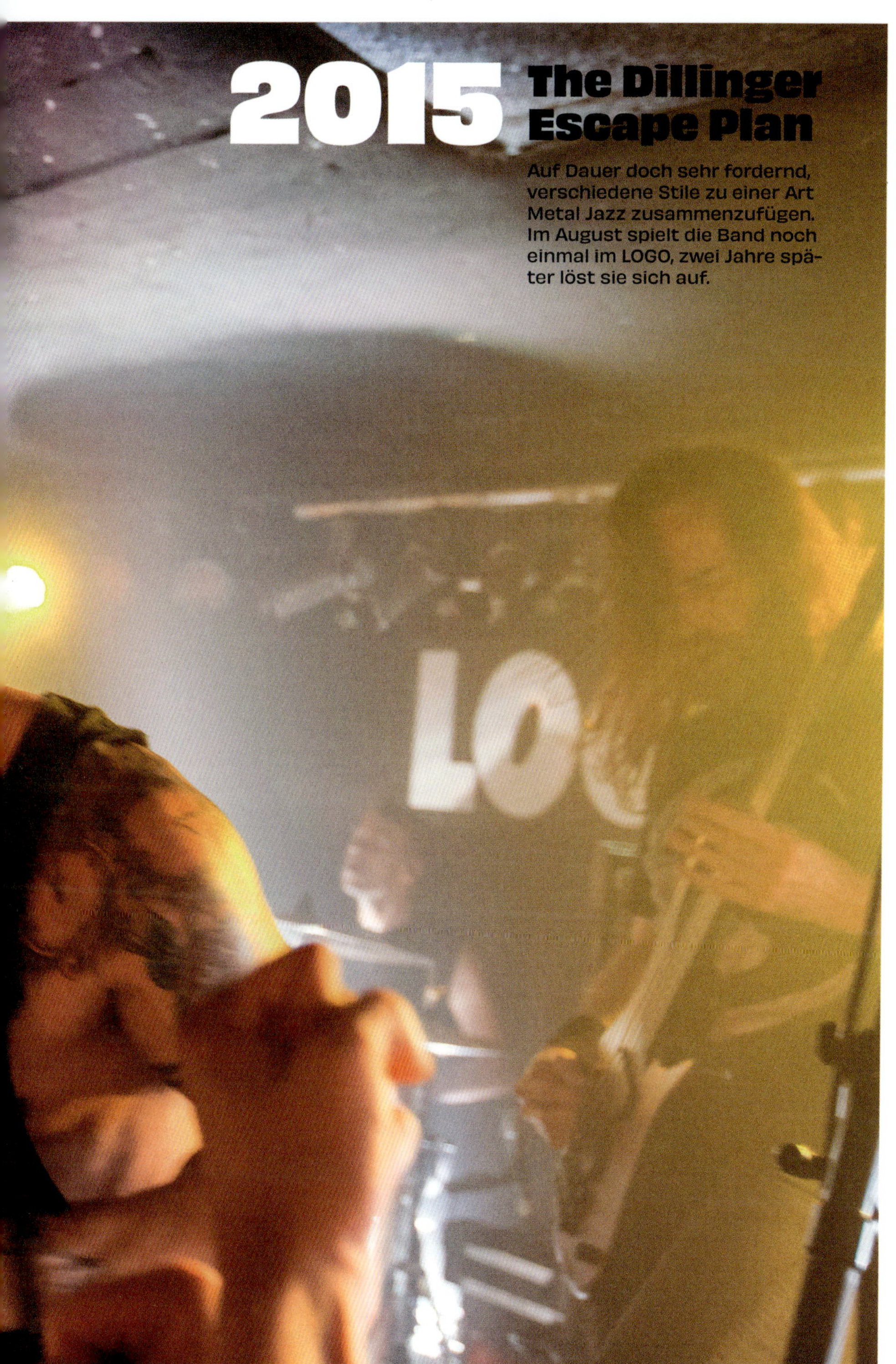

2015 The Dillinger Escape Plan

Auf Dauer doch sehr fordernd, verschiedene Stile zu einer Art Metal Jazz zusammenzufügen. Im August spielt die Band noch einmal im LOGO, zwei Jahre später löst sie sich auf.

2015

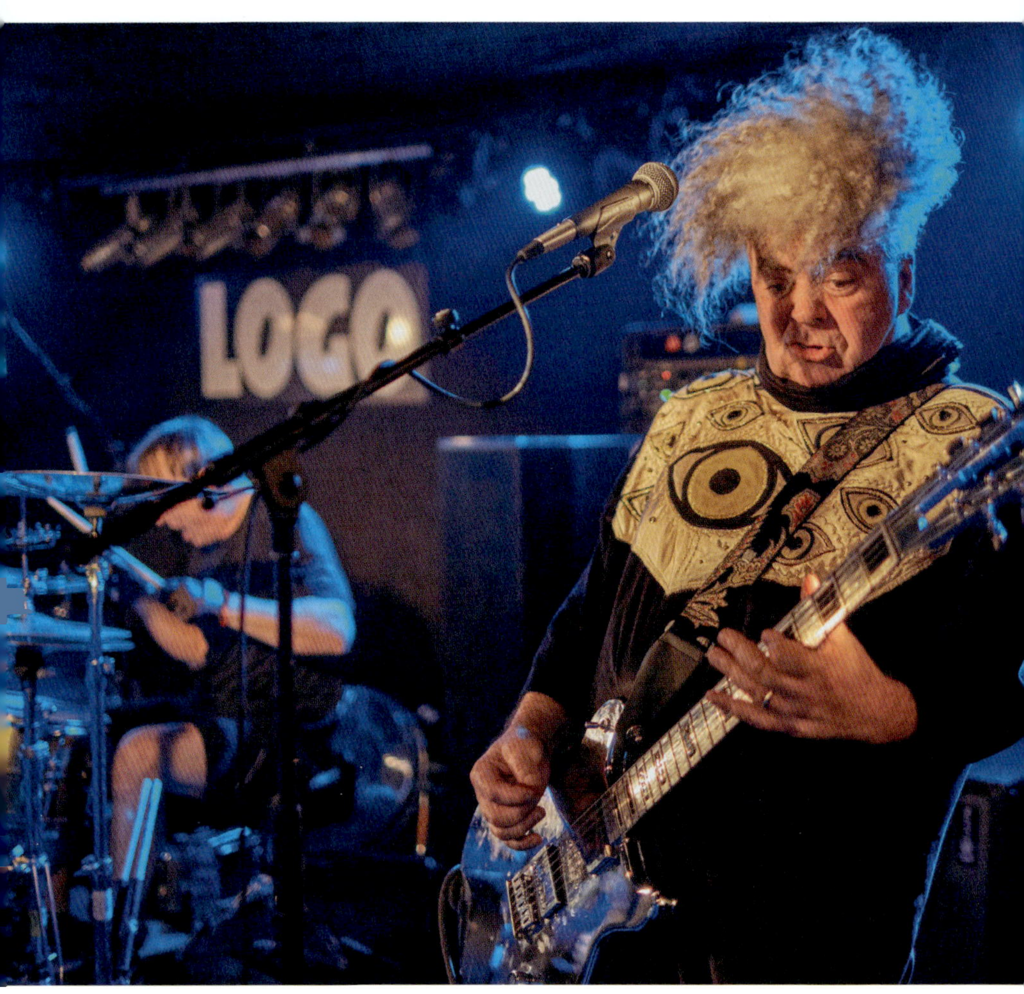

Melvins

Knapp 30 Alben zwischen Grunge und Metal nach gut 30 Jahren: Da kommt Buzz Osborne mit seiner Band mal für eine Zwischenbilanz vorbei.

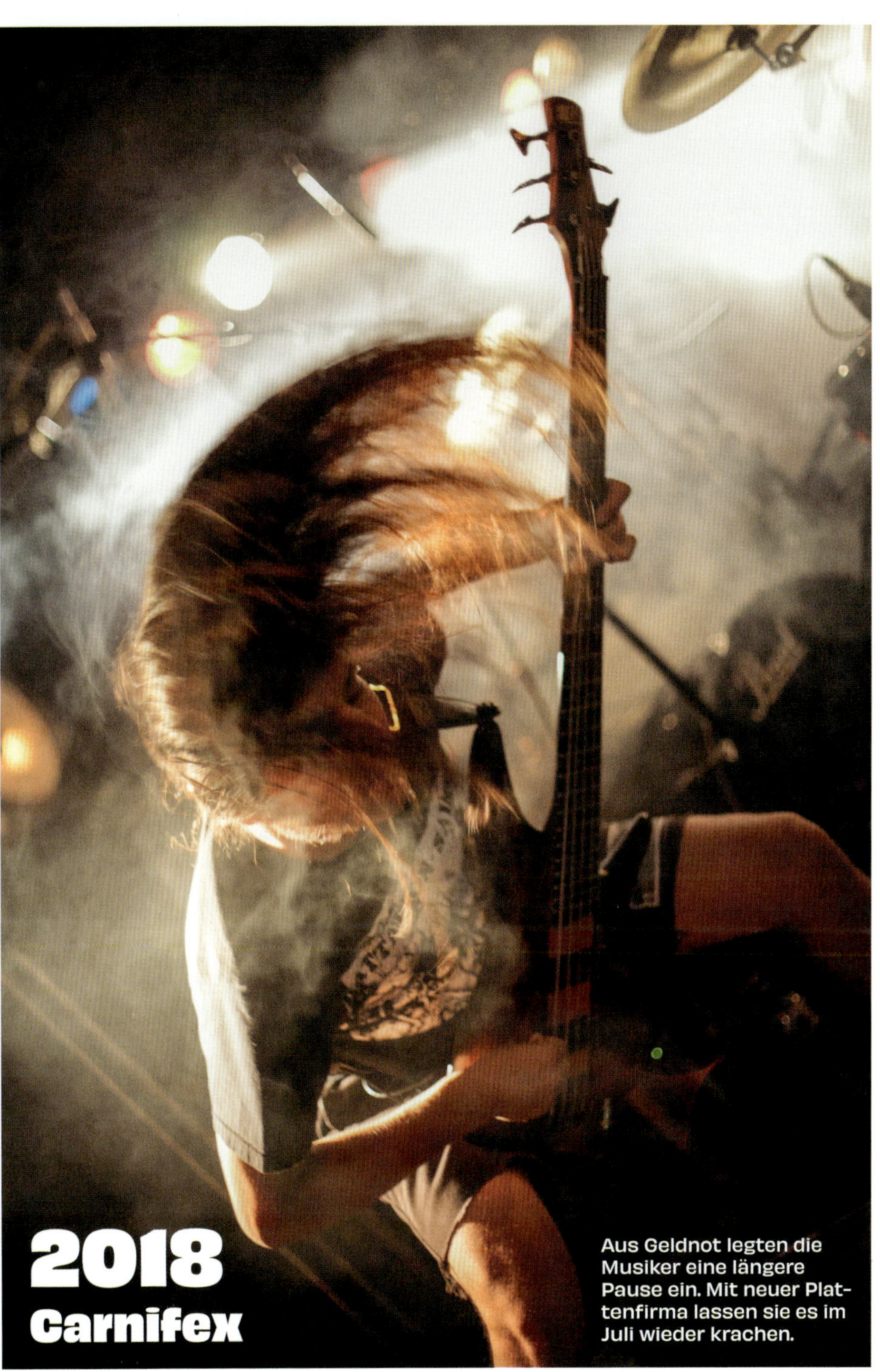

2018
Carnifex

Aus Geldnot legten die Musiker eine längere Pause ein. Mit neuer Plattenfirma lassen sie es im Juli wieder krachen.

2018

Nervosa

Faust und Pommesgabel: Die Frauen aus São Paulo zeigen im Juli, was eine Harke aus Trash Metal ist.

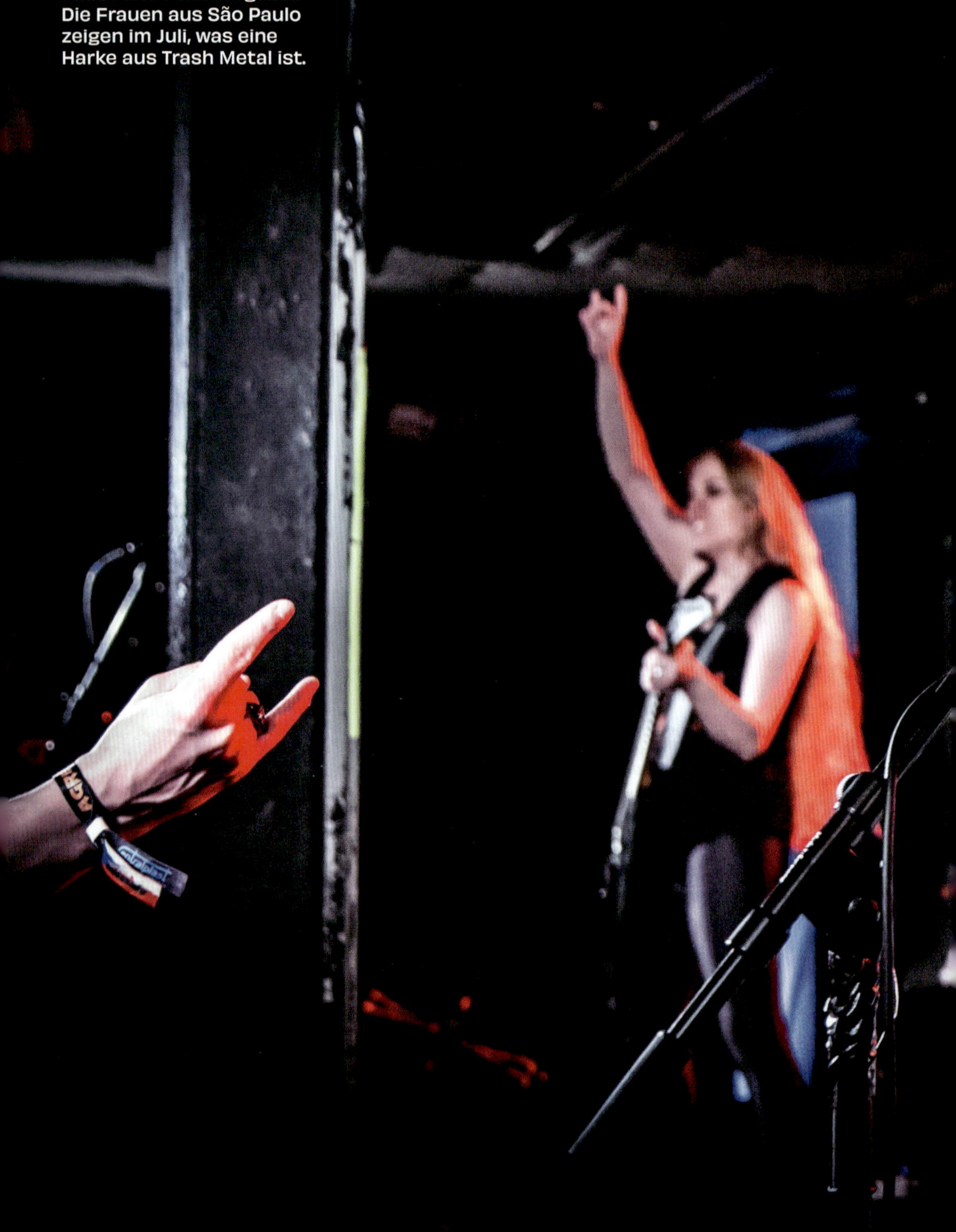

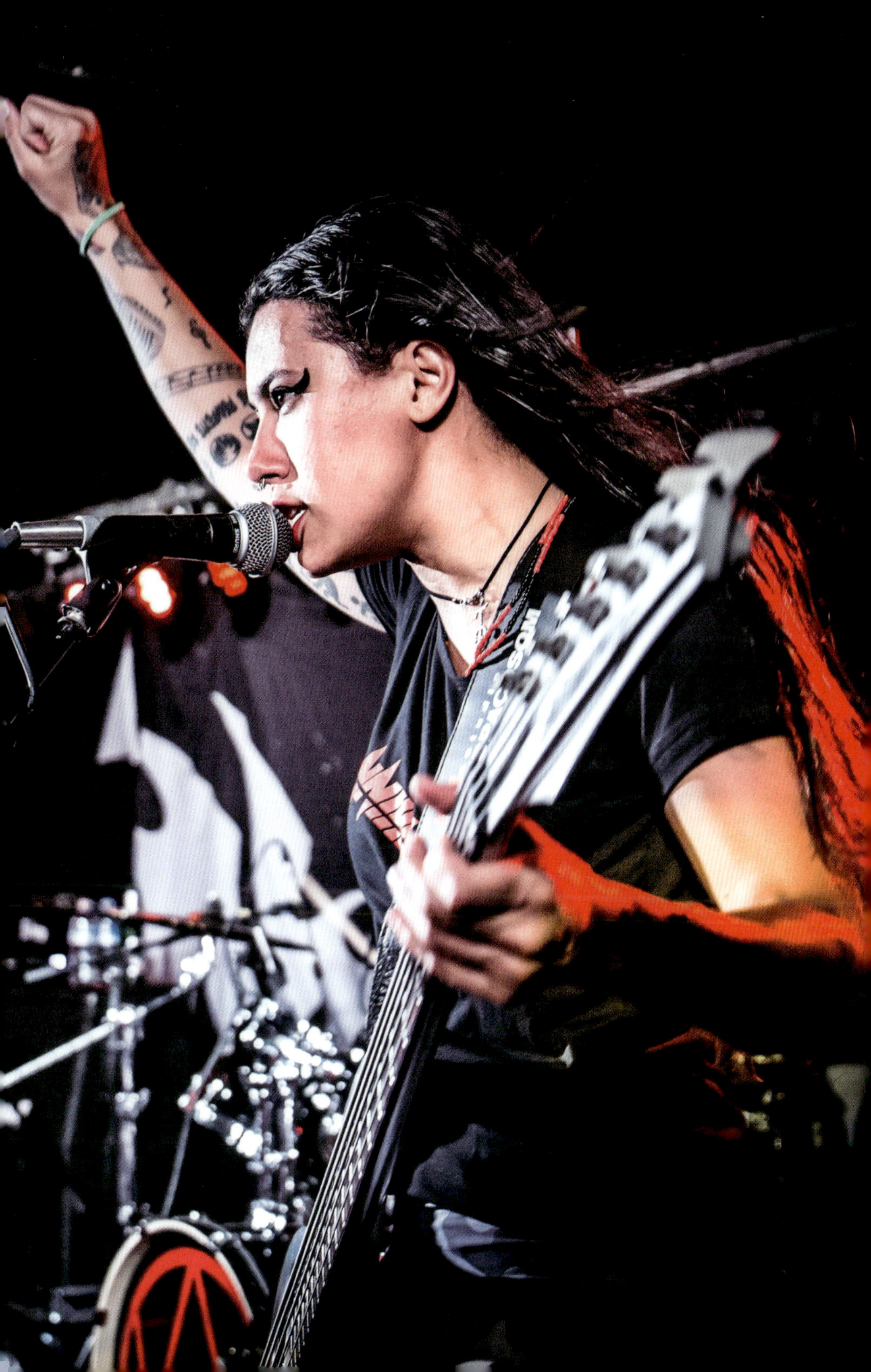

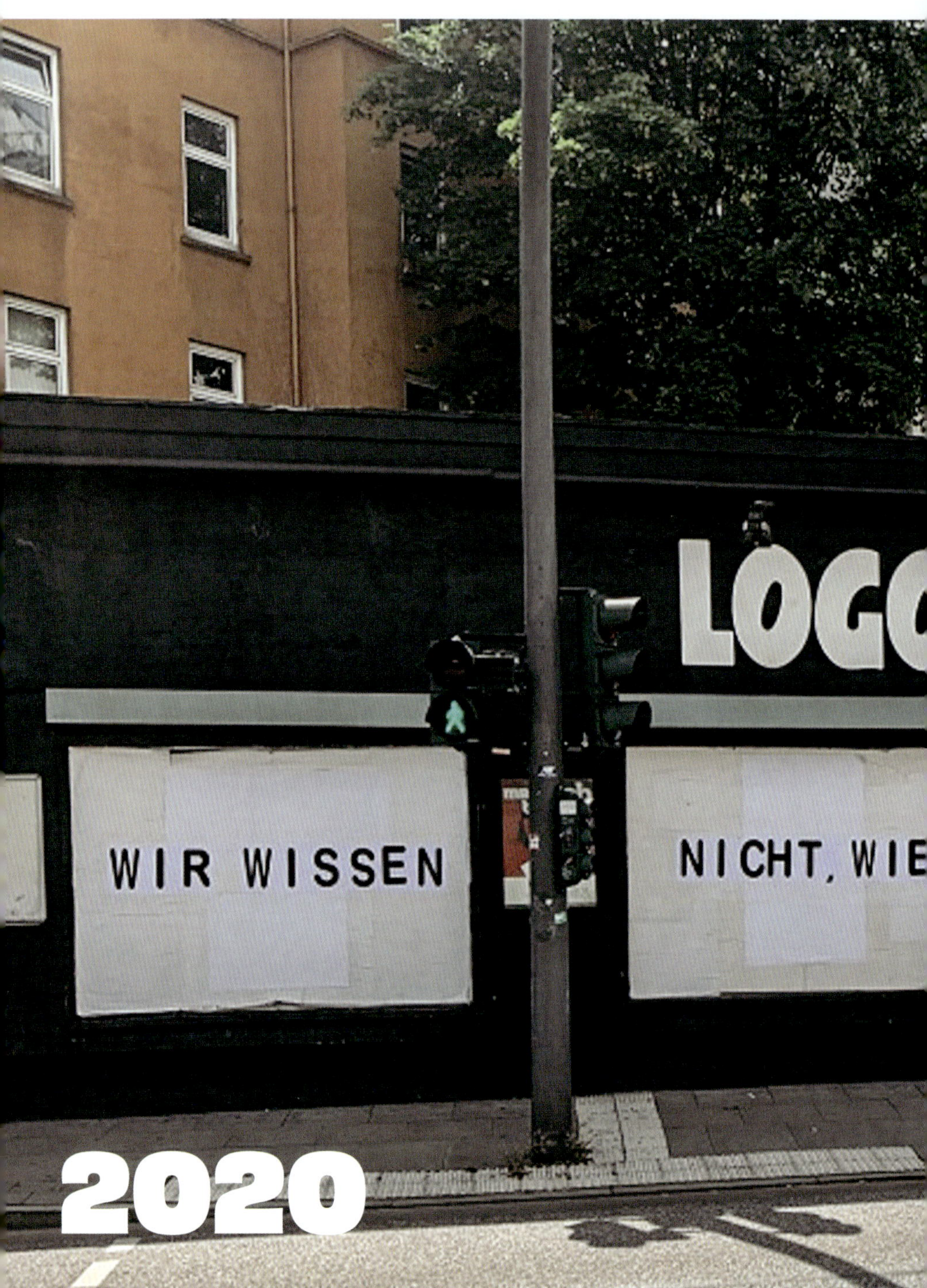

2020

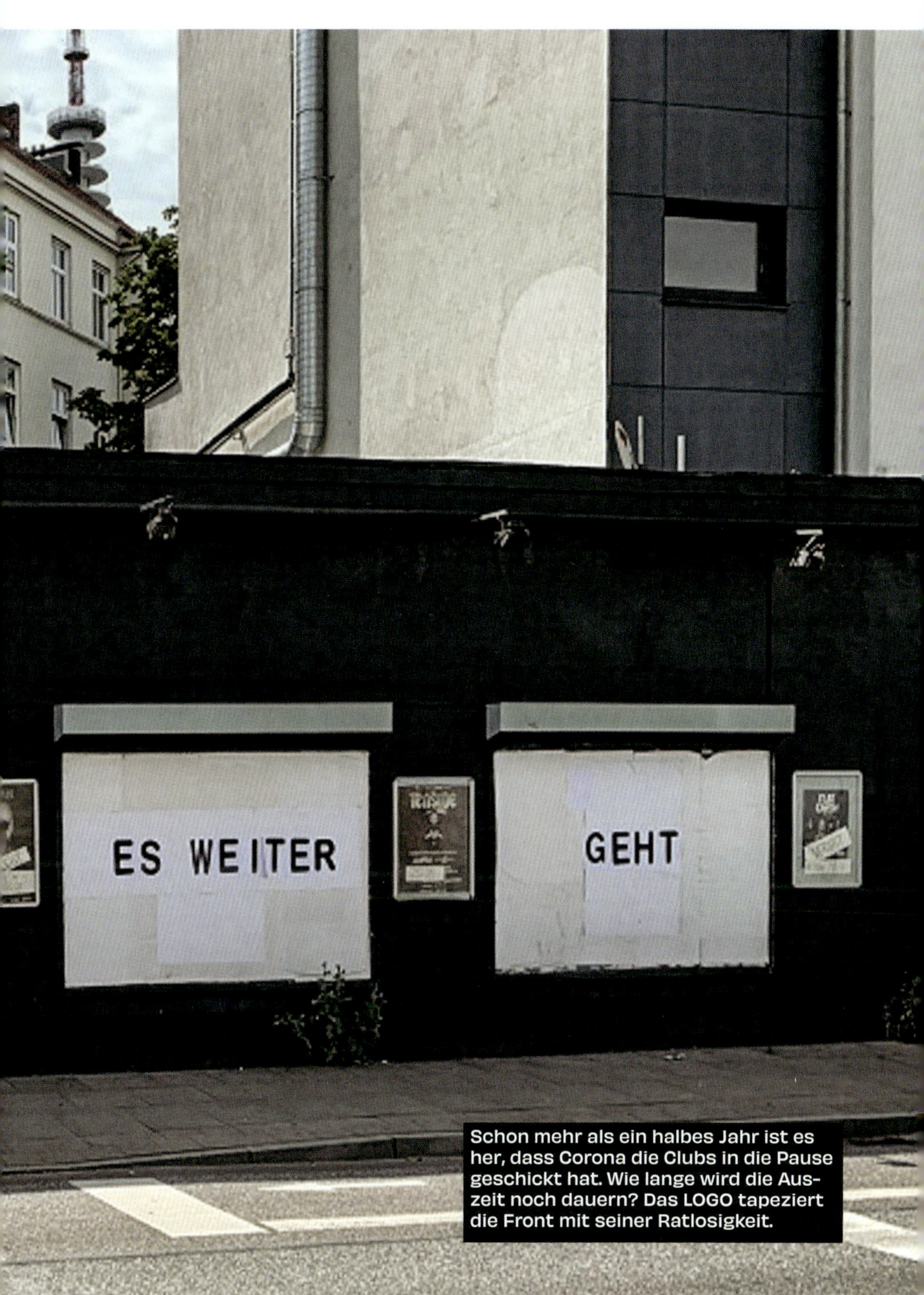

Schon mehr als ein halbes Jahr ist es her, dass Corona die Clubs in die Pause geschickt hat. Wie lange wird die Auszeit noch dauern? Das LOGO tapeziert die Front mit seiner Ratlosigkeit.

Seit 2021

Eine Klimaanlage für die Sauna

Inhaber: Chris August, Lea Goltz und Karsten Schölermann
Booking: Chris August
Wieder rund 200 Konzerte pro Jahr

Kurz vor dem Corona-Lockdown fängt Lea Goltz als Auszubildende an. +++ Alle Mitarbeiter müssen in Kurzarbeit. Weil das LOGO über Rücklagen verfügt, kann es kein Fördergeld beantragen. +++ Als die Reserven aufgebraucht sind, startet das LOGO einen Spendenaufruf. Weltweit wird Geld für seinen Erhalt gesammelt. +++ Eberhard steigt trotzdem aus, die Auszubildende Lea, der langjährige Booker und Betriebsleiter Chris und Eberhards Partner Karsten übernehmen. +++ Nach Renovierung des Sanitärbereichs erfolgt am 31. März 2022 endlich die Wiedereröffnung. Es gibt jetzt auch EC-Terminals für bargeldloses Bezahlen. +++ Zwei „Neustart"-Förderprogramme helfen, die ersten Programmmonate zu finanzieren. +++ 2023 wird eine Klimaanlage eingebaut, die „lauteste Sauna der Stadt" kann jetzt binnen weniger Minuten gekühlt werden.

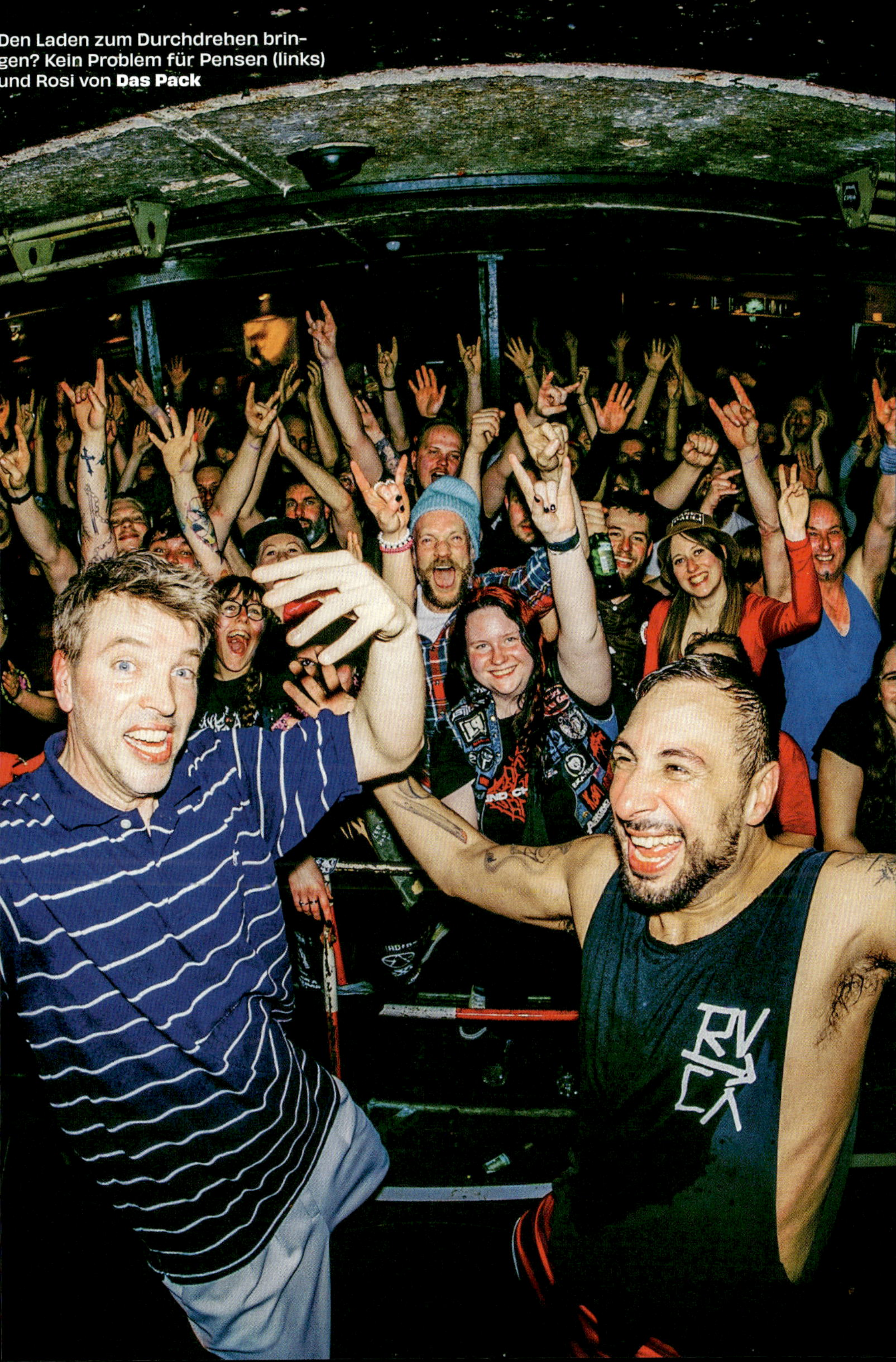

Den Laden zum Durchdrehen bringen? Kein Problem für Pensen (links) und Rosi von **Das Pack**

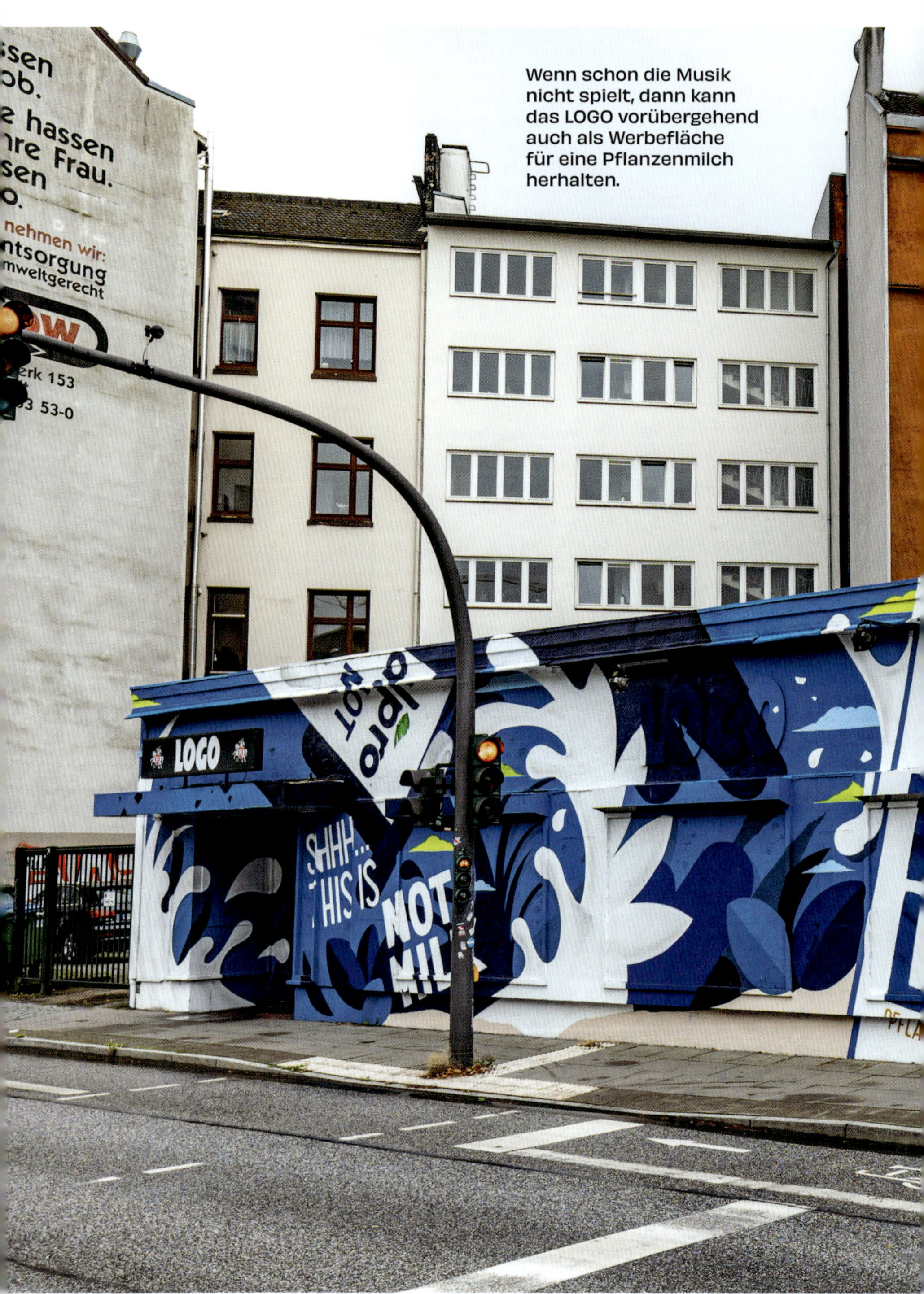

Wenn schon die Musik nicht spielt, dann kann das LOGO vorübergehend auch als Werbefläche für eine Pflanzenmilch herhalten.

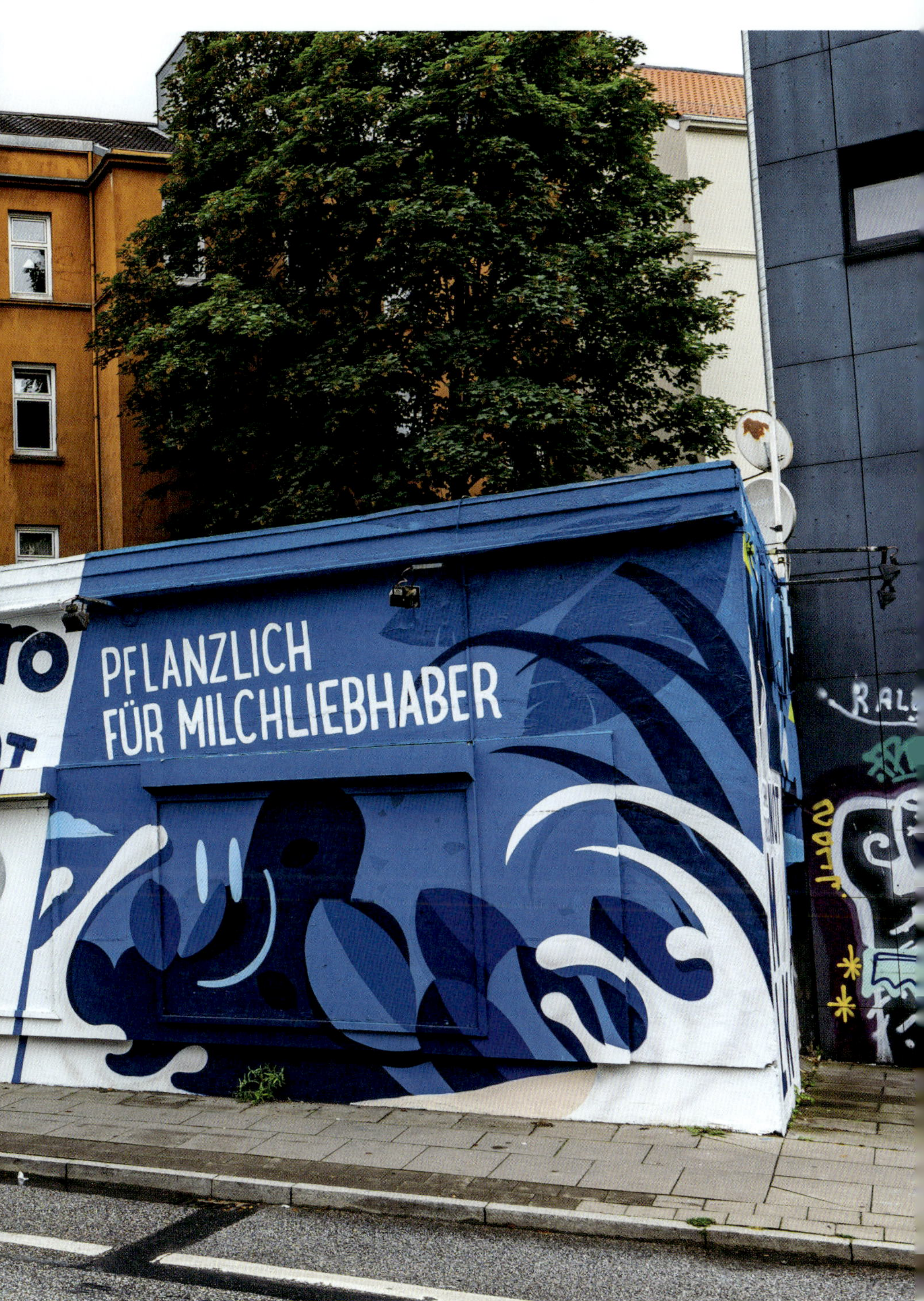
PFLANZLICH
FÜR MILCHLIEBHABER

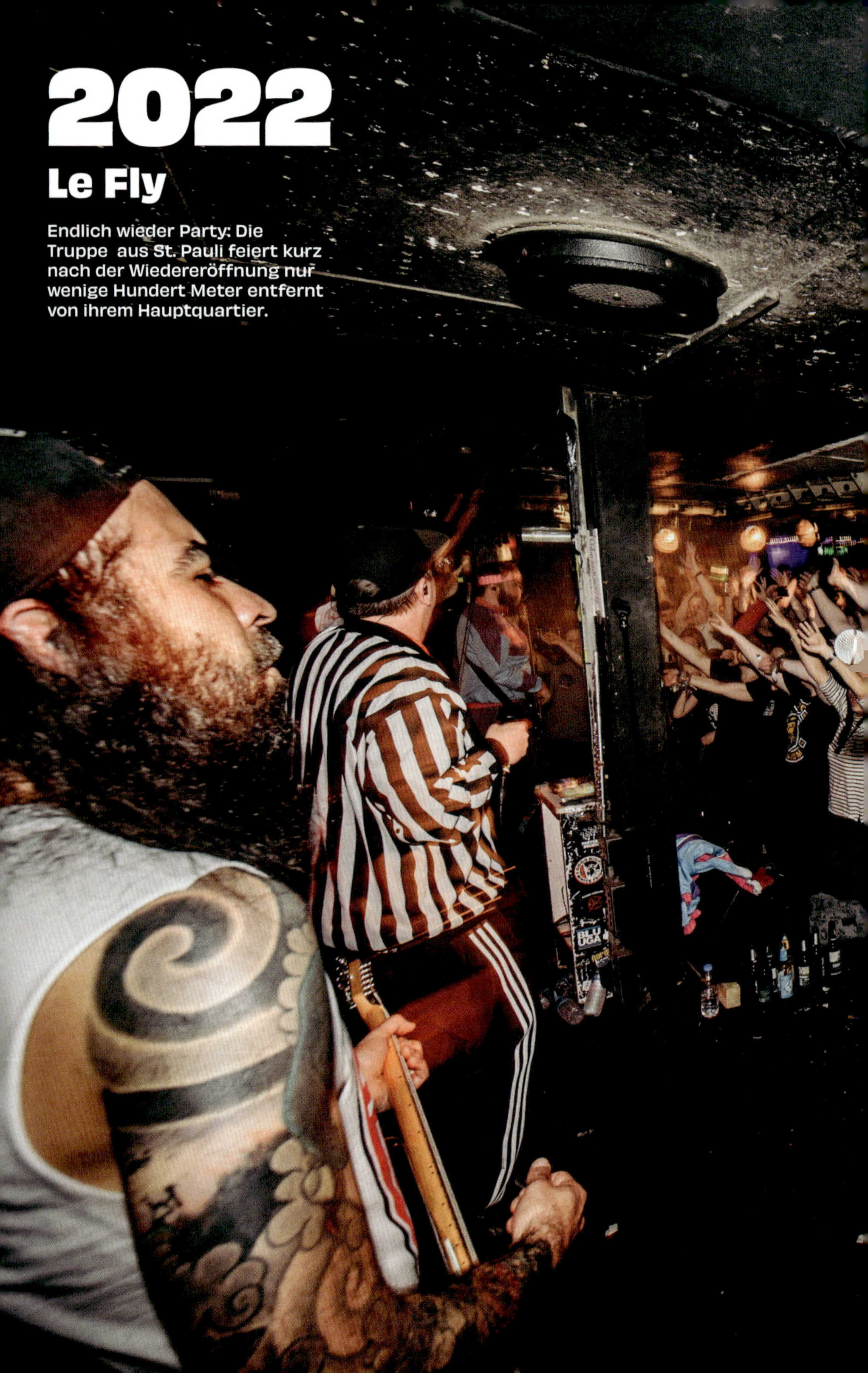

2022

Le Fly

Endlich wieder Party: Die Truppe aus St. Pauli feiert kurz nach der Wiedereröffnung nur wenige Hundert Meter entfernt von ihrem Hauptquartier.

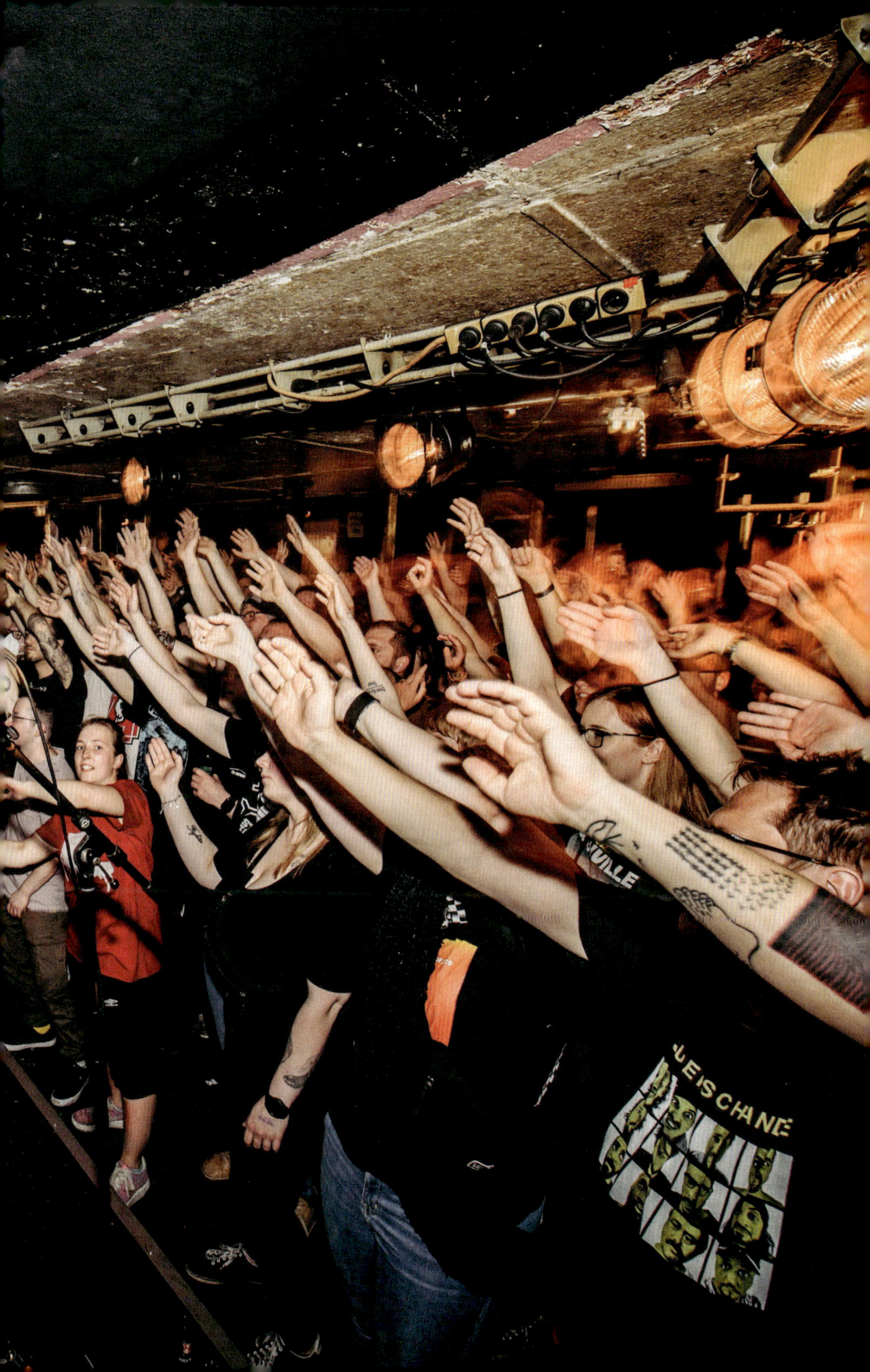

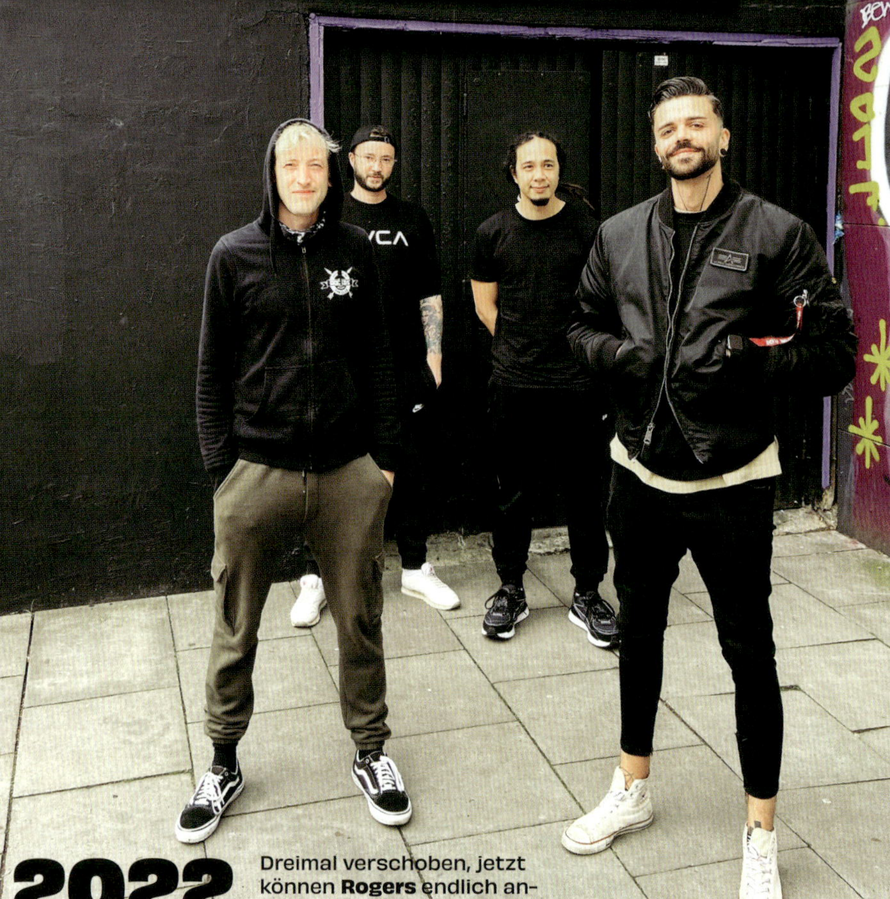

2022 Dreimal verschoben, jetzt können **Rogers** endlich antreten zur Rettung des Clubs.

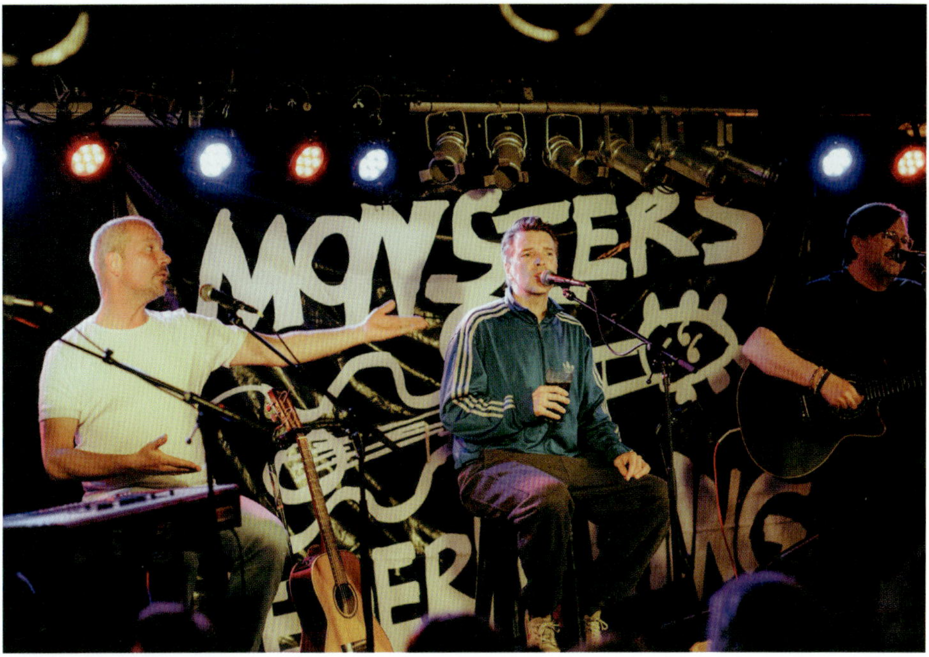

2023

Wenn die **Monsters of Liedermaching** selbst gemachte Lieder vortragen, ist die Bude voll. Im April. Aber auch sonst.

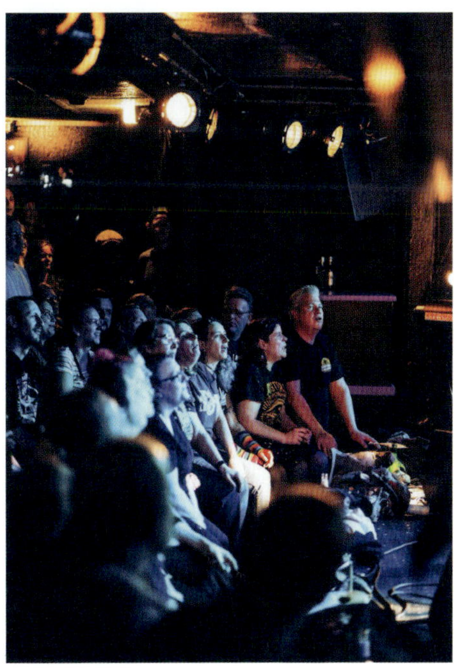

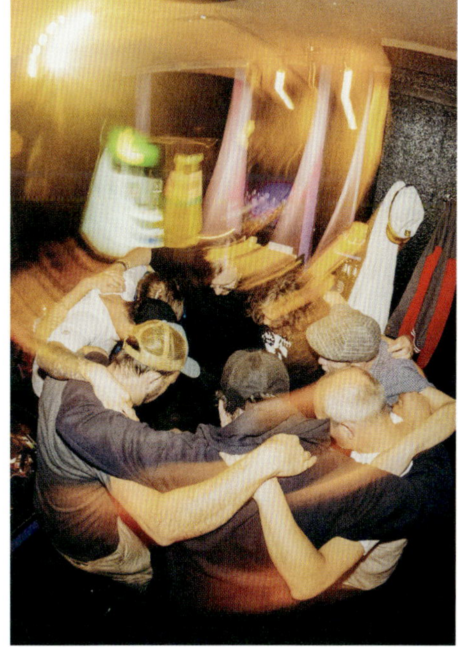

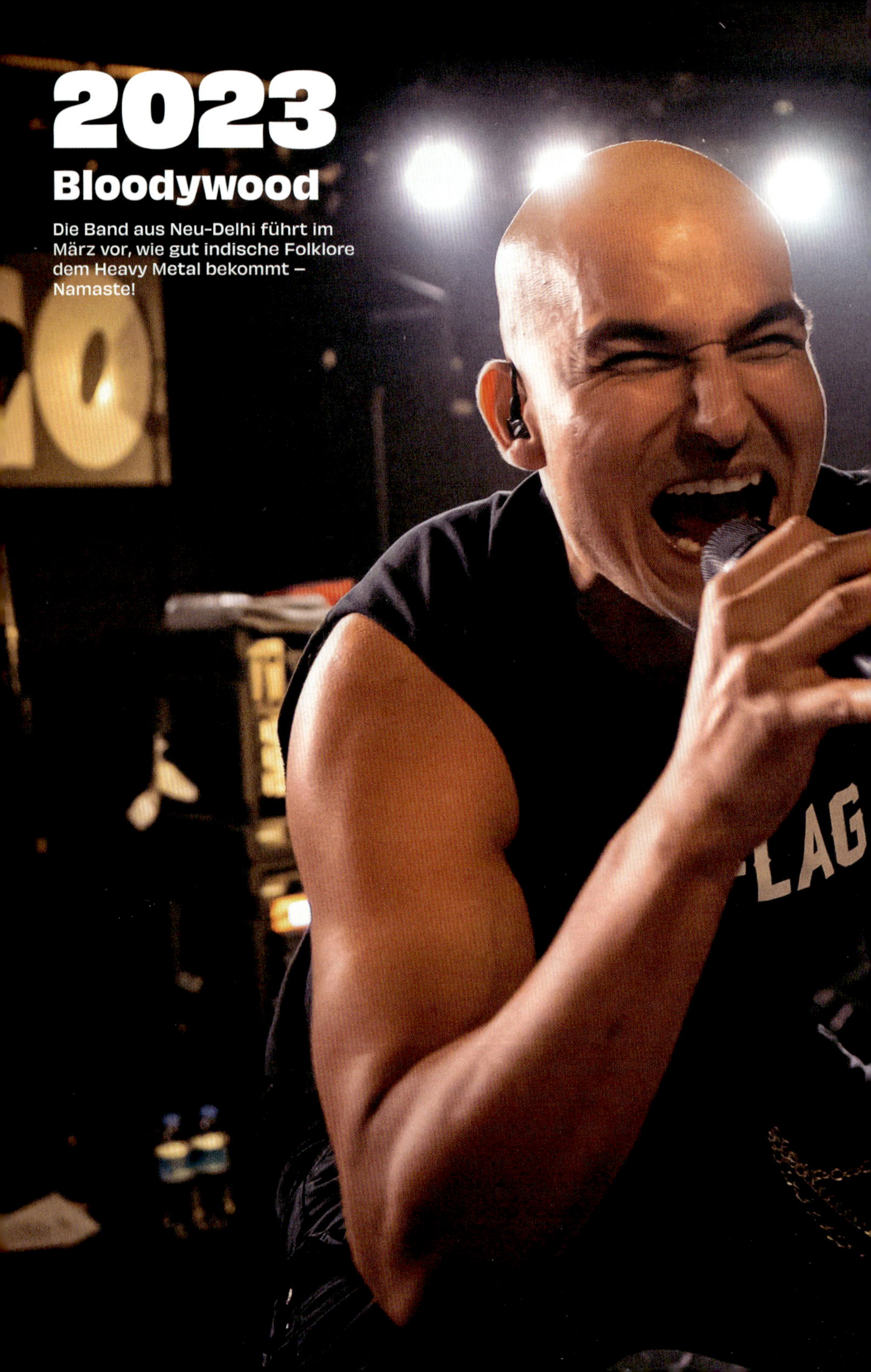

2023

Bloodywood

Die Band aus Neu-Delhi führt im März vor, wie gut indische Folklore dem Heavy Metal bekommt – Namaste!

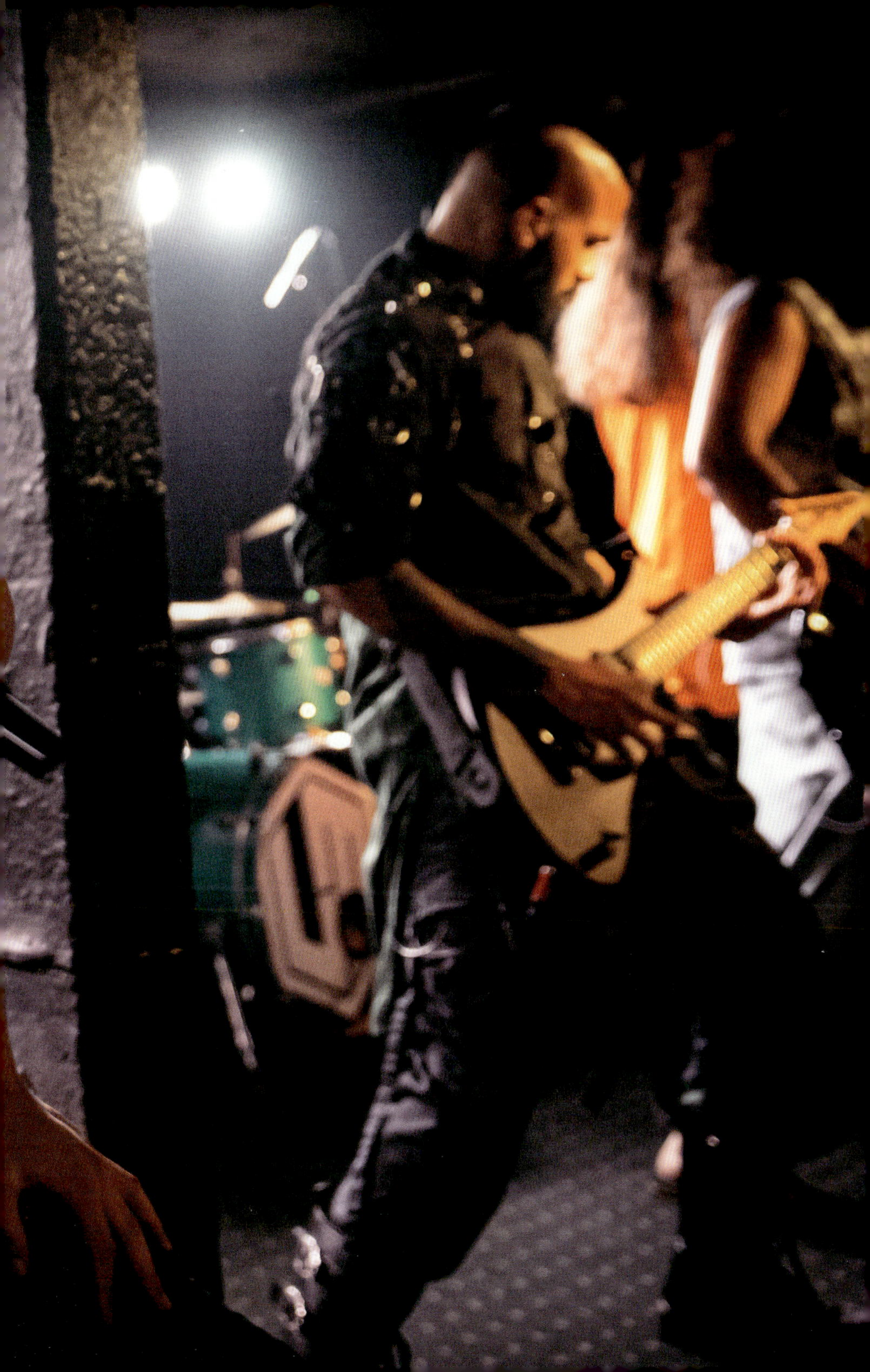

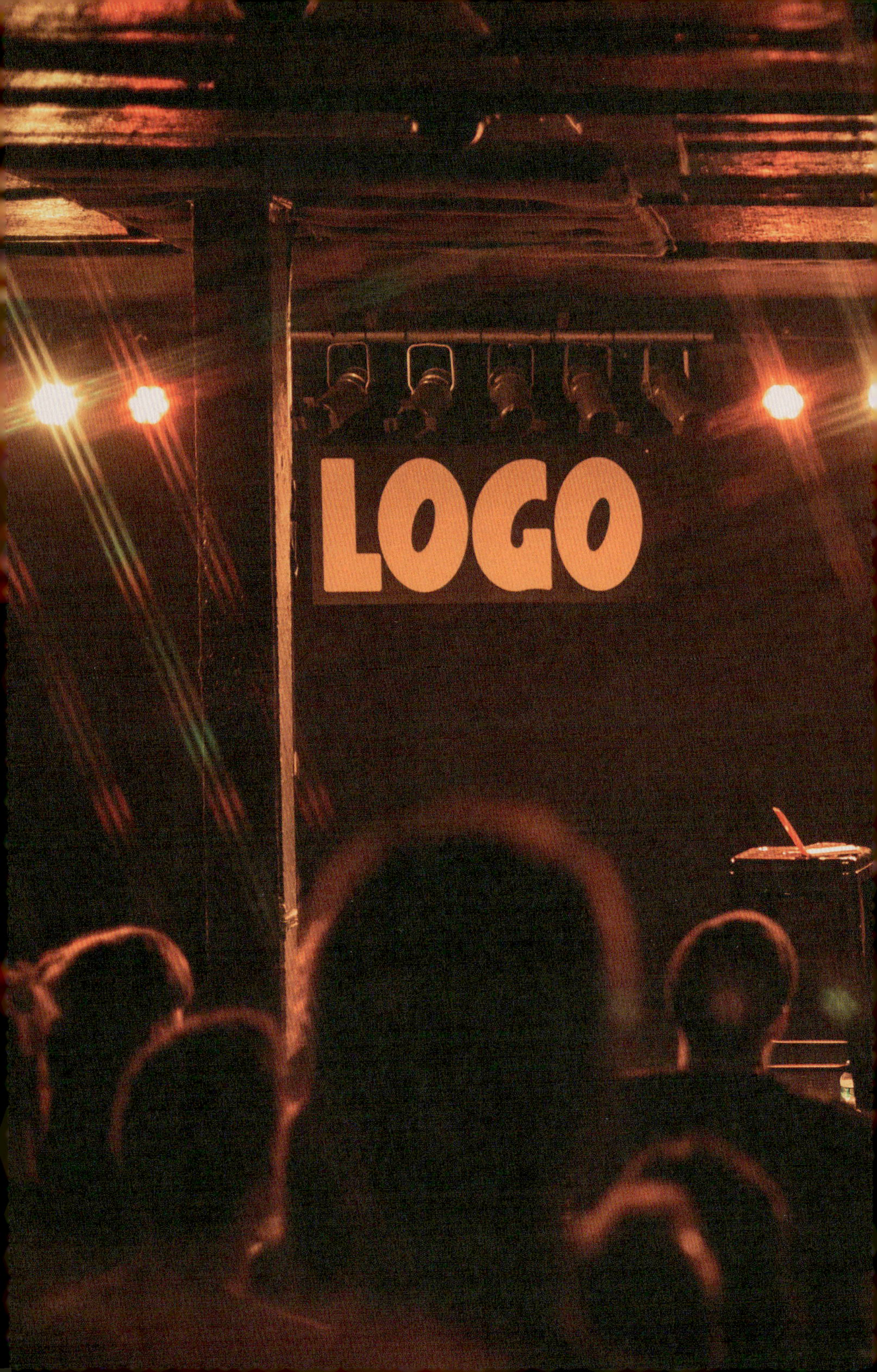
LOGO

2023
JesseBarnett

Im LOGO hatte seine Band Stick to Your Guns eines ihrer ersten Konzerte in Hamburg gespielt. Als sie für den Club zu groß geworden sind, kehrt der Sänger aus alter Verbundenheit im April für einen Soloauftritt zurück.

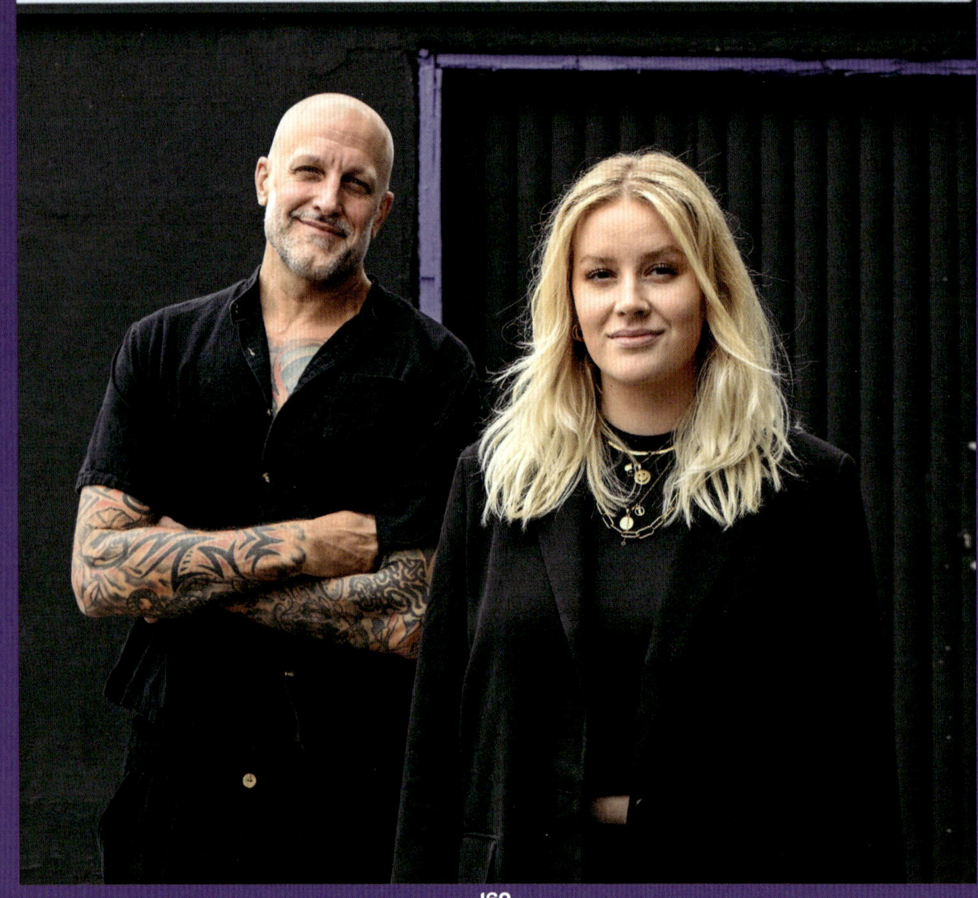
LOGO
LIVE MUSIK
SEIT 1974

„Hier kannst du Bands erleben, die eines Tages Top Acts bei Festivals sind"

Was tun, nachdem Corona der Livemusik den Stecker gezogen hatte? Jetzt erst recht, sagten sich **Lea Goltz** und **Chris August** und übernahmen die Geschäftsführung vom LOGO

Nach rund einem Vierteljahrhundert hat euer Vorgänger Eberhard Gugel unter anderem deshalb aufgehört, weil ihm die Verwaltungsarbeit zu viel wurde. Euch aber hat das nicht abgeschreckt?
Chris: Ich bin mit Unterbrechungen ja schon seit rund 25 Jahren dabei, wusste also, worauf ich mich einlasse. Vom Herzen her bin ich Booker, aber mit Lea zusammen jetzt eben auch Geschäftsführer unserer kleinen Firma.

Was du dir sicher nicht hast träumen lassen, als du den Laden das erste Mal betreten hast.
Chris: Das war 1998. Nach ein paar Jahren in den Staaten hatte ich nach meiner Rückkehr bald eine Band, mit der ich dann im LOGO gespielt habe. Im Trubel danach habe ich allerlei liegen lassen. Am nächsten Tag war ich wieder hier, an der Kasse saß Eberhard, den ich da gar nicht kannte. Ich sagte ihm, dass ich meine Sachen holen wollte, und übrigens sei ich auch gerade auf Jobsuche. Ebi antwortete: Geh mal zum Tresen und sag, dass du jetzt hier arbeitest – das war eine Sache von einer Minute. Meine erste LOGO-Zeit ging dann bis 2003, ich habe Tresen gemacht und war sonst Aushilfe.

Wie ging dein Leben dann weiter?
Chris: Ich habe mir eine Auszeit genommen und Amerikanistik und Philosophie studiert. Anschließend habe ich ein Volontariat gemacht bei dem Sender, der damals auf der Frequenz 106,8 saß. So ganz meins war Radio dann aber doch nicht, so dass ich wieder bei Ebi angekommen bin und gefragt habe, ob ich nicht wieder im LOGO loslegen könne. Das war 2007, zunächst habe ich das Büro gemacht und die Pressearbeit – um die hatte sich vorher niemand so recht gekümmert.

Lea, wie bist du hier gelandet?
Lea: Ich war 2015 zum ersten Mal im LOGO, da war ich 16 Jahre alt und habe die Deathcore-Band Carnifex gesehen. Was mich kurz darauf aber nachhaltig beeindruckt hat, war eine Doppelshow der Hardcore-Band Stick to Your Guns, damals wie heute eine meiner Lieblingsgruppen. Das erste Mal traten sie um 14 Uhr 30 auf, dann mussten alle raus, und um 20 Uhr 30 begann die zweite Show. Die Musiker spielten

dasselbe Programm, aber egal, es war tierisch gut. Das Datum werde ich nie vergessen: Es war der 20. Februar 2016.

Du hast gleich beide Shows gesehen?
Lea: Ja, damals habe ich viel Metalcore gehört. Deshalb war ich oft auch in der „Markthalle" und im „Gruenspan", aber im LOGO war es immer am gemütlichsten.

Und jetzt bist du in der Geschäftsführung. Wie kam's?
Lea: Nach dem Abi war ich ein halbes Jahr in Neuseeland und Südostasien. Als ich wiederkam, hatte ich noch keinen richtigen Plan. Ich habe erst mal ein Praktikum im „Abaton" gemacht und mich von dort aus bei ein paar Clubs beworben, Chris hat als Erster geantwortet. Kurz darauf bin ich dann hier als Praktikantin eingestiegen mit der Perspektive, anschließend eine Ausbildung zur Veranstaltungskauffrau zu machen. Eventmanagement kann man auch studieren, aber Ebi sagte, Studieren fände er scheiße, entweder eine Ausbildung – oder gar nicht.

Als du in der Ausbildung stecktest, hat Corona die Livemusik abgewürgt. Schlimmer konnte es kaum kommen, oder?
Lea: Ich habe erst mal meine Ausbildung um ein halbes Jahr verlängert, aber viele Seiten des Geschäfts habe ich gar nicht mitbekommen. Was ich immerhin sehr gut konnte, war Shows zu verschieben, einige bis zu vier- oder fünfmal.

Das steigerte sicherlich nicht deine Laune.
Lea: Je weniger zuversichtlich Eberhard war, umso weniger waren es auch meine Azubi-Kollegin und ich. Er hat uns aber versprochen, dass er uns in jedem Fall durch die Ausbildung bringen würde. Es war schon sehr ermüdend. Deshalb habe ich angefangen, nebenbei noch bei meinem Vater zu arbeiten.

Als es dann am 31. März wieder offiziell losging, hattet ihr da das Gefühl, nun würde alles wieder gut?
Chris: Die Story war eigentlich, dass Eberhard hingeschmissen hatte. Er kam an und sagte, ich habe keinen Bock mehr. Ich verkaufe das Grundstück. Da sah es erstmal so aus, dass hier Wohnungen für Studenten entstehen sollten und wir begonnen haben, uns nach anderen Jobs umzugucken. Ich hatte auch schon einige Angebote, aber dann rief Karsten Schölermann mich an und sagte: Ich bringe das nicht übers Herz. Wenn du bleibst, kauf ich das Grundstück. Da habe ich mich mit Karsten in Altona in unserem geliebten „Café Lagos" getroffen, und wir haben erst reichlich Vinho Verde in uns reingeschüttet, dann sind wir weitergezogen zu mir nach Hause und haben die Gitarren rausgeholt. Am anderen Tag haben wir dann Lea gefragt: Würdest du mitmachen?

Lea, hattest du einen Plan B?
Lea: Ich habe mich erst mal auf meine Abschlussprüfung konzentriert und gehofft, dass es im LOGO irgendwie weitergeht.
Chris: Lea war noch in der Ausbildung, als Karsten und ich sie fragten, ob sie sich vorstellen könnte, sich um den ganzen Zahlenwahnsinn zu kümmern. Und so wurde sie Buchhaltungschefin, ich habe mich ein bisschen ums Programm und um die Logistik gekümmert. Es war schon ein Wahnsinn, der da losgepoltert ist. Aber deshalb sitzen wir jetzt immer noch hier. Das LOGO ist eine große Liebe meines Lebens.

Wie läuft es heute: Könnt ihr buchen, was euch gefällt, oder nehmt ihr, was grad auf Tour ist?
Chris: Sowohl als auch. Wir hören vieles zusammen, gucken, was uns gefällt und worauf wir Lust haben.

Ist Metal euer gemeinsamer Nenner?
Lea: Nee, das wäre zu einfach. Ich bin im Vergleich zu früher auch ziemlich verweichlicht. Meine alten Lieblingsbands höre ich zwar noch, aber ich bin – gerade durch Corona – abgebogen in Richtung Indie und Pop.
Chris: Ich bekomme von ihr viel Input. Als ich hier angefangen habe, war das LOGO ein Rockschuppen. Aber ich höre wirklich alles, Blues und Drum ‚n' Bass, Jazz und Hip-Hop. Ich wollte den Laden öffnen, und so kamen auch Hip-Hop-Acts wie Lords of the Underground zu uns. Wenn man ein paar solcher Shows gemacht hat, werden auch Agenturen auf einen aufmerksam, die das LOGO vorher nie als einen Ort für Hip-Hop gesehen haben. Und wenn ich unsicher bin, habe ich gottseidank Lea.

Das LOGO war auch bekannt als Auftrittsort für Cover-Bands.
Chris: Im Sommer hatten wir das Rock-Revival-Festival, das war der Versuch, die leeren Monate zu füllen. Aber das hat schon vor Corona nicht mehr funktioniert. Übrig geblieben sind Bands wie Bon Scott und Die Toten Ärzte, bei denen die Hütte dann auch voll ist.

Welche Konzerte sind euch als besondere in Erinnerung geblieben?
Chris: Mit Queens of the Stone Age hab ich vor gut zwanzig Jahren noch ewig im Tourbus gesessen und wild gefeiert. Da kam schon nachmittags als Erstes der Mischer mit einem großen Beutel Gras, und dann kam eine Weile gar nichts. Er hat sich erst mal einen Riesenkolben gebaut und dann zum brachialsten Drum and Bass seine Regler hin und her geschoben. Da sind die Gläser aus dem Regal gefallen. Stressig war dagegen eine Band wie Slipknot. Erst mal mussten wir die Bühne um einen Meter ausbauen, damit auch alle Mann drauf passten. Für die Percussion hatten sie unter anderem hydraulische Bierfässer, die sie ständig hoch und runterfuhren. Ich stand als Security an der Bühne, vor mir 400 Leute, die durchgedreht sind, hinter mir die Band, die angekündigt hatte, jeden umzubringen, der es wagte, die Bühne zu entern. – Ich habe ihnen das abgenommen. Es war übrigens der einzige Abend, an dem etwas geklaut wurde. Die Tür zum Backstage stand offen, und da hat sich jemand eine Tüte mit deren Bühnenanzügen geschnappt. Sie hatten kein zweites Outfit zum Wechseln dabei und sind dann endgültig Amok gelaufen.
Lea: Für mich war der Auftritt von Fox Stevenson im Februar 2024 besonders mühselig – also besonders mühselig, aber auch besonders schön. Wir hatten ihn vier Jahre vorher zum ersten Mal bei uns, wollten ihn immer wieder holen, und endlich hatte es geklappt. An dem Tag fand aber rund ums LOGO eine Fridays-for-Future-Demo statt. Wir hatten denen mitgeteilt, dass wir eine Show hätten und einen Tourbus vors LOGO bringen müssten. Alles klar, sagten sie, wir sagen der Polizei Bescheid. Aber bei denen hatte inzwischen dreimal die Schicht gewechselt. Ich war im Club und bekam einen Anruf vom Tourmanager: Wir sind gesichtstätowiert, riechen nach Gras und die Polizei tut so, als verstünde sie kein Englisch. Der Bus stand mittlerweile bei der Aral um die Ecke, nur wenige Hundert Meter entfernt. Ich bin dann hin und habe ihn durch Polizisten und

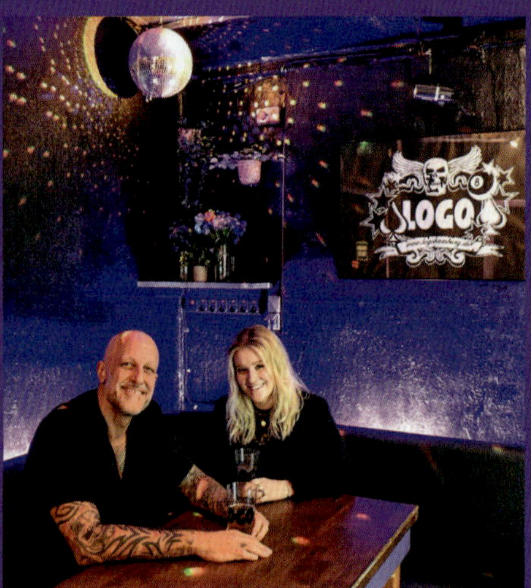

Demonstranten gequatscht – das hat ewig gedauert. Das Konzert hat mich für all den Stress entschädigt.

Welche Band wünscht ihr euch noch mal zurück?

Lea: Zum Geburtstag hätte ich gern meine All-Time-Favorites Enter Shikari gehabt. Die waren zuletzt im Mai 2008 im LOGO – da habe ich wahrscheinlich noch Rolf Zuckowski gehört. Aber in den letzten Jahren habe ich sie oft gesehen, zuletzt im Februar in der „Sporthalle" – die sind mittlerweile zu groß für uns. Aber manchmal stellen Bands ja neue Alben im Rahmen von Clubkonzerten vor.

Chris: Ich erinnere mich an ihre erste Show bei uns, sie haben echt nicht gut gespielt, aber man sah schon ihr Potenzial. Eine Band, die ich gern noch mal begrüßen würde, sind Parkway Drive. Die haben hier zweimal gespielt, als sie schon Headliner bei Festivals waren. Da konnten die Leute noch mal Musiker hautnah erleben, die sie sich mittlerweile mit 20 000 anderen teilen müssen. Ansonsten gilt aber auch weiterhin: Im LOGO kannst du Bands sehen, die eines Tages Top Acts bei Festivals sind.

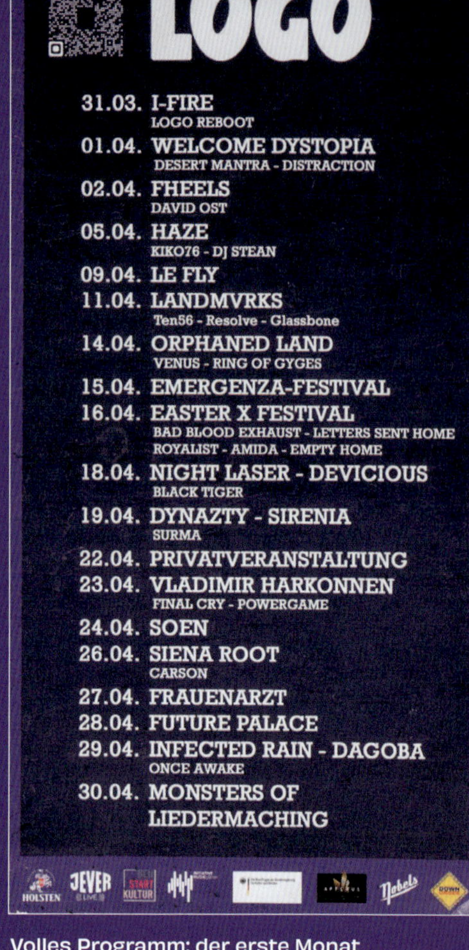

Volles Programm: der erste Monat von Lea und Chris

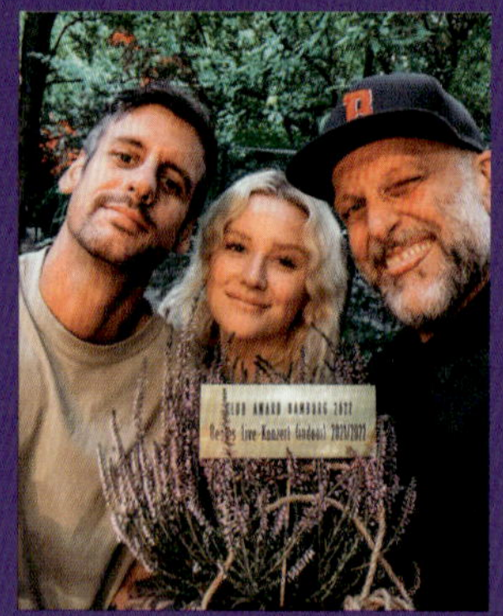

Ein Club Award für den Auftritt von Rogers als „Bestes Live-Konzert Indoor" im Herbst 2022: Rogers Booker Nico Behr mit Lea und Chris

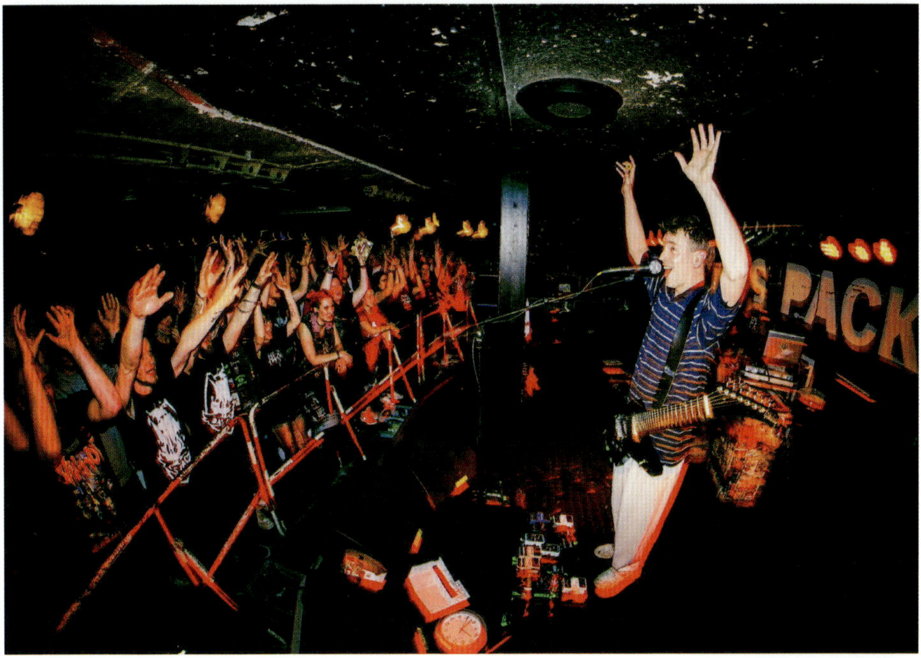

Spaß mit Sperrgittern: Als **Le Fly** und **Das Pack** im März als Doppelklatsche einfallen, wird Crowdsurfen zur Pflicht.

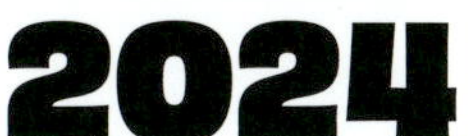

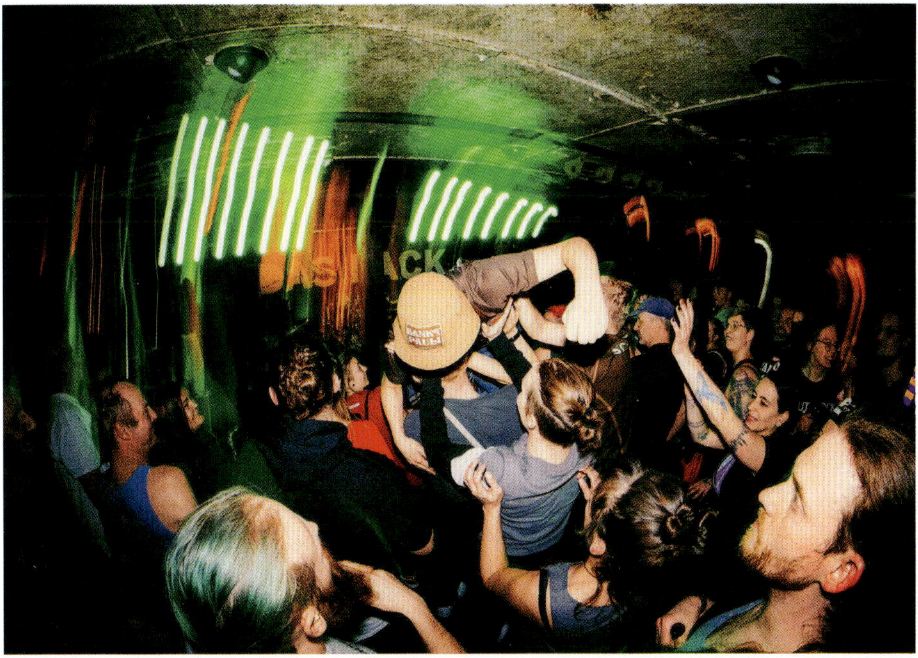

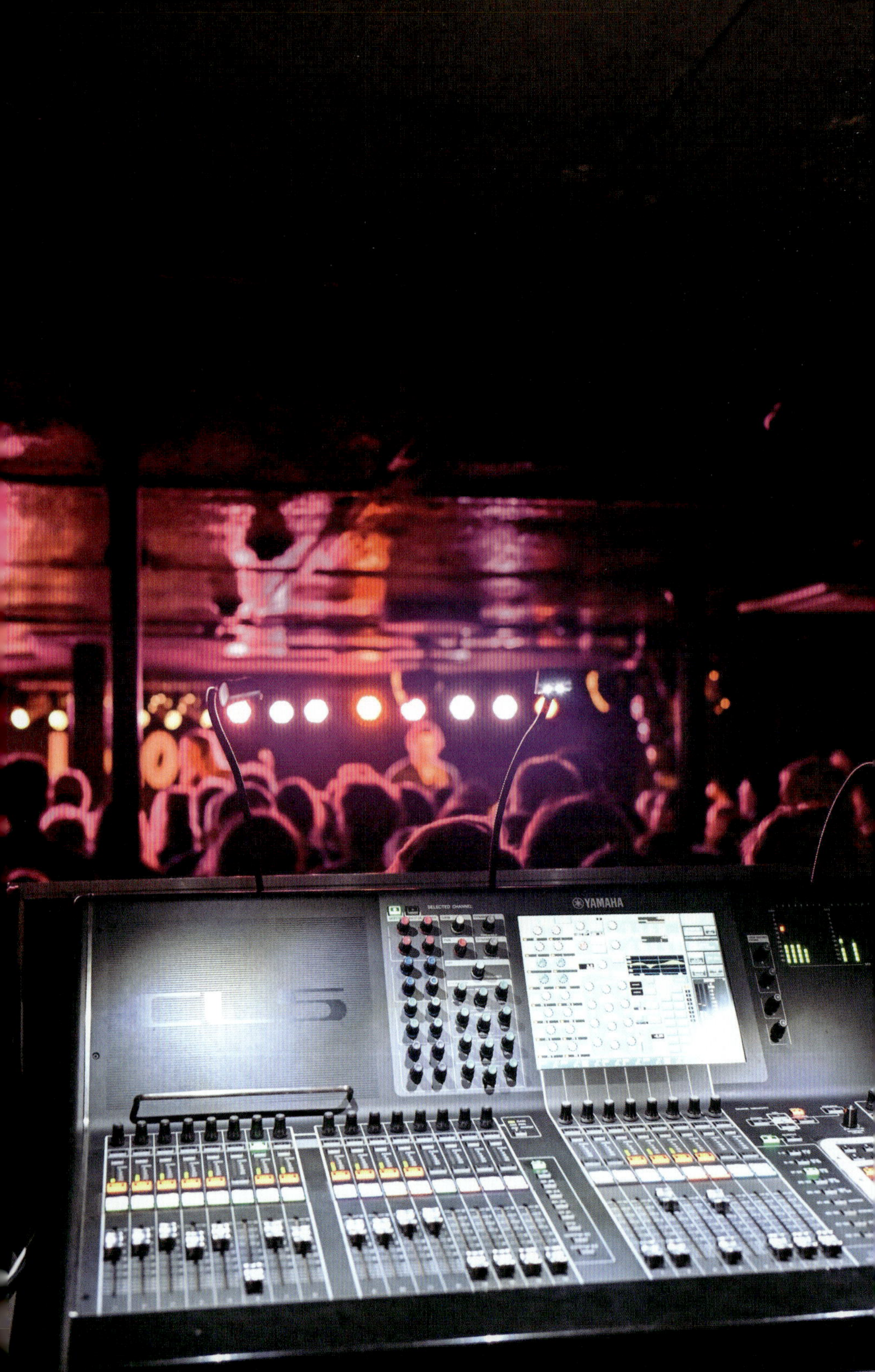
YAMAHA
CL5

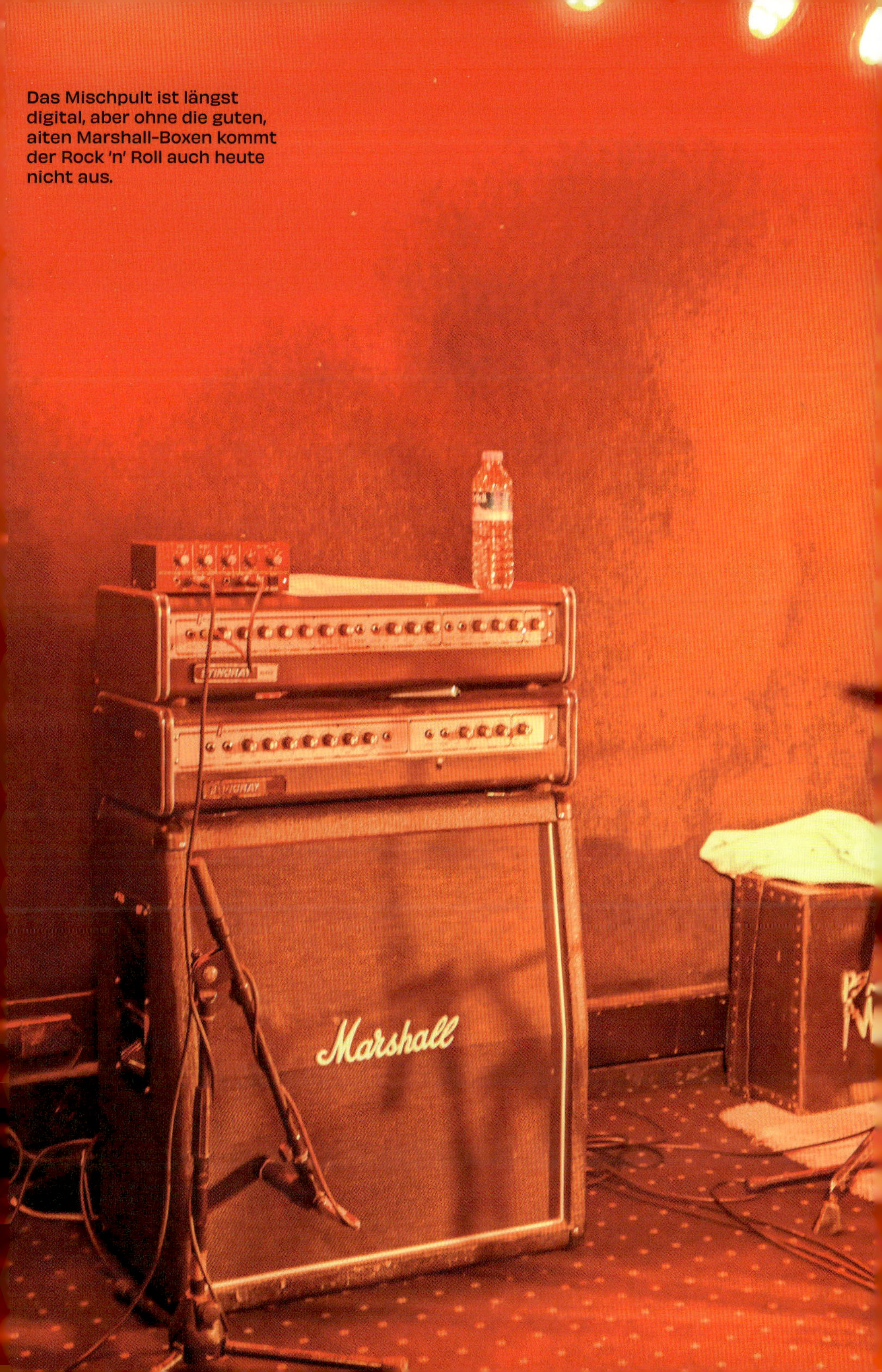

Das Mischpult ist längst digital, aber ohne die guten, alten Marshall-Boxen kommt der Rock 'n' Roll auch heute nicht aus.

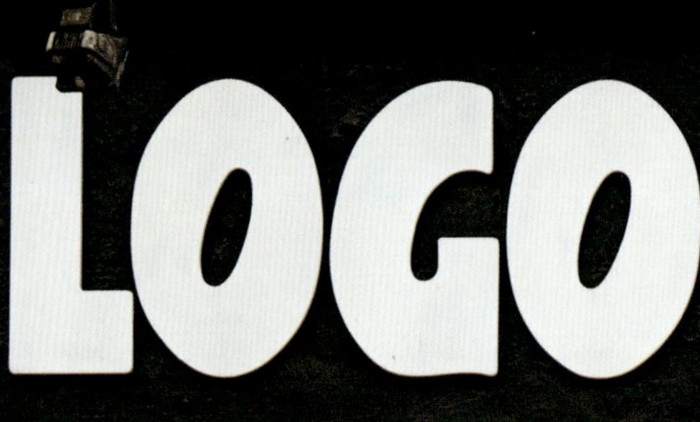
LOGO
JEVER
(((LIVE)))
19.6.
FM
CZAKAN

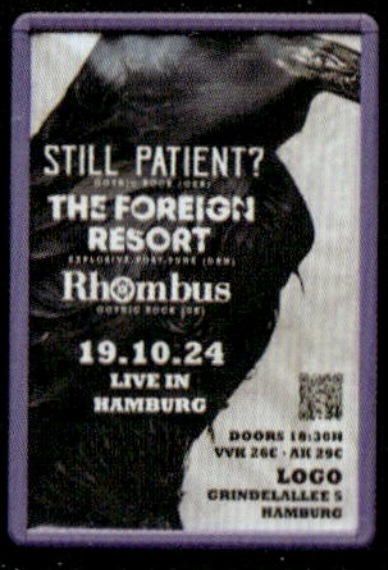
STILL PATIENT?
THE FOREIGN
RESORT
Rhombus
19.10.24
LIVE IN
HAMBURG
DOORS 18:30H
VVK 26€ · AK 29€
LOGO
GRINDELALLEE 5
HAMBURG

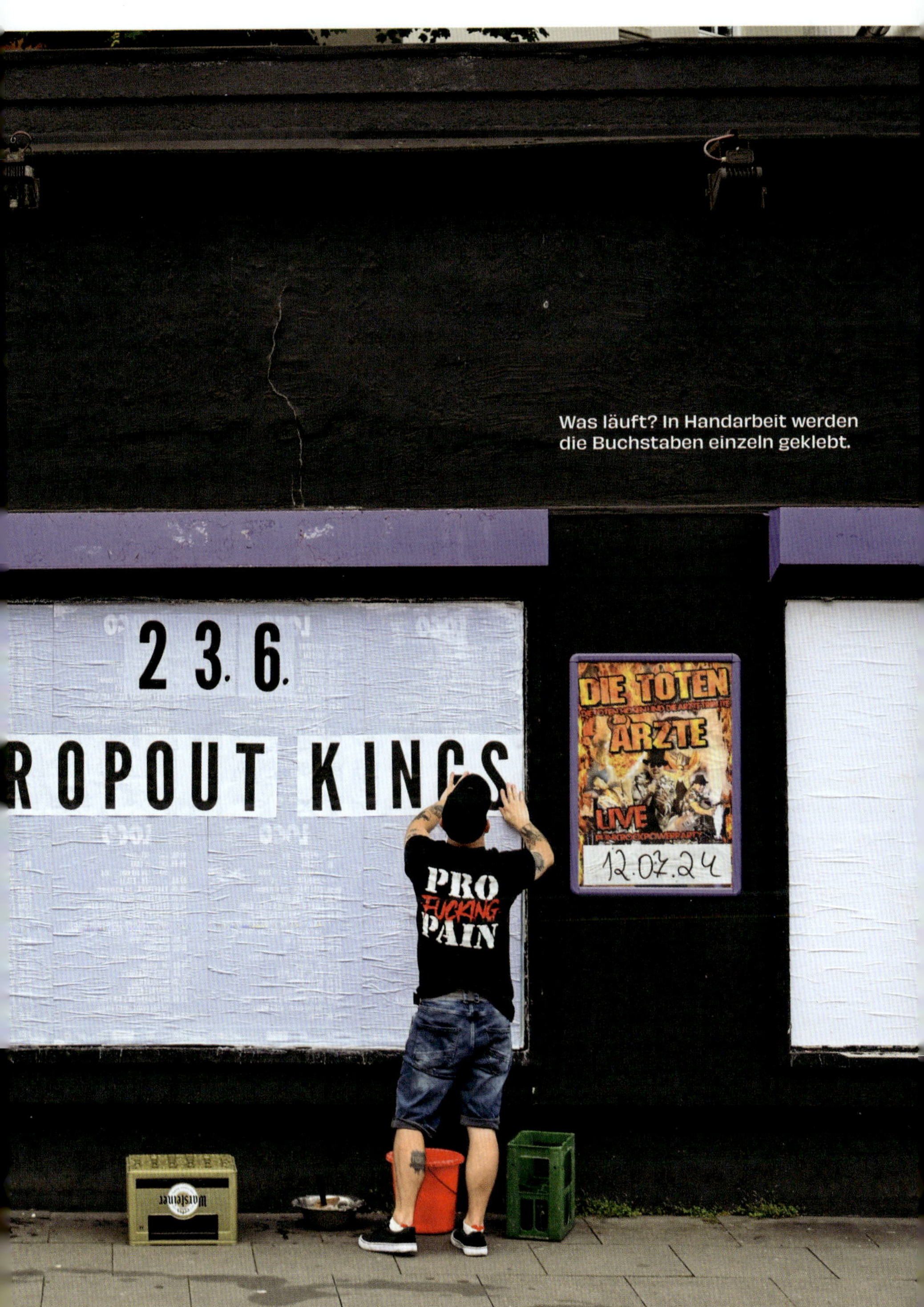

Was läuft? In Handarbeit werden die Buchstaben einzeln geklebt.

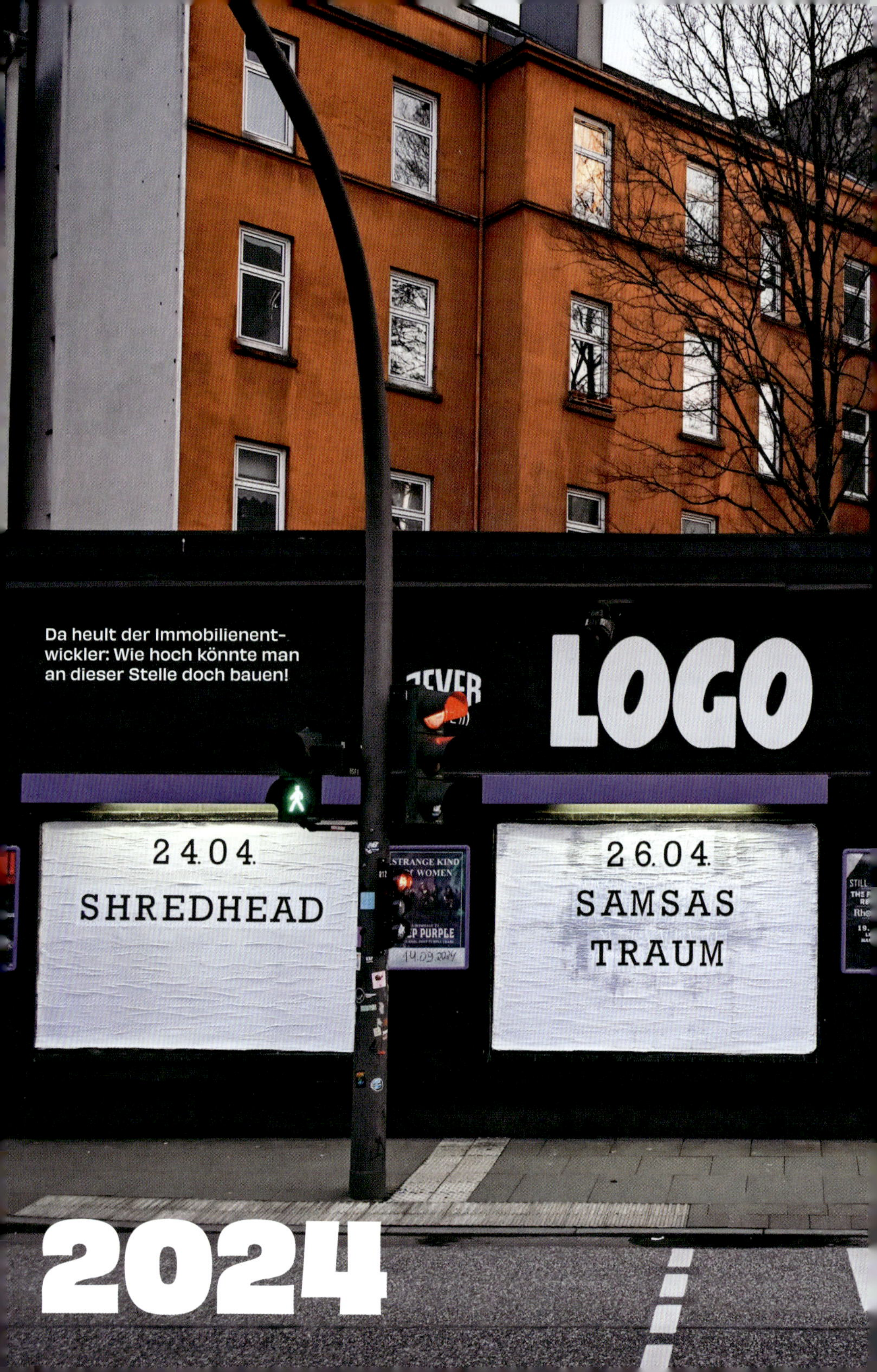

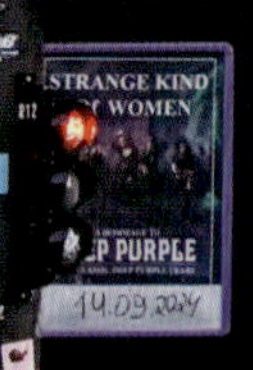

Da heult der Immobilienentwickler: Wie hoch könnte man an dieser Stelle doch bauen!

2024

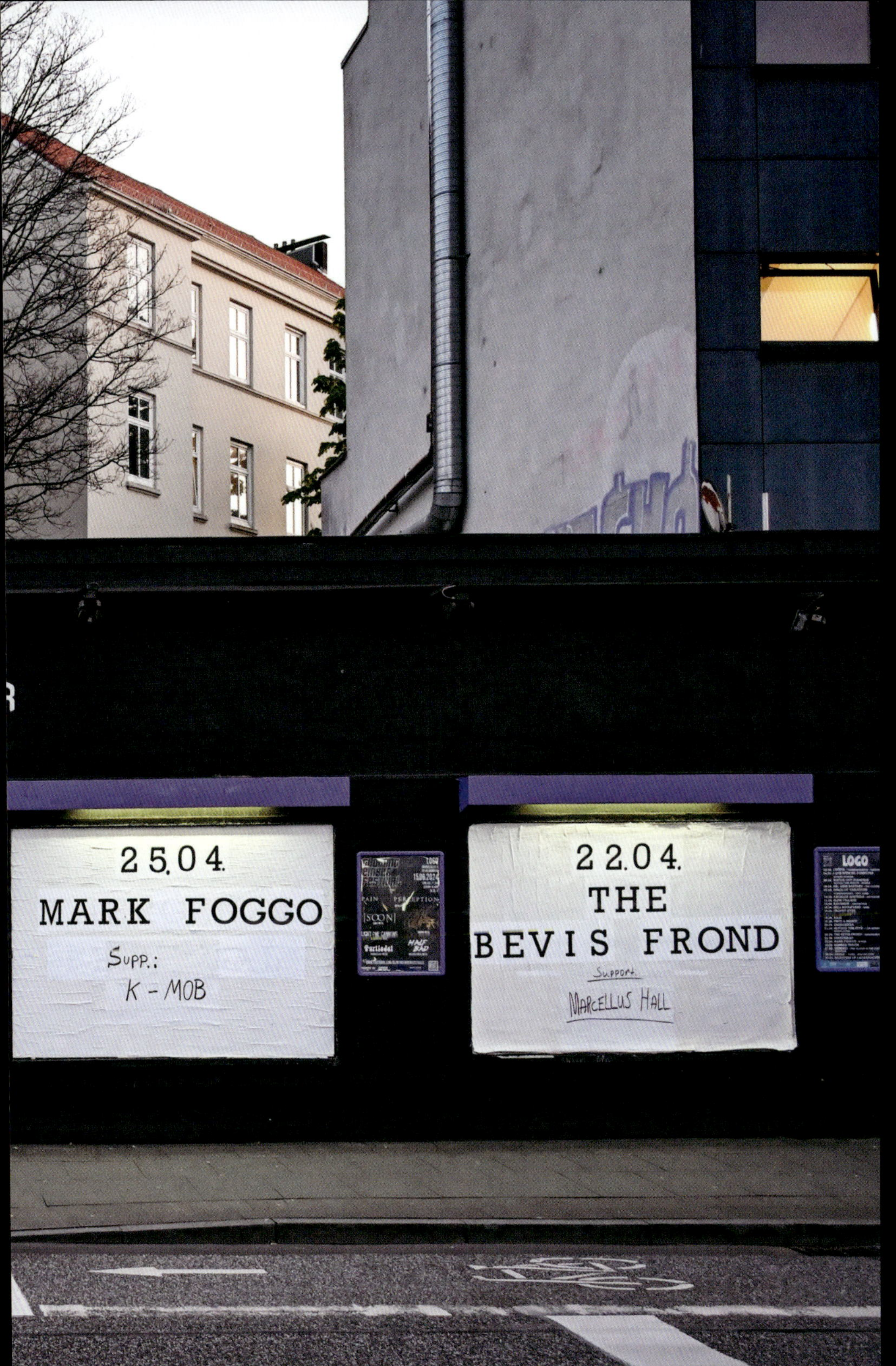

25.04.
MARK FOGGO
Supp.:
K-MOB
22.04.
THE
BEVIS FROND
Support
MARCELLUS HALL
LOGO

„Mein LOGO“

Karsten Schölermann über eine Liebe, die ihn nicht mehr losließ

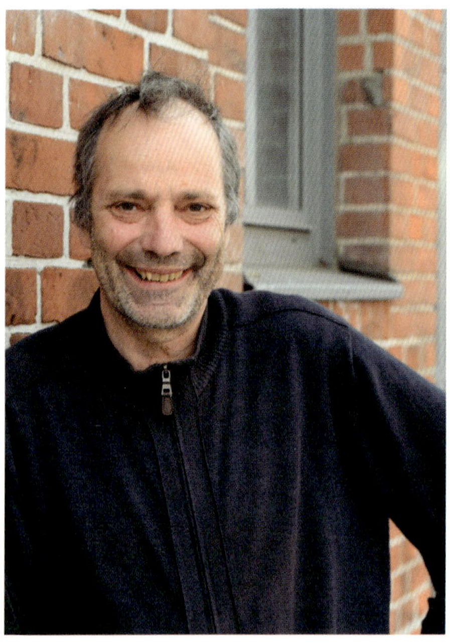

Meine Musiklaufbahn begann, als ich 1977 in die Oberstufe des Gymnasiums Bramfeld kam. In den Pausen traf ich mich mit einem anderen Karsten – Nachname: Graef – im Musikraum, wo wir uns über Boogie-Woogie-Nummern hermachten. Er saß am Klavier, ich sang und hatte eine alte Mundharmonika dabei, mit der ich versuchte, Blues zu spielen. Unsere ersten Auftritte fanden dann im gerade erst eröffneten KNUST an der Brandstwiete statt. Der Eintritt war frei, für einen Abend bekamen wir dreißig Mark.

Neben „Melody“, einem Song, den die Rolling Stones ein Jahr zuvor veröffentlicht hatten, nahmen wir auch Inga Rumpfs „My Life is a Boogie“ in unser Programm auf. Da war es nicht verwunderlich, dass ich zusammen mit dem anderen Karsten im Mai 1978 mein allererstes Konzert besuchte: Inga Rumpf mit Band im LOGO.

Mittlerweile hatten wir beide unsere Schülerband The Jerks gegründet, aus der später meine erste eigene Bluesrockband Feed Back hervorging. Mit der stand ich im Februar 1982 das erste Mal im LOGO auf der Bühne, und in den folgenden Monaten lernte ich durch Feed Back die Betreiber der anderen Hamburger Clubs kennen.

Ab 1982 mischte ich dann auch hinter den Kulissen mit, erst wurde ich Booker im KNUST, ein Jahr später – weil der Gründer Dieter Dombrowski keine Lust mehr hatte – auch Inhaber des Clubs. Gleichzeitig kümmerte ich mich um die Hamburger Rhythm & Blues-Band B. Sharp. Die brachte ich oft im LOGO und in der „Fabrik“ unter.

Mitte der Achtziger geriet das KNUST – wie auch andere Clubs in der Stadt – in eine Identitätskrise. Die Neue Deutsche Welle rollte über uns hinweg. Ließen die Clubs zuvor vor allem Hamburger Musiker auftreten, oft mehrmals im Monat, dienten Konzerte jetzt dazu, neue Bands aus dem In- und Ausland vorzustellen.

In den Sommern 1980 und 1981 versuchte das LOGO noch, sein Programm mit Gastspielen aus dem Bereich Theater und Travestie zu füllen. Seine Zeit als Treffpunkt der Hamburger Musikszene aber war spätestens 1985 vorbei. Weil die technischen Bedürfnisse der Bands stiegen, musste immer mehr Equipment

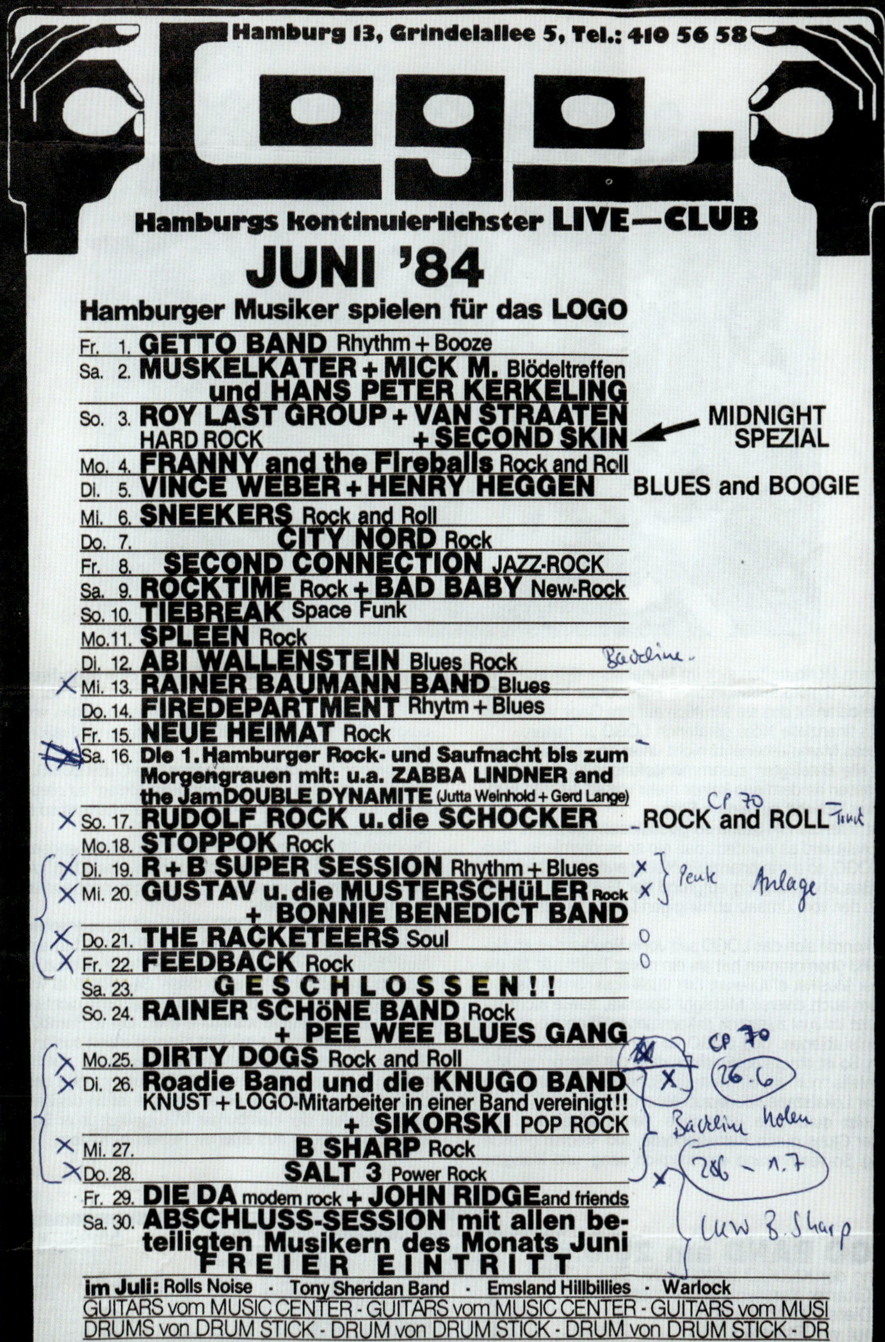
Hamburg 13, Grindelallee 5, Tel.: 410 56 58
Logo
Hamburgs kontinuierlichster LIVE—CLUB
JUNI '84
Hamburger Musiker spielen für das LOGO
Fr. 1. GETTO BAND Rhythm + Booze
Sa. 2. MUSKELKATER + MICK M. Blödeltreffen und HANS PETER KERKELING
So. 3. ROY LAST GROUP + VAN STRAATEN HARD ROCK + SECOND SKIN
MIDNIGHT SPEZIAL
Mo. 4. FRANNY and the Fireballs Rock and Roll
Di. 5. VINCE WEBER + HENRY HEGGEN
BLUES and BOOGIE
Mi. 6. SNEEKERS Rock and Roll
Do. 7. CITY NORD Rock
Fr. 8. SECOND CONNECTION JAZZ-ROCK
Sa. 9. ROCKTIME Rock + BAD BABY New-Rock
So. 10. TIEBREAK Space Funk
Mo. 11. SPLEEN Rock
Di. 12. ABI WALLENSTEIN Blues Rock
Mi. 13. RAINER BAUMANN BAND Blues
Do. 14. FIREDEPARTMENT Rhytm + Blues
Fr. 15. NEUE HEIMAT Rock
Sa. 16. Die 1. Hamburger Rock- und Saufnacht bis zum Morgengrauen mit: u.a. ZABBA LINDNER and the Jam DOUBLE DYNAMITE (Jutta Weinhold + Gerd Lange)
So. 17. RUDOLF ROCK u. die SCHOCKER
ROCK and ROLL
Mo. 18. STOPPOK Rock
Di. 19. R + B SUPER SESSION Rhythm + Blues
Mi. 20. GUSTAV u. die MUSTERSCHÜLER Rock + BONNIE BENEDICT BAND
Do. 21. THE RACKETEERS Soul
Fr. 22. FEEDBACK Rock
Sa. 23. GESCHLOSSEN!!
So. 24. RAINER SCHöNE BAND Rock + PEE WEE BLUES GANG
Mo. 25. DIRTY DOGS Rock and Roll
Di. 26. Roadie Band und die KNUGO BAND KNUST + LOGO-Mitarbeiter in einer Band vereinigt!! + SIKORSKI POP ROCK
Mi. 27. B SHARP Rock
Do. 28. SALT 3 Power Rock
Fr. 29. DIE DA modern rock + JOHN RIDGE and friends
Sa. 30. ABSCHLUSS-SESSION mit allen beteiligten Musikern des Monats Juni
FREIER EINTRITT
im Juli: Rolls Noise · Tony Sheridan Band · Emsland Hillbillies · Warlock
GUITARS vom MUSIC CENTER - GUITARS vom MUSIC CENTER - GUITARS vom MUSI
DRUMS von DRUM STICK - DRUM von DRUM STICK - DRUM von DRUM STICK - DR
INH. J. BOUTKAM
VORVERKAUF: Theaterkasse Schumacher Colonnaden 37 Tel. 34 30 44
Kartenhaus Schanzenstr. 5 Tel. 43 59 46
Satz: studio brinkmann · Tel.: 410 65 56
Druck: Druckladen · Tel.: 44 83 74
Rentzelstr. 48 · 2000 Hamburg 13

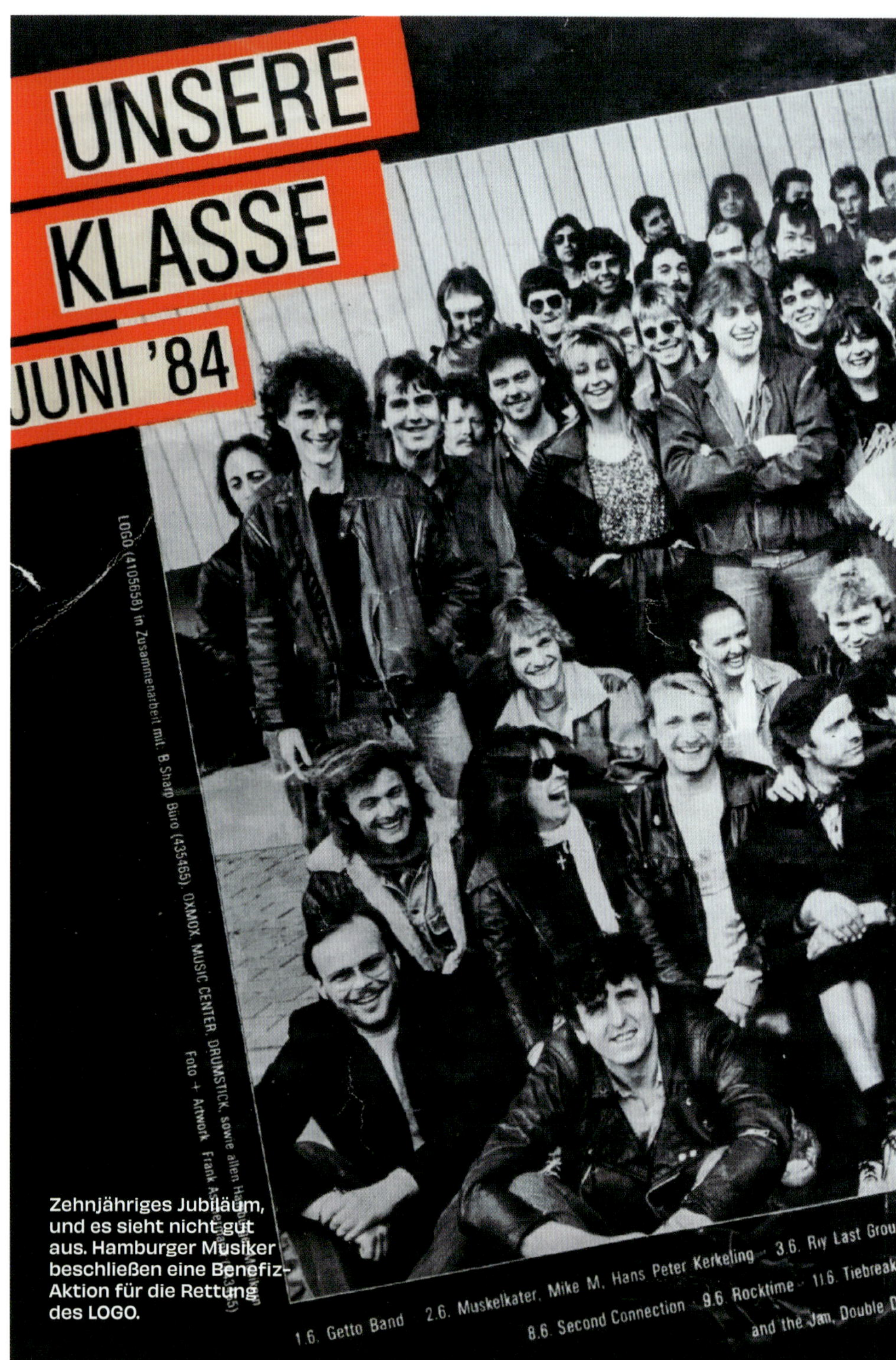

Zehnjähriges Jubiläum, und es sieht nicht gut aus. Hamburger Musiker beschließen eine Benefiz-Aktion für die Rettung des LOGO.

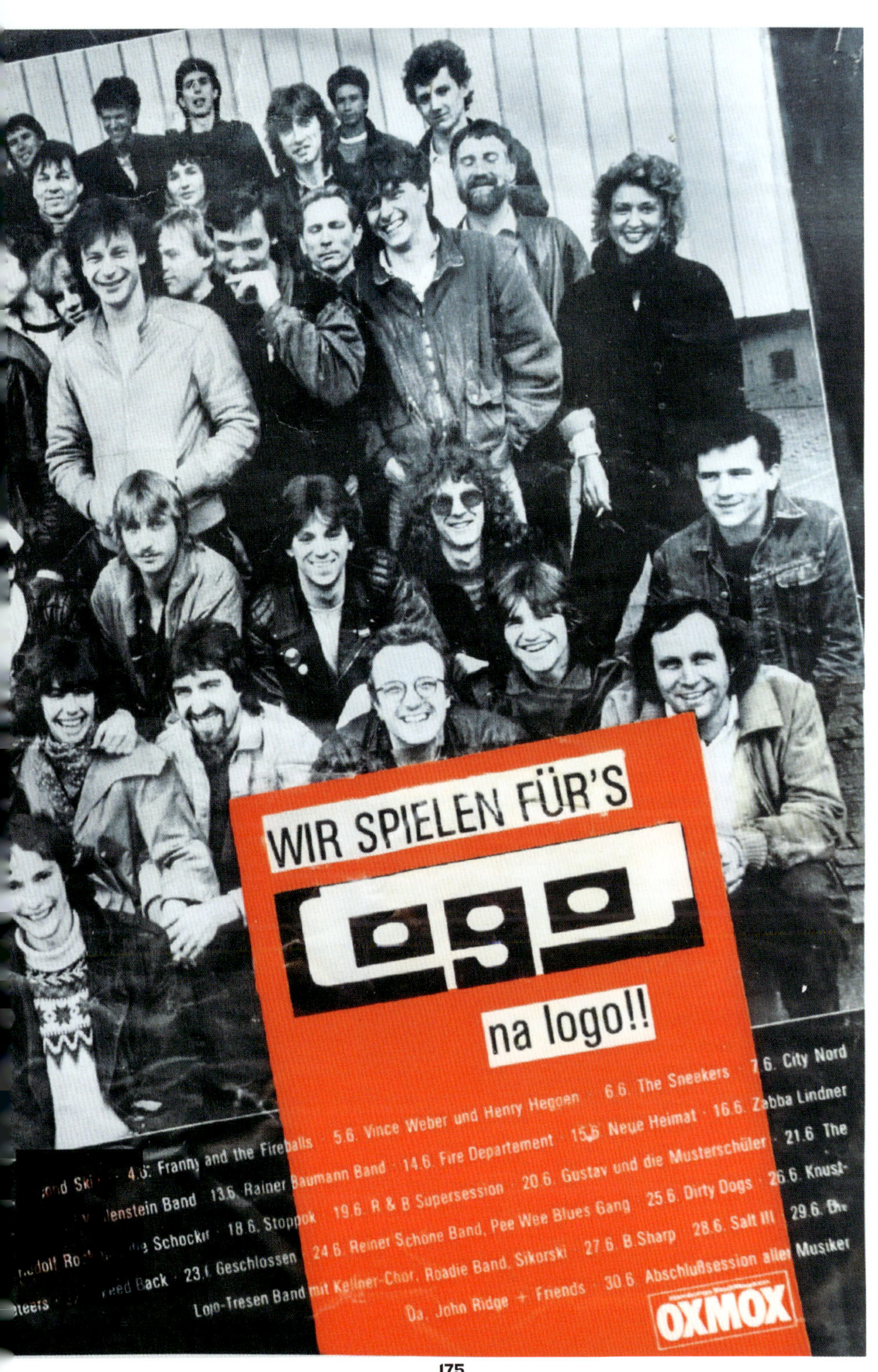
WIR SPIELEN FÜR'S
na logo!!
Franny and the Fireballs · 5.6. Vince Weber und Henry Hegoen · 6.6. The Sneekers · 7.6. City Nord
Band · 13.6. Rainer Baumann Band · 14.6. Fire Departement · 15.6. Neue Heimat · 16.6. Zabba Lindner
Schocker · 18.6. Stoppok · 19.6. R & B Supersession · 20.6. Gustav und die Musterschüler · 21.6. The
Geschlossen · 24.6. Reiner Schöne Band, Pee Wee Blues Gang · 25.6. Dirty Dogs · 26.6. Knust-
Lojo-Tresen Band mit Kellner-Chor, Roadie Band, Sikorski · 27.6. B.Sharp · 28.6. Salt III · 29.6.
John Ridge + Friends · 30.6. Abschlußsession aller Musiker
OXMOX

aus- und zu später Stunde wieder eingeladen werden; die Anwohner fühlten sich durch Lärm belästigt und beschwerten sich. Es kam zu verkürzten Öffnungszeiten, höheren Eintrittspreisen, und als Folge gingen die Besucherzahlen zurück.

Das erste Hamburger Clubsterben setzte ein; nacheinander schlossen mit „Remter", „Rampe", „Onkel Pö" und „Danny's Pan" wichtige Läden. Im LOGO wechselten die Inhaber; die Hamburger Szene tat sich zusammen und kämpfte für seinen Erhalt. Als 1984 der neue Betreiber John Boutkamp nach nur sechs Monaten kurz vor der Pleite stand, organisierte ich zusammen mit anderen Hamburger Musikern einen Benefiz-Monat. Das Motto: „Na LOGO – wir spielen fürs LOGO". Auf dem Plakat waren viele Musiker zu sehen, die wenige Jahre vorher noch monatlich an der Grindelallee auftreten konnten, nun aber nur noch schwer ein Publikum fanden.

Leider erwies sich auch der Benefiz-Monat als Desaster. Selten kamen am Abend mehr als hundert Gäste. Das Interesse, das eigene Wohnzimmer zu retten, blieb sehr überschaubar. John schlitterte unaufhaltsam in die Pleite, und mit dem Inhaberwechsel zum langjährigen Tresenchef Oliver Ehrlich begann 1985 die dritte Phase. Neun Jahre führte er mit seiner Frau Melanie das LOGO durch die schwierigen Achtziger. Als KNUST-Inhaber war ich in einer ähnlich unsicheren Position. Zwischen 1985 und 1987 verzichtete ich komplett auf Livemusik, mein Club aber überlebte dank der boomenden „Hamburger Engtanzfete mit Alleintanzverbot".

In den späten Achtzigern und frühen Neunzigern erholten sich die Hamburger Clubs dann wieder.

Es gab jetzt neue Musikstile wie Neo-Folk und Grunge, Hip-Hop und Britpop, und die willkommene Vielfalt gab den Läden die Chance, sich neu auszurichten. Die Clubs taten sich zusammen und gründeten den Verein „Rock City Hamburg", der das „Rockspektakel" auf dem Rathausmarkt und „Die Nacht der Clubs" ins Leben rief. Stets war es eine Nacht im September, und obwohl wir auf internationale Namen verzichteten, gab es stets volle Häuser. Hamburger Bands erhielten eine solidarische Einheitsgage von 150 Mark pro Musiker.

Der Bezirk war scharf aufs Grundstück, weil eine Brücke von der Universität nach „Planten un Blomen" darüber hinwegführen sollte

1993 war ich als Betreiber des KNUST Geschäftsführer einer GmbH. Mit Eberhard Gugel hatte ich für das „Rockspektakel" und „Die Nacht der Clubs" eine Veranstaltungsfirma gegründet. Immer wieder führten mich meine Wege ins LOGO. Eines Tages fragte uns der Betreiber Oliver Ehrlich, ob wir nicht Interesse an seinem Club hätten. Er wolle dafür nur so viel Geld, wie er neun Jahre zuvor selbst gezahlt hatte. Wir mussten nicht lange nachdenken, zum 1. Januar 1994 stiegen wir ein. Unsere neue LOGO Musik und Bier GmbH bestand aus Eberhard und mir, die Bookerin Ursula Morris war mit zehn Prozent beteiligt.

Im Jahr darauf verlor die Erbengemeinschaft unseres verstorbenen Vermieters das Interesse am LOGO und bot uns den Flachbau zum Kauf an. Der Bebauungsplan, hieß es, lasse auf dem Grundstück auch künftig nur ein einstöckiges Gebäude zu. Um uns Klarheit zu verschaffen, gingen wir zum Bezirksamt Hamburg-Eimsbüttel.

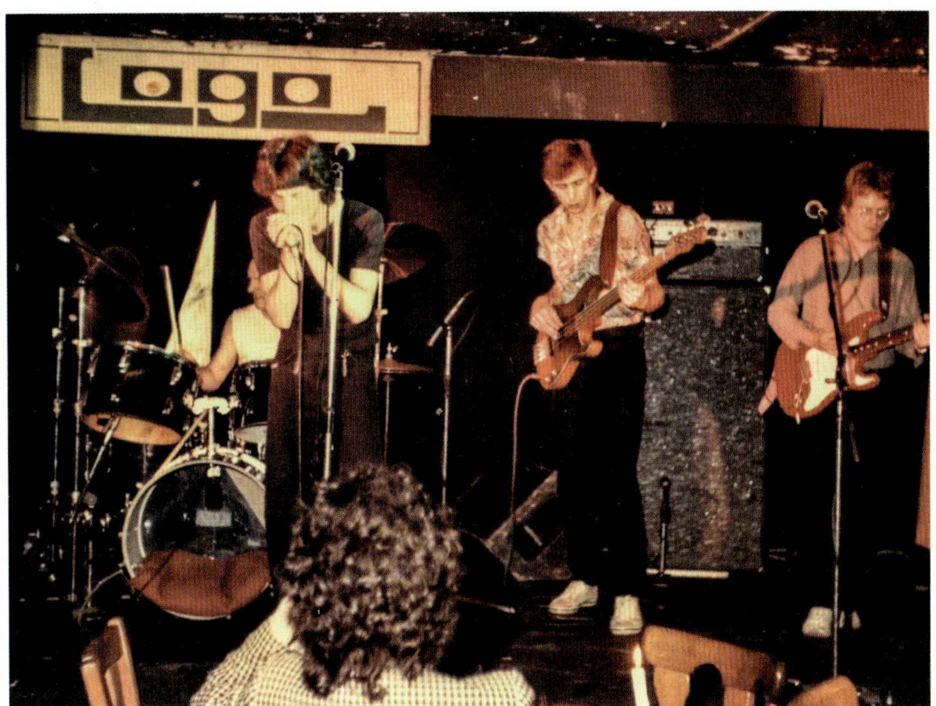

Logo mussten B. Sharp im LOGO spielen, denn Manager war Karsten Schölermann.

„Gut, dass Sie kommen", begrüßte uns ein Herr von der Stadtplanungsabteilung. Den Bebauungsplan sollten wir vergessen, er stamme aus dem Jahr 1957 und werde ohnehin nicht mehr umgesetzt. Der Bezirk war scharf auf das Grundstück, weil eine Brücke von der Universität nach „Planten un Blomen" darüber hinwegführen sollte. In der Bauabteilung ein paar Türen weiter zog ein anderer Herr einen dicken Ordner aus dem Regal und teilte uns mit, dass der Laden ohnehin irgendwann abgerissen würde und wir auch keine Aussicht auf eine Konzession hätten. Zum Glück entschieden wir uns, das Grundstück trotzdem zu kaufen. Nun konnten wir von niemandem mehr gekündigt werden. Wir nahmen Geld auf und zahlten es zwanzig Jahre lang ab.

Eberhard sorgte dafür, dass aus dem LOGO der effizienteste Club der Welt wurde. Zuerst installierten wir eine PA – das hieß: nie wieder Boxen schleppen – und eine Lüftung. Schließlich schmissen wir noch die alte Ölgebläse-Heizung raus und bauten eine effiziente Heizungsanlage ein.

Die Betriebskosten für das LOGO liegen heute bei unschlagbaren 1,50 Euro pro Quadratmeter. Als Lärmschutz für die Anwohner ließen wir die Besucher nicht mehr durch den Seiteneingang, sondern über die Grindelallee rein. Die Musik spielt nie länger als bis 24 Uhr – das ist der Schlüssel zu einem Frieden mit den Anwohnern, der bis heute hält.

Der renovierte Club beflügelte auch Ursula. Auf allen Kanälen suchte sie nach Acts und buchte dabei jede Menge Britpop-Bands. In den späten Neunzigern stand so manch späterer Megaseller bei

Lass uns verkaufen, sagte Eberhard eines Tages zu mir. Ich war unsicher, erbat mir Bedenkzeit

uns auf der Bühne – das LOGO brummte wieder. Dazu ließen wir Musiker vermehrt „auf Tür" spielen: gegen eine prozentuale Beteiligung am Eintrittsgeld.

In den Sommermonaten begann das LOGO, die Gastronomie beim „Rockspektakel" zu betreiben, außerdem riefen wir den „HafenRock" ins Leben: die Musikbühnen an der St. Pauli Hafenstraße, die zum Hafengeburtstag aufgebaut werden. Das half uns, die Programmlöcher zu füllen, die im Sommer regelmäßig entstanden. Außerdem konnten wir dort Bands für das LOGO aufbauen.

2018 erhielt das LOGO von Staatsministerin Monika Grütters mit dem „Applaus" für sein Programm erstmals einen Preis. Eine späte, aber, wie man sagen muss, verdiente Auszeichnung. Das LOGO hatte seinen Platz in der Hamburger Musikszene verteidigt und sich durch den Grundstückskauf unsterblich gemacht. Milde lächelten Eberhard und ich, wenn die Presse mal wieder den Abriss ankündigte – dann hatte ein Journalist zuvor mit einem Projektentwickler gesprochen, den die Baulücke zu wilden Fantasien anregte. „Hat dich jemand angerufen?", fragte daraufhin Eberhard mich oder ich ihn. „Nee, dich?", antwortet dann der jeweils andere.

Doch dann kam Corona und zog dem LOGO den Stecker. Mit Abstandsregeln und Sitzplatzpflicht war es undenkbar, den alten Rockschuppen in eines der vielen Überbrückungsprogramme zu bringen. Das LOGO wurde erst zum Testzentrum, dann von der Firma Alpro wie eine riesige Milchersatztüte angemalt. Schwitzige Konzerte aber mit 400 Besuchern konnte sich niemand mehr vorstellen.

Eberhard verlor in dieser Zeit die Lust, gleichzeitig klopften nun tatsächlich Investoren bei ihm an. Ein Angebot bewegte sich sogar im hohen Millionenbereich. Lass uns verkaufen, sagte Eberhard eines Tages dann doch zu mir. Ich war unsicher, erbat mir Bedenkzeit und entschloss mich dann: Ich wollte einen neuen Kredit aufnehmen, um das LOGO zu behalten.

So, nun ist es deins – das waren Eberhards Abschiedsworte, als ich ihm am 15. Januar 2022 offiziell seinen Anteil am Grundstück abkaufte. Der langjährige Betriebsleiter und Booker Chris August und Lea Goltz, die sich noch in der Ausbildung befand, kamen als Geschäftsführer für eine neue Betreibergesellschaft mit an Bord. Als LOGO Concerts GmbH schrieben wir zunächst ein Mission Statement, eine Erklärung, die sich auf unserer Homepage findet und die Grundlage für die Arbeit der nächsten zwanzig Jahre sein soll – denn so lange wird es wieder dauern, bis das Darlehen abbezahlt ist.

Unsere Mission

Das LOGO ist ein kultur-sozialer Live-Musikclub für die Entwicklung neuer Musik mit niedrigschwelligem Zugang für Besucher, Musiker und Geschäftspartner.
Das LOGO ist mit seinem Viertel und der Nachbarschaft verbunden und fühlt sich dem kulturellen Gemeinwohl verpflichtet. Es ist ein Schmelztiegel der Kulturen, Ort der Inspiration und Ekstase, Treffpunkt und Verbindungsglied zwischen den Generationen.

Im LOGO findet Live-Musik aller stilistischen Richtungen statt. Es ist für Menschen aller Altersgruppen der Ort, an dem Legenden geschaffen werden, über die man noch Jahre später Freunden, Kindern und Enkeln berichtet. Auch fernab von Charts und Mainstream werden hier Liebhaberthemen der Musik entdeckt. Hier werden Bands gegründet und Freundschaften geschlossen. Es kommen Menschen aus aller Welt für ein gemeinsames Erlebnis zusammen und lernen sich und ihre Kulturen kennen. Es ist ein Ort der Diversität, der Nähe, des internationalen Austauschs und ein Zuhause für Fans, Musiker und Crews. Alte Helden werden hier genauso geschätzt wie junge Pioniere. Der Halbe vom Fass schmeckt hier genauso wie der Aperol Spritz.

Die Arbeit für das LOGO hat mehr als monetären Wert. Der Blick in die Augen von Bands und Publikum nach einem gelungenen und inspirierenden Konzert entlohnt auf weit fundamentalerer Ebene. Dies gilt es zu erhalten und auszubauen.

Das LOGO ist kein Ort für Rassismus, Faschismus, Sexismus und Homophobie!

Lea Goltz, Chris August, Karsten Schölermann
im Oktober 2021

1974

Eine neue Ära beginnt

In Wildeshausen zieht der Getränkegroßhandel
Nordmann in seinen neuen Stammsitz
in die „Bargloyer Straße“ um -
und in Hamburg eröffnet das LOGO in
der Grindelallee.

„Aus Erfahrung gut, aus Leidenschaft besser“
so beschreiten beide Unternehmen
einen langen Weg.
In der Region verwurzelt, und mit
gemeinsamen Werten verbunden:
alles fließt!

Wir sagen „PROST“ – auf die nächsten 50 Jahre:

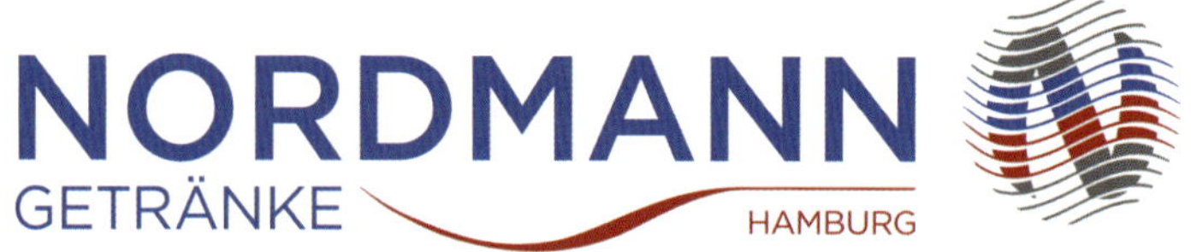

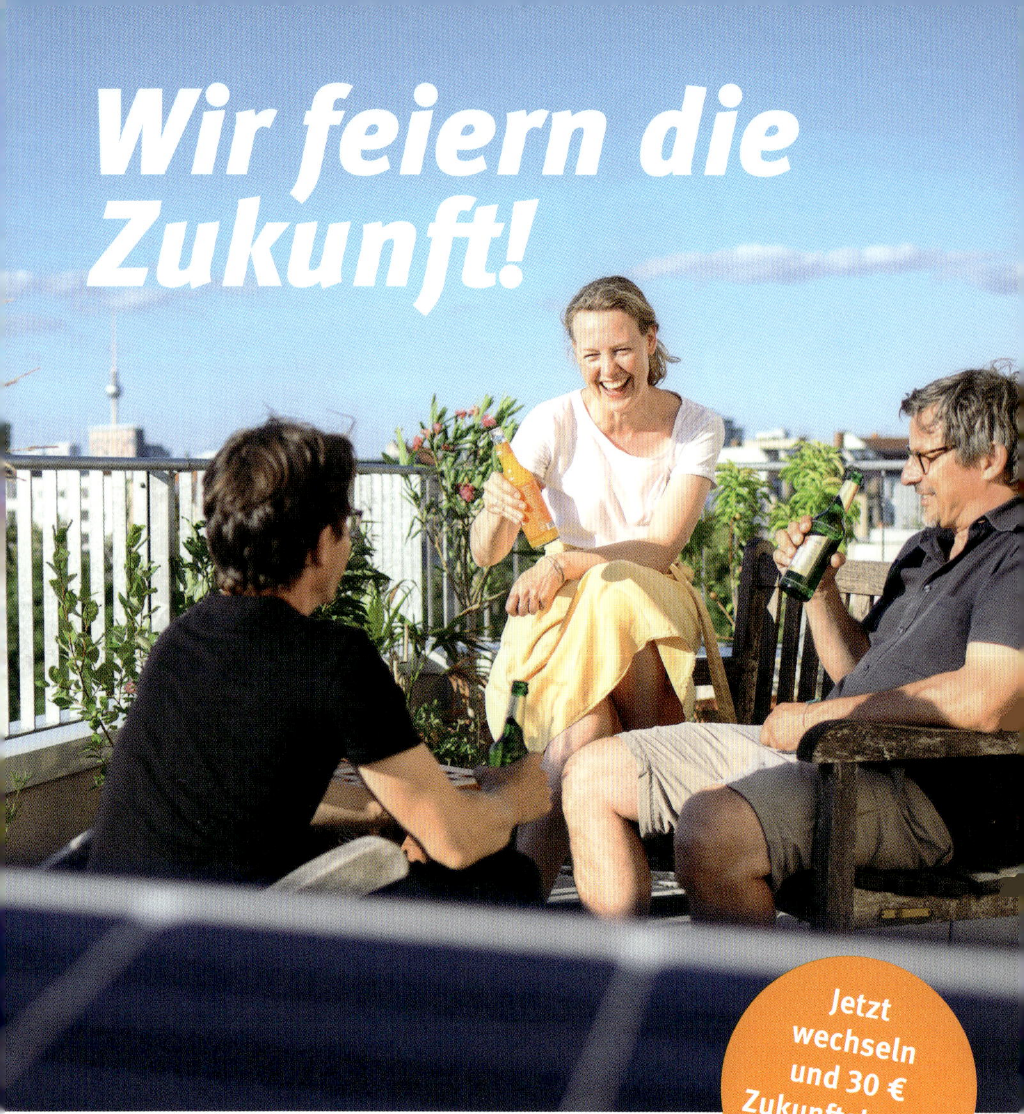

Achtung, Aufnahmen!

Bei diesen Konzerten stand der Ü-Wagen des NDR vor dem LOGO

Aquarell, 17.5.1978
Abi Wallenstein, 17.5.1978
Vic Abram, 17.5.1978
Kornet, 06.2.1979
Fernest Arceneaux and His Louisiana French Band, 26.9.1979
Highway, 21.4.1980
East, West And The Cuckoo's Nest, 4.11.1980
Ian Cussick Band, 23.12.1980
Ideal, 19.1.1981
The Messengers, 7.4.1981
Prince Far-I and Creation Rebel, 17.2.1983
Bo Diddley & The Red Hot Pokers, 8.3.1983
Thommie Bayer & Das Kamikaze Bodenpersonal, 12.4.1983
Sean Tyla & The Rhythm, 30.4.1983
Lucky 7, 20.11.1986
Bonnie Raitt & Band, 17.4.1989
Maria McKee & Bruce Brody, 11.11.1989
Shawn Colvin, 9.3.1990
O.K. Corral, 4.4.1991
The Fixx, 4.4.1991
The Blessing, 4.9.1991
Blumfeld, 7.4.1992
Chinchilla Green, 28.4.1992
Eisenvater, 5.5.1992
Whiteouts, 5.5.1992
The Boomers, 20.5.1992
Cracker, 1.9.1992
The Inchtabokatables, 6.10.1992
Lumpen, 3.11.1992
The Nijinsky Style, 3.11.1992
Michy Reincke, 19.11.1992
The Tragically Hip, 9.12.1992
Di Iries, 12.1.1993
Dub Me Ruff, 12.1.1993
Mutter, 9.2.1993
Mastino, 9.3.1993
The Pachinko Fake, 9.3.1993
Annette Berr, 13.4.1993
Die Braut haut ins Auge, 13.4.1993
S.Y.P.H., 8.6.1993
The Workshop, 8.6.1993
Maria McKee, 23.6.1993
Maxim Rad, 13.9.1993
F. S. K., 12.10.1993
The Land, 23.11.1993
Station 17, 14.12.1993
Die Regierung, 8.2.1994
Lovekrauts, 8.3.1994
The Poets Of Rhythm, 8.3.1994
The More Extended Versions, 12.4.1994
Counting Crows, 13.4.1994
Carlene Carter, 28.6.1994
Jeff Buckley, 22.02.1995
Dave Matthews Band, 31.3.1995
Dionne Farris, 5.5.1995
Martin Page, 8.6.1995
The Finn Brothers, 5.11.1995
Nils Lofgren, 24.1.1996
Dawn Penn, George Dekker & Junction, 28.1.1996
Mitch Ryder, 18.2.1996
K's Choice, 5.3.1996
Edo Zanki, 5.5.1996
The Presidents Of The United States Of America, 1.4.1996
Desmond Dekker, 26.9.1996
Steve Earle & The Dukes, 13.11.1997
Tyna, 14.11.2019

Danke

Wir bedanken uns für Betreibung und Übertreibung, Hilfe und Leidenschaft bei
Wieland Vagts, Roland Krohn, Öff Tubbesing, Hardy Nagel, Norbert Schilling, John Boutkamp (verstorben), Peter Bischoff, Oliver & Melanie Ehrlich, Eberhard Gugel, Karsten Schölermann, Ursula Morris, Tosh Rörbäk, Matze Bauer, Chris August, Lea Goltz

Und für tolle Geschichten bei
Ulf Krüger, Abi Wallenstein, Anselm Kluge, Fred Timm, Peter Unbehauen, Peter Urban, Julietta Kühle

Danke an unsere Sponsoren
Fritz Kola, Mirco Wolf Wiegert; Nordmann Getränke, Hendrik Schütte; Naturstrom, Jens Lettmayer; Jever, Nils Lattenmeyer und Christian van Freeden

Fotonachweis

Nico Behr, S. 154

Peter Detje: S. 158/159

Toni B. Gunnar/toni-gunner.de: S. 113, S. 131 u., 135, 143, 144/145, 156/157

Jazzarchiv/Hardy Schiffler: S. 5, 6 r., 20 o.+u., 21 o.+u., 23, 24/25, 26 o.+u., 27 u., 28 o.+u., 31 o.+u., 34, 35 o.+u., 37 o.+u., 38 o.+u., 39 u., 40/41, 43, 45, 48/49, 50, 51/52, 55 o.+u., 57, 63 o., 78/79, 104 o.
Jazzarchiv/Isabel Schiffler: S. 122 o., 128 o.l.+o.r+u., 136 o.+u.
Jazzarchiv/Michi Reimers: 140/141

Bernd Jonkmanns/bernd-jonkmanS. com: Titelfoto, Vorsatz und Nachsatz (6), S. 44, 60, 62, 63 u., 80, 160, 164 o., 166, 167, 168/169, 170/171, 172 und alle Reproduktionen der Flyer & Programme

Julietta Kühle (privat): S. 64

Stefan Malzkorn/malzkorn-foto.de: S. 72 o., 72 u., 75, 85, 94, 95 o.+u., 98/99, 105 u., 111 u., 114, 115, 116 o.+u., 121, 123 u., 125 u.l.+u.r., 129, 137, 142

Privat: S. 6 l., 10/11, 12, 13, S. 14 (Stern), 17, 18, 27, 33 o., 39 u., 83, 146/147 (Gunnar Sauermann), 164, 177

Florian Quandt (Mopo): S. 150/151

Alexander Schliephake/foxontherun.photography: 149, 152/153, 155 o.+u.l.+u.r.

Jörg-Martin Schulze/jmsphoto.de: S. 66/67, 73, 84, 86/87, 90, 91 o.+u.l.+u.r. 92, 93, 96, 97, 100, 101 o.+u., 103 o.+u., 104 u, 105 o., 106 o., 106 u. (Iris Hogreve/jmsphoto.de), 107, 108 o.+u., 109 o.+u.l.+u.r., 110, 111 o.l. +o.r., 117, 118 o.+u.,119 o.+u., 120 o+u, 122 u., 123 o., 124, 125 o.l+o.r., 126 o.+u., 127, 130, 131.o,. 132/133, 134 (Florian Staudinger/jmsphoto.de), 138, 139

Sabine Schwabroh: S. 32, 33 u.

Wieland Vagts: S. 3 Illustration

Impressum

Logo Concerts GmbH
Durchschnitt 1
20146 Hamburg

Printed in the EU
1. Auflage 2024
ISBN 978-3-96060-596-6

Konzeption, Bildredaktion und Text: Bernd Jonkmanns, Alf Burchardt
Mitarbeit:
Karsten Schölermann
Art-Direktion:
Katja Kleinebrecht, graphiksalon
Font: Obviously
Papier: Cover Surbalin honan, Inhalt Magno matt (Sappi)

Vertrieb:
Junius Verlag GmbH

Die Deutsche Nationalbibliothek verzeichnet diese Publikation in der Deutschen Nationalbibliografie, detaillierte bibliografische Daten sind im Internet über http://dnb.dnb.de abrufbar.

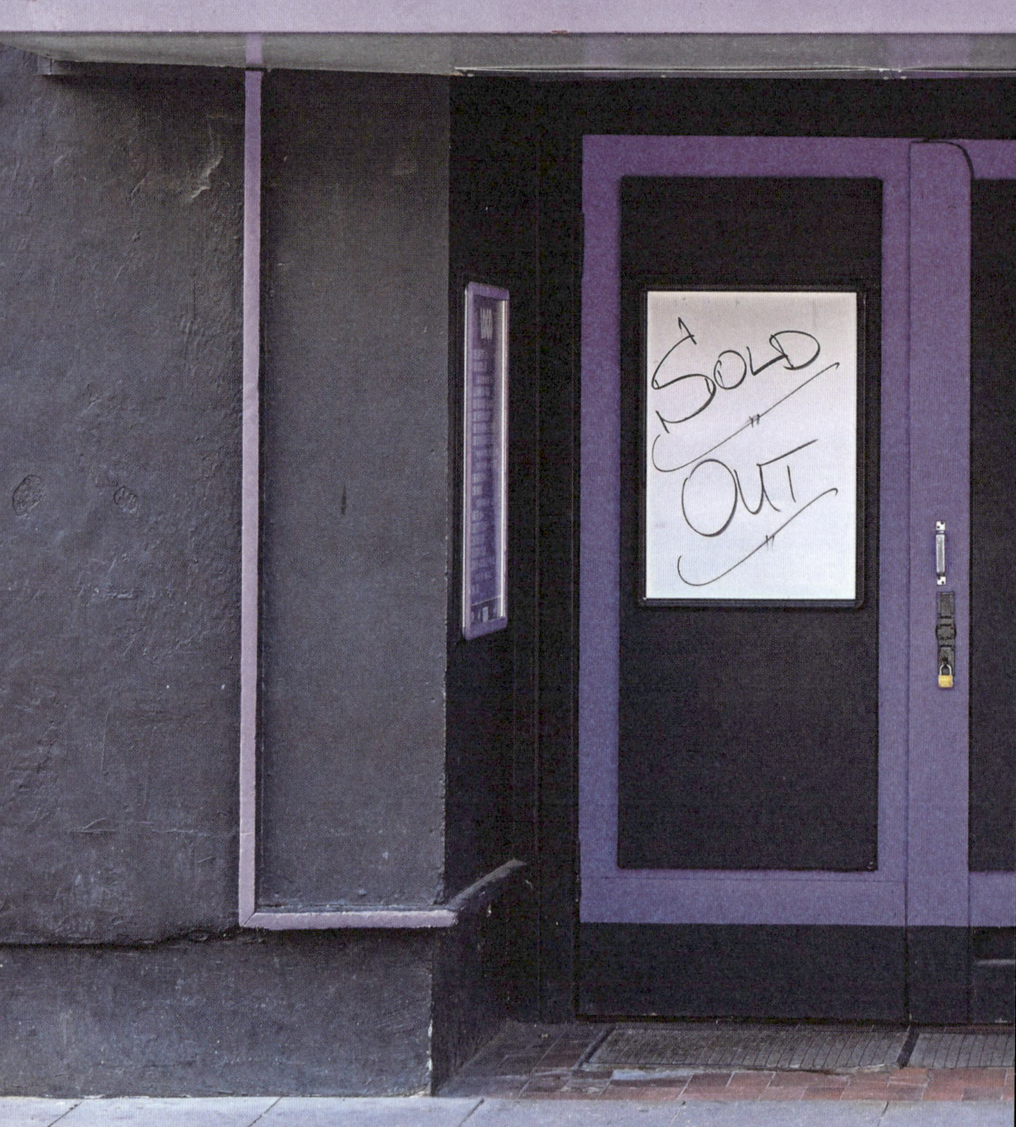
SOLD OUT